Lawrence Miller

Die sieben Leben des Managers

Lawrence Miller

Die sieben Leben des Managers

Vom jungen Wilden zur grauen Eminenz

Mit welchen Typen
Sie fertig werden müssen

Deutsch von Renate Körber

ECON Verlag
Düsseldorf · Wien · New York

Titel der amerikanischen Originalausgabe:
Barbarians to Bureaucrats – Corporate Life Cycle Strategies
Originalverlag: Clarkson N. Potter, New York
Übersetzt von Renate Körber

Vollkommen überarbeitete deutsche Ausgabe

CIP-Titelaufnahme der Deutschen Bibliothek

Miller, Lawrence:
Die sieben Leben des Managers: Vom jungen Wilden zur grauen Eminenz; Mit welchen Typen Sie fertig werden müssen / Lawrence Miller. [Übers. von Renate Körber]. – Vollkommen überarb. dt. Ausg. – Düsseldorf; Wien; New York: ECON Verl., 1990
Einheitssacht.: Barbarians to bureaucrats ‹dt.›
ISBN 3-430-16741-8

Lektorat: Dr. Wolfgang Stock
Gesetzt aus der Times, Linotype
Satz: Formsatz GmbH, Diepholz
Papier: Papierfabrik Schleipen GmbH, Bad Dürkheim
Druck und Bindearbeiten: Ebner Ulm
Printed in Germany
ISBN 3-430-16741-8

Inhaltsverzeichnis

Danksagung

Allein meinen Mitarbeitern und Partnern habe ich es zu verdanken, daß ich in der Lage war, dieses Buch zu schreiben. Ich fühle mich Jennifer Howard, Tom Werner und Bob Lynch verpflichtet. Sie führten die Arbeit unserer Unternehmensberatungsgesellschaft so ausgezeichnet fort, daß sie mir dadurch die geistige Ruhe gaben, mich auf dieses Buch zu konzentrieren. Jeanne Ann McDaniel war die sachverständigste und fröhlichste aller Assistentinnen und sorgte in meinem Büro-Tohuwabohu für Ordnung.

Im Laufe der vergangenen Jahre wurden meine Vortragsagenten Joe und Janet Cosby vom Cosby Bureau International in Washington, D. C., meine guten Freunde und waren für mich eine stete Quelle der Ermutigung und Unterstützung. Sie haben, was ebenso wichtig ist, für zahlreiche Gelegenheiten gesorgt, meine Gedanken einem größeren Publikum im ganzen Land mitzuteilen.

Besonders dankbar bin ich Randa Wilbur, die mich als erste ermutigte, dieses Buch zu schreiben, und die wertvolle Anfangsenergie beisteuerte. Catherine Rowell, Steve Rexford, William »Buck« Tuppeny und Bonnie Barnes haben mir ebenso durch ihre Stellungnahmen geholfen. Ich bin mir sicher, daß ohne die Ermutigung und ständige Unterstützung Margaret McBrides, meiner sehr geduldigen und beharrlichen Literaturagentin, dieses Buch nie geschrieben worden wäre. Und ich danke meiner Lektorin, Carol Southern für ihre Ausdauer, genaue Kritik und freundliche Ermunterung. Paul Brown steuerte ebenfalls wertvolle Hilfe beim Redigieren und Beistand in der abschließenden Überarbeitung bei. Dank auch an meine vorzügliche deutsche Übersetzerin Renate Körber und an mei-

nen Lektor Wolfgang Stock, der mir voller Umsicht half, ergänzende deutsche Beispiele zu finden.
Und schließlich muß ich meiner Familie danken. Innigsten Dank meiner Frau Carole und meinen Kindern Langdon, Natasha und Layli.

L. M., im Frühjahr 1990

Einleitung

Alles Lebende, seien es Pflanzen, Tiere, einzelne Menschen oder auch Menschengruppen, weist in seiner Entwicklung ein bestimmtes grundlegendes Muster auf. Auf Zeiten von Lebenskraft und Wachstum folgen Zeiten des Niedergangs und Zerfalls. Dieses Grundmuster von Aufstieg und Niedergang zeigt sich in gleicher Weise auch in der Entwicklung eines Produktes, ja – eines ganzen Wirtschaftsunternehmens sogar, und im Verhalten von Menschen in Führungspositionen.
In diesem Buch stelle ich den Lebenszyklus von Unternehmen und ihren Führungskräften vor. Meine Theorie bietet eine Erklärung für die natürlichen Stufen der Entwicklung eines Unternehmens und seiner Führer an. Beide werden im Verlauf ihres beruflichen Lebens wechselnden Anforderungen gegenübergestellt. Meine Überlegungen leiten sich aus der Untersuchung des Führungsverhaltens in der Geschichte des Menschen ab. Sie erklären die Bürokratisierung wie auch das Abnabeln von Führern in Politik und Gesellschaft. Die Schlußfolgerung aus dieser Theorie ist das Gesetz der Synergie. Dieses Gesetz der Ausgewogenheit ermutigt, wie ich glaube, zu der Hoffnung, sowohl geistige wie auch materielle Werte nutzbar zu machen. Werte, die in jedem Unternehmen und jeder Gesellschaft schlummern. Führungspersönlichkeiten können ein Unternehmen oder eine Zivilisation zu ungebrochen kräftigem Wachsen und Gedeihen anregen, indem sie das Grundmuster von Aufstieg und Niedergang durchbrechen. Ich sehe sieben Entwicklungsstufen im Leben eines Unternehmers und sieben Führungsstile, die die jeweilige Lebensstufe prägen:

1. Der Visionär:
Der Vorausschauende, der den Durchbruch schafft und die menschliche Energie weckt, die das Unternehmen vorwärtsbringt.

2. Der junge Wilde:
Der Führer in Krise und Sieg, der das Unternehmen auf seinem Marsch zu schnellem Wachstum befehligt.

3. Der Entwickler und Erweiterer:
Sie sind Spezialisten, die das Unternehmen auf eine qualitativ höhere Stufe heben. In ihren Händen erblüht das Unternehmen, es entwickelt und erweitert sich langsam zu voller Größe.

4. Der Verwalter:
Der Vater des Systems. Er konsolidiert Aufbau, erzeugt Einheitlichkeit. Er schiebt den Schalter im Unternehmen von »Wachstum« auf »Nummer Sicher«.

5. Der Bürokrat:
Er errichtet die Art von Kontrolle, die einengend und behindernd ist. Der Bürokrat sperrt neue Visionäre und junge Wilde in den Keller oder schickt sie ins Exil; er sorgt für den Verlust von Einfallsreichtum und Dynamik.

6. Die graue Eminenz:
Der Erbe des Vermögens, der über allem thront. Diejenigen, die sinnvolle Arbeit leisten, sind ihm völlig fremd geworden. Er ist die Ursache für Rebellion und völligen Verfall.

7. Der Synergist:
Die Führungspersönlichkeit, die das Gleichgewicht hält. Sie sorgt in jedem vielschichtigen und ausgedehnten Gebilde für Bewegung in die richtige Richtung, nach vorne. Der Synergist erreicht sein Ziel, weil er die verschiedenartigen Leistungen des Visionärs, des jungen Wilden, des Entwicklers/Erweiterers und des Verwalters zu würdigen weiß und deren Beiträge zu einer Einheit zusammenfassen kann.

Auf jeder Entwicklungsstufe und bei jedem Führungsstil tauchen ganz unvermeidlich neue Anforderungen auf. In Zeiten des Wachstums agieren Menschen in Führungsposition schöpferisch auf Herausforderungen. In Zeiten des Verfalls reagieren sie mechanisch und verlassen sich auf Antworten, die in der Vergangenheit bereits Erfolg hatten. Zivilisationen als auch Wirtschaftsunternehmen machen so lange Fortschritte, wie ihre Führer neue Herausforderungen erkennen und mit Einfallsreichtum beantworten. Jede erfolgreiche Antwort führt dabei nicht etwa zu einer entspannten, bequemen Lage, sondern zu einer höheren Anforderungsebene, die wiederum neue, schöpferische Maßnahmen verlangt. Die Kreativität zu entwickeln ist die wesentliche Aufgabe jeder Führungspersönlichkeit. In dem Augenblick, wo der führende Kopf es sich bequem macht und sich auf erfolgreiche Antworten von gestern angesichts der Aufgaben von heute verläßt, beginnt unvermeidlich der Abstieg. Zwar ist verständlich, daß sich Bosse gerne auf bequeme Antworten zurückziehen, genauso einsichtig ist dann aber auch deren Scheitern.

Wenn Innovationskraft und Dynamik flötengehen, so ist jede Zivilisation oder jede Firma dem Untergang geweiht. Hier genau liegt der Hund begraben. Im guten wie im schlechten tritt die Führungskraft eine Lawine los: kraftstrotzende Dynamik, beispielhaftes Schaffen neuer Arbeitsplätze, Wohlstand, der im kleinen erzeugt wird, aufstrebende Firmen, aber ebenso auch die Sackgasse der Bürokratie, Enttäuschung und Verschwendung menschlicher und finanzieller Reserven in verdörrten Riesengebildern großer Konzerne oder Regierungen. Vorbildliches Führungsverhalten ist es auch, das eine Firma, die sich bereits auf dem absteigenden Ast befindet, kraftvoll wieder in Schwung bringen kann.

Oswald Spengler gehörte zu den ersten, die die Entwicklungsstufen der Weltgeschichte und deren Stile darlegten. Wortgewandt sprach er in »Der Untergang des Abendlandes« von einem wellenartigen Grundmuster der Zivilisationen:

> Der einförmige Wellenschlag zahlloser Generationen bewegt die weite Fläche . . . Über diese Fläche hin aber ziehen die großen Kulturen ihre majestätischen Wellenkreise. Sie tauchen plötzlich

auf, verbreiten sich in prachtvollen Linien, glätten sich, verschwinden, und der Spiegel der Flut liegt wieder einsam und schlafend da.

Dem Werk des Historikers Arnold Toynbee aber habe ich den besten Teil meiner Gedanken und Einfälle zu verdanken. Die Gründlichkeit und Einsicht seiner Untersuchung suchen ihresgleichen.
Ein wellenartiger Zyklus wurde auch im Leben von Imperien im Laufe der Geschichte beobachtet. Paul Kennedy beschreibt »ein Auf und Ab bei den Großmächten – es entstehen Unterschiede bei den Wachstumsraten und im technischen Fortschritt, die im weltweiten wirtschaftlichen Gleichgewicht Verschiebungen bewirken. Das wiederum beeinflußt im Laufe der Zeit das politische und militärische Gleichgewicht.« Ein Hauptthema seines Buches »Aufstieg und Fall der großen Mächte« ist diese Wechselwirkung zwischen der Volkswirtschaft im Inneren einer Gesellschaft und ihrem Einfluß nach außen hin.
Versagt die Führung eines Unternehmens oder einer Großmacht, so ist das häufig eine Folge mangelnden Verständnisses für die Beziehung, die zwischen der inneren Stärke einer Gesellschaft und der Stärke ihres Einflusses nach außen hin besteht. Die Führung läßt sich täuschen, weil die Gesellschaft über ein riesiges Herrschaftsgebiet verfügt und größeren materiellen Druck als ihre Konkurrenz ausüben kann. Dabei verliert sie zugleich ihre innere Stärke und stellt letztlich den Verlust äußerer Macht sicher. Dies ist die historische Falle. Die innere Stärke der Großmacht leitet sich aus ihrer wirtschaftlichen Fähigkeit im Vergleich zu anderen her. Die äußere Macht ist, nach Kennedy, ihre militärische Macht. In Unternehmen ist die innere Kraft der Einfallsreichtum der Mitarbeiter, die Stärke des gemeinschaftlichen Leitbildes, die Entwicklung sachlichen Könnens und die Fähigkeit der Beteiligten, einig und entschlossen an einem Strang zu ziehen. Die äußere Stärke des Unternehmens setzt sich zusammen aus der Fähigkeit, Marktanteile zu erobern und auszubauen, im Wettbewerb die Oberhand zu behalten und seine Rohstoffquellen zu vergrößern.
Arthur M. Schlesinger schreibt in seinem Buch »The Cycles of American History« über »eine dauernde Änderung in den ver-

wickelten Angelegenheiten des Staates, und zwar hinsichtlich öffentlicher und privater Interessen«. Ein Glücksrad besitzt zwei Seiten. Die eine Seite ist das eher persönliche, sogar selbstsüchtige Interesse, nach Privatbesitz zu streben und ihn zu verteidigen, größtmöglichen Gewinn zu erwirtschaften. Die andere Seite ist das Interesse am Allgemeinwohl, die Verantwortlichkeit der Gemeinschaft gegenüber sowie uneigennützige Nächstenliebe. Bewegt sich das Schicksalsrad, so erhält die eine Seite Auftrieb, und mit der anderen geht es zwangsläufig bergab. Das ist bei der wellenartigen Entwicklung der Zivilisation nicht der Fall, hier baut jeder neue Wellenkamm, jede neue Stufe der Entwicklung, auf der Vergangenheit auf und scheint sich vorwärts zu bewegen. Schlesingers Drehungen des Rades wiederholen sich stets in gleicher Weise.

Das Grundmuster verschiedener, sich abwechselnder Interessen findet sich auch in der Gemeinschaft eines Unternehmens wieder. Das Rad bewegt sich von Aufgabenstellungen und materiellem Streben über die Bedürfnisse und Zufriedenheit von Angestellten und der Öffentlichkeit hin zu Notwendigkeit, Gewinn zu erwirtschaften. Betrachtet man dieses Grundmuster näher, sei es im Unternehmen oder in der Zivilisation, so stellt man fest, daß sein Aufbau eine bestimmte, unumgängliche Ordnung hat. »Im Anfang war das Wort« – die Idee, der Geist, geht dem Erwerb des Materiellen voran. Wenn aber materieller Reichtum und Größe erreicht sind, verlagert sich zwangsläufig der Schwerpunkt. Wenden sich die Energien vom schöpferischen Geist ab und bündeln sich ganz ausgeprägt bei allem Materiellen, so geht unweigerlich die Kraft verloren, sich weiterzuentwickeln und zu erneuern. Zurück bleibt ein seeuntüchtiges Wrack.

Der Lebenszyklus ist nicht etwa eine Art von schicksalhafter, kultureller Vorherbestimmung. Ich glaube an den freien Willen und die Fähigkeit des Menschen, sein Schicksal selbst in die Hand zu nehmen. Für jeden Wirtschaftslenker ist wichtig, die verschiedenen Entwicklungsstufen des Unternehmenszyklus zu kennen. Warum? Weil das Schicksal der Firma in starkem Maß in seinen (oder ihren) Händen liegt und durch wirkungsvolle Führung beeinflußt und geformt werden kann. Wenn Manager diese Abläufe verstehen, werden sie die geistigen und materiellen Kräfte, die innerhalb eines Un-

ternehmens am Werke sind, bewußt wahrnehmen und lenken können.
Wenn Sie sich Ihren Unternehmenszyklus genauer ansehen, werden Sie für vieles in Ihrer eigenen Firma eine rasche Erklärung finden: für Ihren Erfolg und Ihre Erfindungskraft in der Vergangenheit, für den zur Zeit vorherrschenden Führungsstil und die Mängel in der Organisation. Schwachstellen können Sie ausloten, ebenso wie Sie die Herausforderungen erkennen können, die auf jeder Entwicklungsstufe bezwungen werden müssen. Auch wo Fallen und Fallstricke lauern, können Sie fortan leichter ausmachen. Vielleicht werden Sie sogar Ihre eigene Persönlichkeit und die Ihrer Vorgesetzten oder Mitarbeiter verstehen lernen und damit einen guten Schritt in Richtung einer wirklich erfolgreichen Führungskraft gehen können.
Dieses Buch bietet kein vereinfachendes Rezept für ein Managementparadies. Ich habe die Lehren aus der Geschichte von Kulturen zu neun Grundsätzen zusammengefaßt, von denen ich glaube, daß sie den Schlüssel zur Erhaltung von Saft und Kraft im privaten wie beruflichen Leben enthalten. Es reicht nicht, sich diese Grundsätze genau anzusehen. Ebenso wichtig ist zu verstehen, daß für jede Stufe des Unternehmenszyklus unterschiedliche Leadership-Stile erforderlich sind. Es gibt Zeiten, in denen Macho-Management angesagt ist, wo kurze Leine vonnöten ist. Es gibt Zeiten für gemeinschaftliche Absprachen. So wie es Perioden wachsender Spezialisierung gibt und andere, in denen das gesamte System vereinfacht werden muß. Es gibt Zeiten, in denen die Organisation schöpferisch arbeitet und Risiken eingeht. Und solche, in denen Vorstand oder Geschäftsführung auf Nummer Sicher gehen. Und – was vielleicht am wichtigsten ist – es gibt eine Zeit, in der jeder Organisation neues Leben eingehaucht werden muß, zurückgerissen werden muß aus ihrem natürlichen Hang zum Verfall.
Dieses Buch ist auch ein Plädoyer für die Berechtigung unterschiedlicher Stile in Unternehmenskultur und Unternehmensführung. Die meisten Autoren reden einer Unternehmenskultur das Wort, von der sie annehmen, sie sei immer und bei allen Organisationen die beste. Als Mann oder Frau der Praxis wissen Sie das besser. Sie müssen in Ihrer Führung flexibel sein und auf die Bedürfnisse der

verschiedenartigen Situationen eingehen. Ein wirklich ausgezeichneter Manager kann auf viele verschiedene Arten Stärke zeigen. Sie hängt ganz von der Lage ab, der er gegenübergestellt ist. Auf den folgenden Seiten wird jede Lebensstufe in der Form des Führungsstils beschrieben, der zu einer bestimmten Zeit gebraucht wird: der Stil des Visionärs, des jungen Wilden, des Entwicklers/Erweiterers, des Verwalters, Bürokraten, der grauen Eminenz und des Synergisten. Als Manager neigen Sie mehr zu dem einen oder dem anderen Stil und fühlen sich vielleicht in einem Unternehmen am wohlsten, dessen Entwicklungsstufe am besten zu Ihrer eigenen paßt. Wir laufen auch Gefahr, unseren Stil einer Organisation aufzudrücken, egal, ob es nun derjenige ist, der gerade dringlich gebraucht wird, oder nicht. Hier finden wir eine weitverbreitete Ursache für das Scheitern in Führungspositionen.

Wahrscheinlich wird kein Manager der Beschreibung eines Stils voll und ganz entsprechen. Genauso unwahrscheinlich ist, daß eine Firma ganz und gar in die Beschreibung einer Stufe des Unternehmenszyklus paßt. Die Wirklichkeit ist vielschichtiger. Wir besitzen die Fähigkeit, uns zu ändern, wir ändern unseren Stil im Laufe unserer Entwicklung und der unserer Organisation. Versuchen Sie, Unternehmen oder Einzelpersonen nicht gleich abzustempeln, wenn Sie diese Darstellung lesen. Bei den beschriebenen Fällen haben des öfteren mehrere Firmen und Personen Pate gestanden. Zudem sind auch hier die Grenzen fließend, befinden sich doch viele Firmen und Persönlichkeiten auf einer Übergangsstufe des Unternehmenszyklus. In diesem Buch werde ich mich ständig auf die Kurvenlinie, die diesen Unternehmenszyklus darstellt, beziehen. Sie erläutert eine sich entwickelnde Organisation auf ihrem natürlichen Weg des Entstehens und Vergehens.

Der Unternehmenszyklus

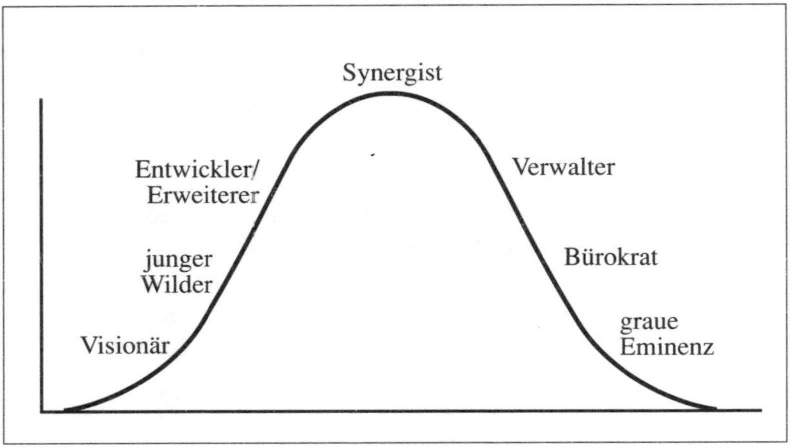

Die senkrechte Achse zeigt die Robustheit eines Unternehmens oder einer ganzen Kultur in bezug auf die Fähigkeit, neuen Wohlstand zu schaffen und bestehenden zu erhalten. Unter Wohlstand verstehe ich nicht die Bereicherung des einzelnen oder von Gruppen. Ich denke vielmehr an eine umfassende volkswirtschaftliche Rentabilität, an das gesunde Verhältnis von Aufwand und Ertrag. Die waagerechte Achse, die Zeitachse, stellt die Entwicklung, die Reifung, des Unternehmens dar.

Wichtig ist, zwischen Zunahme oder Abnahme materieller Güter einerseits und Aufwärtsentwicklung oder Verfall der Kultur andererseits zu unterscheiden. Sie sind nicht ein und dasselbe. Sie können sich sogar in entgegengesetzte Richtungen bewegen. Es ist einer Kultur möglich, schöpferisch zu sein, während zur gleichen Zeit ihre materiellen Güter abnehmen. Dieser Zuwachs an schöpferischer und dynamischer Kraft ist ein Indiz für einen zukünftigen Aufschwung im materiellen Bereich.

Umgekehrt ist das Schwinden schöpferischer Kraft das offensichtlichste Zeichen des Verfalls. Und was den Wettbewerbserfolg ausmacht, ist eben Kreativität bei Produktinnovation, Produktqualität und Produktivität. Wie wir sehen werden, lehrt die Geschichte, daß

Führung schöpferisch sein muß, wenn die Organisation schöpferisch sein soll. Führungskräfte müssen nahe bei ihren Truppen bleiben, um die Einheit aufrechtzuerhalten und Gemeinschaftssinn zu wekken. Werden Führungsgestalten ihren Anhängern fremd, verpuffen Gemeinschaftlichkeit und schöpferische Kraft. Konkurrenten greifen genau dann an. Das gilt für Unternehmen genauso wie für das Militär.

Kreativitätszyklus und Güterproduktion

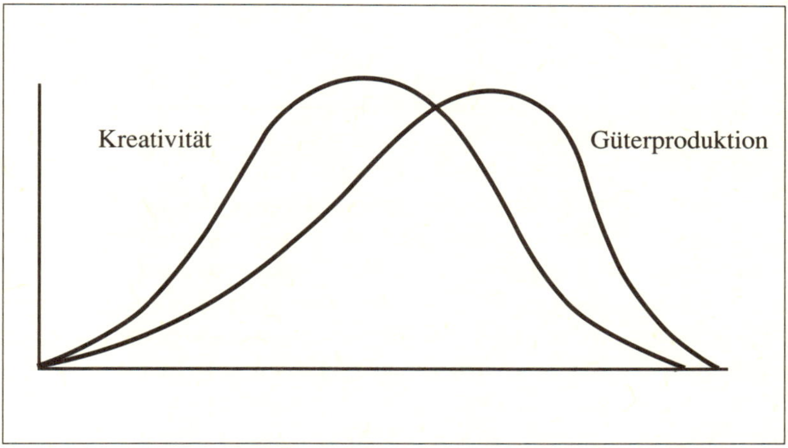

Den Weg des Emporkommens und des Niedergangs verstehen, heißt die Wechselwirkung zwischen den materiellen und den geistigen Welten verstehen. Im ersten Zeitabschnitt ist die geistige Kraft groß, aber die materielle Güterproduktion hinkt hinterher. Beinahe erscheint der Niedergang des Geistigen unvermeidlich, wenn die materiellen Güter anwachsen. Aber es liegt nur am mangelnden Verständnis und unkundigen Umgang mit diesem Gesetz, daß das Endergebnis derartig vorherbestimmt scheint.
Arnold Toynbees »Aufstieg und Verfall der Kulturen« handelt von der Wechselwirkung zwischen Religion und Zivilisation:

> Die aufeinanderfolgenden Aufstiege und Untergänge der Anfangszivilisationen und Aufbauzivilisationen sind ein Beispiel für einen bestimmten Rhythmus, der auch aus anderen Zusammenhängen bekannt ist. Hierbei tragen die aufeinanderfolgenden Umdrehungen eines Rades ein Gefährt, und zwar nicht in eine sich wiederholende Kreisbahn, wie das sich drehende Rad sie vollzieht, sondern in einer nach vorn gerichteten Bewegung auf ein Ziel hin.

Dieses Ziel beschreibt er als die aufsteigende Spirale des geistigen Fortschritts der Menschheit.
In ähnlicher Weise können die aufeinanderfolgenden Berge und Täler in der Lebensgeschichte von Unternehmen nicht nur als Aufstieg und Untergang des materiellen Unternehmensgefüges gesehen werden. Sie können als das Gefährt gesehen werden, das gerade durch seine Talfahrt den nötigen Schwung für den folgenden Aufstieg liefert. Vielleicht klettert es die Anhöhe des menschlichen Fortschritts noch weiter hinauf, mehrt allgemeinen Wohlstand und sozialen Frieden unserer Gesellschaft. Das Wachsen einer Zivilisation ist ein Vorgang des Zusammenwirkens von Leuten mit verschiedenen Vorstellungen und Überzeugungen. Und jede darauffolgende Zivilisation zieht den Kreis weiter als die vorherige. So muß auch jedes Unternehmen nicht nur auf den Lehren und der Kultur seiner eigenen Vergangenheit aufbauen, sondern auch auf anderen, vorausgegangenen Unternehmen.
Wenn dieses Buch eine Botschaft enthält, dann die, daß der Zerfall der Unternehmenskultur dem Zerfall des Unternehmens vorausgeht. Ja, seine eigentliche Ursache ist. Für den Niedergang der Unternehmenskultur sind vornehmlich Führungsfehler und Kleingeist der Spitze verantwortlich. Gleichermaßen werden Unternehmen und Zivilisationen wieder neu belebt durch einfallsreiche Führungspersönlichkeiten, die Herausforderungen erkennen und meistern. Vieles deutet darauf hin, daß wir nun in das Zeitalter der einen, weltweiten Zivilisation eintreten, des letztlichen Einbezugs aller Menschen mit ihren verschiedenen Vorstellungen, Kräften und Kulturen. Falls das so ist, kann vielleicht das dauernde Entstehen und Untergehen angehalten werden und an seine Stelle eine weltweite

Zusammenarbeit der Kulturen treten. In gleicher Weise, bei ähnlichem Zusammenwirken unterschiedlicher Ideen, Wesensmerkmale und Kulturen, ist es dem Unternehmen vielleicht selber möglich, das feine Gleichgewicht der Synergiestufe zu erreichen. Ein Gleichgewicht von schöpferischer Ordnung, das als Quelle neuen Wohlstands wirkt. Eine gutverwaltete Ordnung, die für gesunde Verhältnisse und Sicherheit steht. Das ist unser Ziel.

Stufe 1
Der Visionär – Idee und Anfang

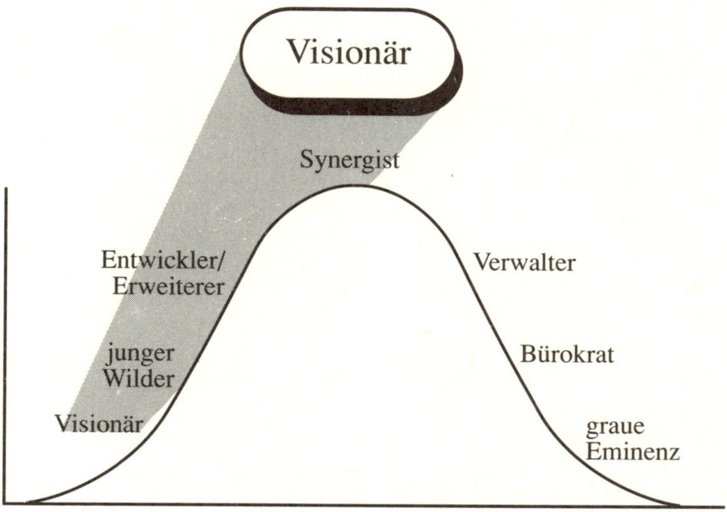

Vernünftige Menschen passen sich ihrer Umgebung an.
Unvernünftige Menschen versuchen, ihre Umgebung nach ihren Vorstellungen zu gestalten.
Deshalb verdanken wir allen Fortschritt unvernünftigen Menschen.
George Bernard Shaw

Vielleicht kann niemand einen wirklichen und dauerhaften Erfolg erzielen oder »reich werden«, der Konformist ist.
J. Paul Getty

Die Geschichte der Zivilisation und die der Unternehmen weist ein gemeinsames Grundmuster auf. Beide werden durch die schöpferische Kraft einzelner oder kleiner Gruppen geformt. Diese Gründer besitzen eine Vision. Eine Idee, die aufregend und einzigartig ist, und oftmals eine, die von anderen als Hirngespinst abgetan wird. Eine Idee, die schließlich andere zum Handeln bringt.
Der Visionär hat eine Idee zu entwickeln, eine Vision der Zukunft. Er weckt Kraft und Einfallsreichtum bei denen, die folgen. In unserer materialistischen Welt verliert man leicht aus dem Auge, daß Kreativität eine geistige Kraft ist. Das Auftauchen von etwas Neuem verlangt mehr als nur eine simple Kosten-Nutzen-Analyse. Materielles Wohlergehen macht zwar die Größe einer Zivilisation aus, aber am Anfang steht immer der schöpferische Geist. Spengler erkannte das in seinem Werk »Der Untergang des Abendlandes«:

> Eine Kultur wird in dem Augenblick geboren, wo eine große Seele aus dem urseelenhaften Zustande ewigkindlichen Menschentums erwacht . . . Ihr lebendiges Dasein aber, jene Folge großer Epochen, die in strengem Umriß die fortschreitende Vollendung bezeichnen, ist ein tiefinnerlicher, leidenschaftlicher Kampf um die Behauptung der Idee gegen die Mächte des Chaos nach außen, gegen das Unbewußte nach innen . . . Ist das Ziel erreicht und die Idee, die ganze Fülle innerer Möglichkeiten vollendet und nach außen hin verwirklicht, so erstarrt die Kultur plötzlich, und sie stirbt ab, ihr Blut gerinnt, ihre Kräfte brechen – sie wird zur Zivilisation.

Die Firma General Electric ist nur aufgrund von Thomas A. Edisons genialem Verstand entstanden. Tag und Nacht verbrachte er im Labor und war dabei nicht gerade untätig. Er erhielt Patente für 1093 Erfindungen. So erfand er den Phonographen, die elektrische Lokomotive, den Film, den Mimeographen sowie die Glühbirne. Aber Edison war eine Null im Geschäftlichen. Geradezu grauenhaft war sein Urteilsvermögen in Geschäftsangelegenheiten, und Edison selbst pfiff finanziell dauernd auf dem letzten Loch. Im Jahr 1889 wurde die Firma Edison General Electric unter der Mithilfe von Henry Villard gebildet, weil Edison das Geld zur Finanzierung seines Forschungslabors ausgegangen war.
Könnte Thomas A. Edison bei der heutigen General Electric überhaupt überleben? Edisons Biograph Robert Conot teilt uns folgendes mit:

> Ein rebellischer Geist war einer seiner bemerkenswertesten frühen Charakterzüge – Widerspruch gegen seine Disziplin fordernde Mutter, gegen eine strenge und nichts verzeihende Kirche, gegen eine langweilige und rabiate Schule. Von Kindertagen an bis ins hohe Alter hinein konnte er nicht ausstehen, daß ihm jemand vorschrieb, was er zu tun habe. Er blieb undiszipliniert und ein Bilderstürmer ... er war ein kluger und einsamer Außenseiter, der in unserer heutigen Gesellschaft getestet und untersucht werden würde, dann gestoßen, gezogen, geknetet und umgemodelt, um ihn »der Norm« anzupassen.

Die Leute sagten damals, man könne Edison am besten dadurch in seinem Labor aufspüren, daß man der Tabakspur, die er auf dem Boden hinterließ, nachlaufe. Als seine Frau ihn fragte, warum er sich eigentlich weigere, einen Spucknapf zu benutzen, antwortete er, es sei schwierig, den Spucknapf zu treffen, aber schwer, den Boden nicht zu treffen. Er hatte nicht nur schlechte Angewohnheiten. Er war ein rundum miserabler Manager und wenig kontaktfreudig. General Electric, wie es heute ist, würde einen Mann wie Thomas Edison wohl rasch an die frische Luft befördern.
Was Erfinder angeht, ist Edison nicht untypisch. Er lebte in der Welt der Ideen und Gedanken, die er zu praktischer Anwendung, ja

zu greifbarem Erfolg brachte, allerdings nur mit der tatkräftigen Hilfe von mehr praktisch veranlagten Naturen. Edison meinte: »Meine Sache ist das Denken. Wer sich nicht dazu entschließen will, sein Denken zu kultivieren, verpaßt die größten Freuden des Lebens.«

Thomas Edison, Henry Ford, Gottlieb Daimler, Stephen Wozniak und Zehntausende von weniger bekannten Gründern und Erfindern waren alle Visionäre. Diese Tüftler brachten eine revolutionäre Idee hervor, gaben den schöpferischen Impuls, der zur Geburt eines einzigartigen Produktes führte. Sie waren die Gründungsväter von Weltunternehmen.

Der Charakter des Visionärs

Um den Visionär zu verstehen, müssen wir uns die Macht der Ideen vergegenwärtigen. Ideen sind Keimzellen materieller Leistungen. Konzerne bauen auf Ideen auf. Ideen geben allen gesellschaftlichen und religiösen Revolutionen Kraft. Visionäre sind nichts anderes als Revolutionäre im technischen – oder sozialen – Bereich. Denn sie müssen ihre Ideen gegenüber der bestehenden Ordnung durchsetzen.

Die Revolution war im Gange, bevor noch der erste Schuß fiel.
Die Revolution war in den Köpfen und Herzen des Volkes;
sie war der Wandel in seinem religiösen Gefühl, seinen Pflichten und Verpflichtungen. Diese radikale Änderung in den Prinzipien, Meinungen, Ansichten und Gefühlen des Volkes war die wahre amerikanische Revolution.
John Adams, 1818

Menschen mit großen Ideen sind Eigenbrötler, Sonderlinge, alles andere als Massenmenschen. Ebenso wie ihre Ideen und Erfindungen nicht mit den gegebenen Verhältnissen konform gehen, tut das auch ihr Verhalten in aller Regel nicht. Man kann darüber streiten, ob Visionäre trotz ihrer Charaktere Erfolg haben oder ob ihre eigenwilligen Charakterzüge zur Entstehung der Ideen entscheidend beitragen.

Denken Sie an Isaac Newton. Er wurde am Weihnachtstag 1642 in einer sehr einfachen englischen Familie geboren. Die Wunden, die ihm seine Kindheit geschlagen hat, erklären mit Leichtigkeit seine exzentrischen Eigenschaften, aber geben keinen Schlüssel zu seiner Genialität.

Sein Vater, ein Bauer, der seinen Namen nicht schreiben konnte, starb drei Monate vor Newtons Geburt. Bald verlor er auch seine Mutter. Zwei Jahre später heiratete sie nämlich einen reichen Geistlichen, der darauf bestand, daß Isaac von seiner Großmutter aufgezogen werden sollte, während seine Mutter die Kinder des Geistlichen großzog. Neun Jahre lang, bis zum Tod seines Stiefvaters, wuchs er von seiner Mutter getrennt auf. Isaac erinnerte sich, seinen Vater und seine Mutter bedroht zu haben, »sie und das Haus über ihren Köpfen zu verbrennen«. Die psychotischen Phasen im Leben des erwachsenen Newton lassen sich auf das Trauma seiner Kindheit zurückführen.

Wie viele, die in der Welt des Denkens leben, war Newton kein Mann der Praxis. Als sein Stiefvater starb, erbte Newtons Mutter dessen Besitz und beschloß, daß ihr erstgeborener Sohn ihn verwalten sollte. Isaac aber war völlig in Bücher vertieft und verschluderte das meiste. In der Schule war er nicht besonders gut, sondern eher für das Basteln von mechanischen Modellen, Uhren und Windmühlen bekannt. Schon damals spielte er mit den Gesetzen der Physik und Mathematik.

Im Juni des Jahres 1661 schrieb Newton sich im Trinity College in Cambridge als Student ein. Als er vier Jahre später seinen Studienabschluß baute, hatte Newton praktisch ohne Anleitung eine neue Philosophie und einen neuen Ansatz der Mathematik aus der Taufe gehoben. Aber er hatte seine Ideen nur in Gestalt seiner eigenen Notizen zur Hand.

Die Anonymität dauerte jedoch nicht lange. Zwei Jahre später war Newton der bedeutendste Naturwissenschaftler seiner Zeit. Seine *Philosophiae naturalis principia mathematica* gilt als das wichtigste wissenschaftliche Werk, das je geschrieben wurde. Es bestimmt die Naturgesetze der Bewegung und der Gravitation. Newton erklärte die Bewegung von Erde, Mond und Planeten; er erläuterte die Gezeiten des Meeres und die exakte Form der Erde. Und er erforschte dies alles innerhalb von achtzehn Monaten. Newton schrieb Mathematik wie Mozart Symphonien – die Genialität floß, wie von einer höheren Kraft geführt. Später zog Newton nach London, wo ihn das aufregende Stadtleben fesselte und wo er schließlich zum Münz- und Obermünzmeister ernannt wurde. Auch hier wieder das altbekannte Phänomen: Durch die Beschäftigung Sir Isaacs mit den weltlichen Genüssen Londons versiegt nach und nach seine schöpferische und wissenschaftliche Kraft. Er scheint Kreativität gegen Sinn für das Praktische eingetauscht zu haben.

Aber bei all seinem Erfolg war Newton nicht glücklich. Der Historiker Richard Westfall widmete zwanzig Jahre seines Lebens dem Verfassen von Newtons Biographie und nannte ihn »einen gequälten Mann, einen hochgradig neurotischen Charakter, der immer, zumindest im mittleren Lebensalter, am Rande des Zusammenbruchs wankte«. Ein Kollege nannte Newtons Gemütszustand »den ängstlichsten, vorsichtigsten und mißtrauischsten, den ich je angetroffen habe«. Zu seinen wenigen persönlichen Freunden zählten John Locke und Samuel Pepys, Frauen waren nicht dabei. Bei einem seiner psychotischen Anfälle fiel er über beide Männer her, beschuldigte sie der Verschwörung gegen ihn und weigerte sich, sie wiederzusehen. Newton entschuldigte sich kaum für sein exzentrisches Verhalten. Wie Thomas Edison und Henry Ford war er von seiner Arbeit besessen. John Maynard Keynes, Ökonom und Newton-Anhänger, behauptete: »Newton war in höherem Maße als irgendein Mensch vor oder nach ihm zu ununterbrochener geistiger Arbeit fähig.« Wenn er einmal an einem Problem tüftelte, dann arbeitete er ohne Unterlaß und vergaß sogar, zu essen oder zu schlafen. Kurz vor seinem Tod hielt Newton diese Darstellung seines Lebens fest:

> Ich weiß nicht, als was ich der Welt erscheine. Aber ich scheine mir selbst nur ein kleiner Junge gewesen zu sein, der am Meeresufer spielte und ab und zu einen glatteren Kiesel oder eine hübschere Muschel als gewöhnlich zu finden, während der große Ozean der Wahrheit unentdeckt vor mir lag.

Dieser Visionär der Wissenschaft verfaßte die brillanteste mathematische Dissertation, die die Welt jemals gesehen hat. Und noch erstaunlicher: Newton widmete mehr als ein Jahrzehnt seines Lebens der Bibelauslegung, besonders dem Buch der Offenbarung. Aber wenn wir diese Visionäre in ihrem Wesen entblättern, bleibt nichts Erstaunliches. Sie erkunden Gedanken, nichts als Gedanken. Ihre Suche gibt ihnen die Motivation. So wie ein Kind allmählich Freude am Hantieren mit Bauklötzchen und Bällen entwickelt, so bekommt das schöpferische Genie ein Gespür für die Freude, die im Denken liegt. Möglicherweise sperrt schmerzliche Erfahrung oder auch Weltfremdheit diese Genies in ihren Elfenbeinturm. Zur spielerischen Welt des Kindes gibt es noch andere Unterschiede. Ein Kind läßt das Spiel langsam hinter sich und beginnt, sich nach geordneten Abläufen zu richten, Anweisungen zu entsprechen. Es führt Aufgaben zu Ende und hört auf die Vorschriften Erwachsener. Die schöpferische Persönlichkeit jedoch scheint einen Umweg zu gehen, sie schlägt Befehle anderer in den Wind und zieht sich statt dessen ganz auf das innerliche Spiel der Gedanken und Ideen zurück. So ist der Visionär Rebell und Eigenbrötler zugleich.
Manche Firmen werden in der einzigen Absicht gegründet, Geld zu machen. Sie erbringen selten wichtige Beiträge zum Marktgeschehen, sie sind wenig innovativ. Der Firmengründer, der ein neues Produkt oder eine neue Dienstleistung als erkannte Marktlücke aus der Taufe hebt, trägt zum Wohlstand der Gesellschaft bei. Das ist der Unterschied zwischen unserem Visionär und dem Gründer eines gewöhnlichen Unternehmens. Der Visionär, ob man ihn nun im Geschäftsleben oder sonstwo findet, ist kaum durch schnöden Mammon oder irgendwelche irdischen Genüsse zu motivieren. Was ihn anspornt, ist, die Grenzen seines Geistes zu sprengen.
In ihrem Buch »Senkrechtstarter – Große Produktideen und ihre Durchsetzung« berichten J. M. Ketteringham und P. R. Nayak, wie Produktneuschöpfungen tatsächlich entwickelt wurden. Ihre Nachforschungen entlarven die häufig anzutreffende Legendenbildung bei Produktinnovationen:

Legende: Großer Erfolg erfordert große finanzielle Reserven.
Realität: Menschen, die bahnbrechende Ideen entwerfen und durch-

führen, werden fast nie von der Aussicht, Geld zu machen, motiviert. Geld zu besitzen oder zu ergattern ist ihnen schnuppe. Eher sind sie davon besessen, eine vertrackte Aufgabe zu lösen.
Legende: Durchbrüche erfolgen immer als Reaktion auf einen nicht gestillten Bedarf im Markt.
Realität: Bei jedem Fall war der zündende Funke die Neugier des einzelnen. Oft beabsichtigte der geistige Urheber letzten Endes, irgendeine Art Produkt zu verkaufen. Aber wiederum spielte weder Profitstreben noch Marktdenken eine wesentliche Rolle bei einem der bahnbrechenden Anfänge, die untersucht wurden.

Ein kreativer Kopf wird zwangsläufig mit einer voll entwickelten Kultur oder einem ebensolchen Unternehmen in Konflikt geraten. Warum, ist leicht einzusehen.
Das Unternehmen im voll entwickelten Zustand wird von wirtschaftlichen Routinen beherrscht – die kontinuierliche, zuverlässige und vorhersagbare Produktion von Gütern ist angesagt. Je exzentrischer ein kreativer Charakter ist, desto unvorhersagbarer, desto größer die Wahrscheinlichkeit eines Konflikts. Daher ist nicht erstaunlich, daß Vorstand oder Geschäftsführung mit einiger Sicherheit ihre Visionäre in die Wüste schicken werden. Visionäre verkörpern geradezu die Verletzung unternehmerischer Wertvorstellungen. Sie respektieren kein einengendes Korsett. Sie sind weder pünktlich noch diszipliniert, sie lieben keine Ordnung und mögen kein System. Sie schätzen Ideen und Vorstellungen, die oftmals den unvermeidlichen Zusammenbruch jeder Ordnung bedeuten.
Die Verfolgung der Visionäre ist so alt wie die Geschichte selbst. Visionäre werden verbannt, sie müssen in die Wildnis, der Wüste oder den Bergen umherwandern. Da sind sie frei, ihre Energien zu sammeln und einen neuen Geniestreich zu landen. Mitleid gebietet uns, Verbannung und Isolation als harte und ungerechte Strafen zu sehen. Es kann allerdings sein, daß für den Visionär Ablehnung eine notwendige Herausforderung darstellt. Daß Härte den Charakter eines Menschen bis zu dem Punkt antreibt, wo er stark genug ist, neue Kreativitätspotentiale zu entfalten.

Sie sind vielleicht ein Visionär, falls ...

... Sie im Denken Ihren Mitmenschen zehn Jahre voraus sind;
... Sie bereit sind, große Opfer an Zeit und Kraft zu erbringen, um Ihre Vorstellungen verwirklicht zu sehen;
... Sie dazu neigen, sich des öfteren für lange Zeit zurückzuziehen, um Ihre Ideen gründlich zu durchdenken;
... manche Sie für ein bißchen »gaga« halten;
... Sie dem Chaos als Organisationsprinzip huldigen;
... Sie für Details keine Geduld aufbringen;
... Sie irdischen Genüssen wenig Begeisterung abgewinnen.

Visionäre in der Geschichte

Der Fortschritt der Zivilisation baut auf Herausforderungen auf. Eine Kultur, die einen Zustand der Zufriedenheit und Bequemlichkeit erreicht, gelangt in eine statische Situation. Fortschritt kommt zum Stillstand. Eine unzufriedene Gesellschaft hingegen tritt in eine Zeit des Wandels ein, sie entwickelt sich weiter, sie kommt in Bewegung. Diese Bewegung ist nicht selten besorgniserregend. Zivilisationen wurden unter den schwierigsten körperlichen, gesellschaftlichen, wirtschaftlichen und religiösen Umständen geschmiedet, von den Dschungeln Mittelamerikas zu den Sänden der ägyptischen Wüste. Der britische Historiker Arnold Toynbee faßt zusammen: »Wir haben uns vergewissert, daß Zivilisationen unter Bedingungen, die ungewöhnlich schwierig und nicht etwa ungewöhnlich einfach sind, das Licht der Welt erblicken.« Und er bekräftigt das soziale Gesetz, nach dem »der Anreiz« zu Wachstum »um so größer ist, je stärker die Anforderung ist«.
Der Treppenwitz der Zivilisation: Sowohl Unternehmen als auch Menschen wie du und ich suchen Wohlergehen und Sicherheit, auch wenn genau diese Eigenschaften diejenigen sind, die wahrscheinlich ihren Niedergang herbeiführen. Körpermuskeln müssen beansprucht werden, um die bestmögliche Kondition zu erreichen

oder aufrechtzuerhalten. Der menschliche Verstand erfordert Übung, um sich zu entwickeln und um Verfall und Senilität zu verhindern. Das Gesetz von Herausforderung und Reaktion gilt in gleicher Weise für alle Organisationen. Keine Gesellschaft und keine Firma haben sich ohne eine ehrgeizige Herausforderung überdurchschnittlich entwickeln können. Der Visionär ist derjenige, der die Herausforderung annimmt und sie in die Gesellschaft hineinträgt. Wir kennen die Namen der Propheten und Visionäre, die noch heute unser Leben bestimmen und als Gottheiten verehrt werden. Moses, Jesus, Mohammed, Buddha und Krishna erhoben alle den Phönix einer neuen Vision und Sinngebung aus der Asche einer alten und korrupten Gesellschaft. Durch ihr Wirken, ihre Äußerungen, ihre Persönlichkeit gaben sie alle den für den Aufbau einer neuen Kultur notwendigen Anstoß.

Alle waren ganz ihren Ideen hingegeben und bereit, die Welt materieller Werte hinter sich zu lassen. Alle legten sich mit den Autoritäten und dem Establishment an. Und alle wurden des Unfriedestiftens und der Ketzerei beschuldigt, verjagt, ins Exil getrieben oder gekreuzigt.

Keiner von ihnen war ein Vorbild im Aufbauen einer Organisation. Tatsächlich versuchten sie nie wirklich, ihre Überzeugungen zu einer organisierten Bewegung umzubilden. Buddha zum Beispiel widmete der Meditation und selbstauferlegtem Fasten einen großen Teil seines Lebens. Wenn es nur nach dem Willen der Glaubensgründer in puncto Organisation gegangen wäre, gäbe es heute keine buddhistische, islamische, hinduistische oder christliche Kultur.

Die großen Religionen und ihre Visionäre sind die Kraft, die im Laufe der Geschichte immer und immer wieder eine Erneuerung der individuellen Persönlichkeit und des kollektiven Gewissens angeregt hat. Sie tauchten stets in Zeiten der Verlassenheit, in Zeiten unbeschreiblicher Not, in Zeiten extremer Herausforderung auf. In Epochen, die nach revolutionären Antworten schrien. Die arabische Wüste bot im 7. Jahrhundert Bedingungen, die so nach Veränderung lechzten wie all die andere Verzweiflung, die von früheren Propheten ins Blickfeld genommen worden war.

Mohammed wurde in die Armut Arabiens im Jahr 570 hineingeboren. Sein Geburtsort Mekka, eine Stadt von 20 000 bis 25 000 Einwohnern, war eine Pilgerstätte. Die Kaaba bildete das Zentrum der Pilgerfahrt. Die Kaaba ist ein kleiner quadratischer Tempel mit einem Meteoriten darin, der als ein Gott, der auf all die kleinen Stammesgötter herabblickte, angesehen wurde. In nahe gelegenen Städten gab es jüdische und christliche Siedlungen, aber man fand keine vereinheitlichende Religion oder vorherrschende Philosophie, die die Stämme zusammengebracht hätte. Sie beteten tatsächlich Hunderte von Stammesgottheiten an. Die Stämme, dauernd in Intrigen verwickelt, lieferten sich Schlachten und brandschatzten erbarmungslos. Sauberkeit und Hygiene waren Fremdwörter, Privatsphäre ein unbekanntes Phänomen; Leute liefen unangekündigt in die Häuser ihrer Nachbarn, auch wenn ein Mann sich mit seiner Frau gerade in trauter Zweisamkeit zurückgezogen hatte.

Trotzdem schaffte es Mohammed, diese Menschen zu einen. In seiner Jugend wirkte er nicht gerade wie ein Erlöser. Er ergriff den Beruf eines Kaufmanns und blieb dies auch bis zu seinem vierzigsten Lebensjahr. Es ist zweifelhaft, ob er je das Schreiben erlernt hat. Die Quelle seiner Eingebung bildet die religiöse Frage, um die sich alles dreht. Christliche Historiker und Freidenker werden einwenden, daß er viele seiner Ideen von den jüdischen und christlichen Gemeinden übernahm. Islamische Autoren halten sich an Mohammeds eigene Erklärung, daß ihm der Engel Gabriel auf dem Berg Hirra erschienen sei und die erlösende Botschaft überbrachte. Der Überlieferung nach hat Gabriel Mohammed eine Schrifttafel vorgehalten, damit er sie lese, aber er konnte nicht lesen. Wieder befahl Gabriel ihm zu lesen, und er protestierte abermals, er könne es nicht. Ein drittes Mal wurde es ihm befohlen, und da ging ihm die Offenbarung auf: »Lies im Namen des Herrn, der erschuf; der den Menschen aus erstarrtem Blut erschuf. Lies, der Herr ist der Wohltätigste; der durch die Feder lehrte; der den Menschen lehrt, was er nicht weiß.« Dann erklang in der Stille der einsamen Berge die klare Stimme noch einmal, um Mohammed mitzuteilen, daß Gott ihn als seinen Botschafter für die Menschheit erwählt habe.

Mohammed ging zu seinen Anhängern und verlangte von ihnen, der Verehrung der vielen Stammesgötter abzuschwören und die Wirklichkeit des einen, wahren Gottes anzunehmen. Das war keine einfache Botschaft. Er verlangte damit von seinen Anhängern, sich aus dem gesamten sozialen Umfeld der Gesellschaft in Mekka zurückzuziehen, Revolutionäre der Gesellschaft zu werden. Aber so ist das bei jedem Visionär. Sie verlangen ihren Anhängern nicht einfach die Bejahung neuer Ideen ab, sondern zwingen letztlich zu einer Änderung der sozialen Identität.

Trotzdem war Mohammed erfolgreich. Sein Einfluß kann an der Macht gemessen werden, die die islamische Welt in den folgenden 600 bis 800 Jahren erlangte. Die islamischen Städte, wie zum Beispiel Córdoba in Spanien und Adrianopel in der Türkei, legten ein eindeutiges Zeugnis des Fortschritts, den Mohammeds Botschaft gebracht hatte, ab. Als die Moslems die Westgoten aus Spanien vertrieben, bauten sie das zerstörte Córdoba wieder auf und machten die Stadt mit einer Million Einwohnern zur größten und kultiviertesten Europas. Sie war berühmt für ihre Kunst, Architektur, Industrie und Gelehrsamkeit. Allein die Hauptbibliothek enthielt über 400 000 Bände. Die Straßen waren gepflastert, die Gerichte hielten sich an das Gesetz. Die Verwaltung war wohlgeordnet.

In deutlichem Kontrast hierzu waren zu dieser Zeit Paris und London Zentren der Ungebildetheit und des Aberglaubens. Diese Städte waren in der Hand feudaler Kriegsherren, es fehlte jede formale Verwaltung und Rechtsprechung, die Straßen waren vor Schmutz starrend und die Einwohner von Seuchen heimgesucht.

Ungeachtet des gegenwärtigen Verhaltens einiger seiner Anhänger lehrte Mohammed Toleranz gegenüber Menschen aller Glaubensrichtungen und bewies viel Gespür für die Notwendigkeit von Gerechtigkeit, Bildung und sozialer Ordnung. Und weil das genau die Botschaft war, die auf die Bedürfnisse seiner Mitmenschen einging, fand er Widerhall. Ihr Glaube wuchs derart, daß sie beschlossen, auch dem Rest der Welt die Erleuchtung zu bringen. Einigung, Inspiration, Aktivwerden – dies sind die Folgen der visionären Tat.

Im Leben von Visionären gibt es ein einheitliches Grundmuster. An einem bestimmten Punkt zwingt sie ihr kreativer Impuls, sich von der Gemeinschaft zurückzuziehen. Jesus ging in die Wüste und Mohammed in die Berge. Auch Buddha, Krishna und Konfuzius erlebten Zeiten des Rückzugs aus der Gesellschaft. In diesen Abschnitten ihres Lebens nährten sie ihre Eingebung, bevor sie dann als Antreiber gesellschaftlichen Wandels wieder in Erscheinung traten. Weniger bekannte Visionäre machten ebenfalls diesen Ablauf von Rückzug und Wiederkehr durch. Der heilige Benedikt wurde in einer traditionellen Familie der Oberschicht geboren und in Rom erzogen. Später zog er sich in die Wildnis zurück, um drei Jahre in einer Höhle zu leben. Der heilige Gregor wurde in Rom geboren und aufgezogen. Er machte Karriere in der Bürokratie, bevor er seine weltliche Position und all seinen Reichtum aufgab. Er zog sich – ebenfalls drei Jahre lang – ins Klosterleben zurück.

Karl Marx – ein urtypischer Visionär – verbrachte mehr Zeit in der kontemplativen Stille der Bibliothek des British Museum als zu Hause bei Frau und Kindern. Jener Begründer des »wissenschaftlichen Sozialismus« war ein Visionär, wie er im Buche steht: einer, der ganz und gar in seiner Ideenwelt aufging, aber nicht imstande war, einen Hosenknopf anzunähen. Der die keckeste Geldwerttheorie entwarf und sich doch von seinem Freund Friedrich Engels aushalten ließ, weil er andauernd abgebrannt war. Der sich von »General« Engels regelmäßig jeweils in zwei Briefen in der Mitte durchgeschnittene englische Pfundnoten nach London schicken ließ, damit er, der »Mohr«, seine Mietschulden bezahlen konnte. Einer, der sich ins ferne London verkroch; einer, dem das gesellschaftliche Parkett zu glatt war und dafür lieber die Hirnzellen tanzen ließ.

Ähnlich zogen sich Machiavelli, Kant und Dante aus der Gesellschaft zurück und kehrten schließlich wieder, um ihre Botschaft zu predigen. Sich zurückzuziehen scheint nicht nur notwendig zu sein, damit der Visionär seine Ideen formen kann. Sondern auch damit er seine Kräfte sammelt und die geistige Macht bündelt, die eine Kultur führen und ändern wird.

Visionäre im Wirtschaftsleben

Wir stellten keine Marktforschung an, wir hatten keine Verkaufsprognosen, keine Gewinnberechnungen. Nichts von alledem. Ich baute ganz einfach mein Traumauto und stellte mir vor, daß andere meinen Traum teilten.
Ferdinand Porsche

Meines Wissens hat kein Businessvisionär jemals behauptet, seine Errungenschaft sei das Resultat göttlicher Eingebung. Wirtschaftsvisionäre reagieren – wie die der Wissenschaft – auf Herausforderungen ihrer Umgebung. Oft sind es Verkäufer, die innovative Ideen austüfteln. Sie hören ihren Kunden zu und erkennen dabei ein neues Kundenbedürfnis. Sie mögen ihre Einfälle während einer Tätigkeit im Produktionsbereich entwickelt haben; sie basteln an neuen Verwendungsmöglichkeiten von alten Materialien herum und erfinden dabei ein neues Produkt. Sie besitzen vielleicht alle Persönlichkeitszüge normaler Verkaufs- oder Produktmanager. Aber wenn sie ihren Stein der Weisen gefunden haben, ihr ureigenes Produkt entdeckt haben, dann wird aus einem »kleinen Verkäufer« ein wahrer »Innovationsriese«.
Die Entstehung von McDonald's ist eine Geschichte über mehrere komplexe Persönlichkeiten, von denen jede eine wichtige Rolle beim Welterfolg des Hamburgerriesen gespielt hat. Ray Kroc wird oft fälschlich als Gründer von McDonald's bezeichnet, aber die Fast-food-Buletten hat er nicht erfunden. Er war Unternehmer, einer der ganz dynamischen Sorte. Er spielte den jungen Wilden, der einen schlachtartigen Kampf zur Eroberung des Frikadellenterritoriums aufgenommen hat. Richard und Maurice (Mac) McDonald aus San Bernadino hingegen waren die Visionäre. Sie eröffneten ihr erstes Drive-in-Restaurant 1937 etwas östlich von Pasadena. In Kalifornien hatte das Auto bereits die Landschaft – und zwar geographisch und kulturell – in Besitz genommen, und so gaben die Brüder sich ein Stelldichein mit dem Erfolg. Das tat auch Bob Wian, aus dessen Autorestaurant Bob's in Glendale »Das Zuhause des Big Boy« wurde. Der Erfolg der Brüder McDonald führte 1940 zu einem zweiten und größeren Restaurant, das der Treffpunkt Nummer eins für Teenager in der Stadt wurde. Der Speisekarte nach gab es 25 verschiedene Sachen, und zwanzig Leute bedienten nicht weniger als 125 Wagen, die sich auf dem Grundstück zusammendrängten. Bald teilten sich die McDonalds 50 000 Dollar Gewinn pro Jahr, eine beträchtliche Summe zu der damaligen Zeit. Aber allmählich überkam sie Langeweile. Sie brauchten eine neue Herausforderung.
Mac und Dick begannen, die Renner ihres Geschäfts zu untersu-

chen. Ihnen fiel auf, daß 80 Prozent des Verkaufs durch Hamburger zustande kam. Sie beobachteten auch, daß sie um so weniger Familien und ältere Leute sahen, je mehr sie Teenager anzogen. Sie fanden auch heraus, daß das junge Bedienungspersonal unzuverlässig arbeitete. Da trafen die Brüder eine Entscheidung, die nur wenige erfolgreiche Geschäftsleute wagen würden. Sie machten ihr erfolgreiches Drive-in zu und veränderten seine Aufmachung von Grund auf. Ein solches Risiko einzugehen, paßt voll und ganz zur Mentalität des Visionärs. Jedoch war für den erfolgreichen Ausgang des Projekts auch peinlich genaues Streben nach Effizienz, wie man es beim Entwickler findet, erforderlich. Die McDonald-Brüder kamen mit beiden Rollen zurecht. Sie beschlossen eine Neugestaltung ihres Geschäfts und legten den Schwerpunkt auf Schnelligkeit bei der Bedienung sowie auf geringe Kostenbelastung.
Dick McDonald drückte das so aus, wie John F. Love in seinem spannenden Buch über die Bulettenkönige darlegt:

> Unser ganzes Konzept baute auf Schnelligkeit, niedrigeren Preisen und Masse auf. Wir waren auf großen, großen Umsatz aus, als wir die Preise senkten und den Kunden sich selbst bedienen ließen. Mein Gott, brauchten die Angestellten viel Zeit, um das Essen zu den Wagen zu bringen! Wir sagten uns, es müsse einfach etwas Schnelleres geben.
> Die Autos stauten sich auf dem Platz. Die Kunden sagten zwar nichts, aber intuitiv meinten wir, sie hätten lieber ein größeres Tempo beim Service. Alles wurde ja schneller. Die Supermärkte und billigen Warenhäuser hatten schon auf Selbstbedienung umgestellt, und es lag auf der Hand, daß die Zukunft der Autorestaurants Selbstbedienung hieß.

Als die McDonalds ihr neuentworfenes Drive-in wiedereröffneten, hatten sie ihren alten Grill von einem Meter Länge ersetzt durch zwei doppelt so lange Grills, die sie selbst entworfen und gebaut hatten. Sie erfanden auch noch andere Küchengeräte, einen drehbaren Ständer aus Edelstahl inbegriffen. Der Ständer hielt 24 Hamburger-Brötchenhälften, die von zwei Angestellten belegt werden konnten. Papiertüten, Verpackungen und Pappbecher ersetzten Besteck und

Porzellan. Die 25 Angebote der Speisekarte wurden auf neun zusammengestrichen, und alle Hamburger wurden gleich belegt: Ketchup, Senf, Zwiebeln und zwei Gurkenscheibchen. Auf diese Art konnten die Hamburger im voraus zubereitet werden. Wie Henry Ford entschieden sich die McDonalds für Massenproduktion und niedrige Preise. Der neue Preis ihrer Hamburger? 15 Cent.
Das neue McDonald's-Restaurant entpuppte sich als Volltreffer. Die Autos Südkaliforniens bildeten bald Schlangen, zwanzig hintereinander in Spitzenzeiten, und das Drive-in verkaufte 40 Prozent mehr als vor der Umstellung. Die Brüder hatten eine Steigerung des Verkaufs erreicht bei gleichzeitiger Senkung von investiertem Kapital und Kappung der Lohnkosten um ein Drittel.
Die Brüder McDonald hatten sich der Herausforderung gestellt, der Herausforderung durch das Automobil, den schnellen Lebensstil Kaliforniens. Innovation – und zwar erfolgreiche Erneuerung – war ihre Antwort. Solch ein Erfolg blieb alles andere als ein Geheimnis. Im Juli 1952 brachte das »American Restaurant Magazine« eine Titelgeschichte über McDonald's, und die Brüder wurden mit Anfragen bombardiert. »Es besuchten uns so viele Leute, daß Mac und ich den größten Teil unserer Zeit damit zubrachten, mit ihnen zu reden. Da wußten wir, daß wir einen Lizenzvertreter brauchten«, erinnerte sich Dick McDonald.
Dick und Mac unternahmen Anstrengungen, durch Vergabe von Lizenzen aus ihrem Erfolg Kapital zu schlagen. Aber für die Ausweitung des Geschäfts brachten sie nicht die gleiche Leidenschaft auf, die sie für seine Erfindung gehabt hatten. Und vielleicht an dieser Wendemarke muß der Visionär seinen Stil und seine Motivation ändern, um den Dreh zum jungen Wilden zu schaffen. Oder er muß durch eine andere Person ersetzt werden. Die McDonalds waren nun sehr genügsame Leute. Und wohl auch ein bißchen kleingläubig. Als sich Neil Fox aus Phoenix um die erste Konzession bewarb, wollte er den Betrieb McDonald's nennen. Dick McDonald schnaubte: »Warum, zum Teufel? McDonald kennt in Phoenix kein Mensch!«
Der Fortschritt hängt vom energischen und kreativen Handeln auf neue Herausforderungen ab. Er kann zum Stillstand kommen, wenn der Unternehmer zu satt ist. »Wir konnten das ganze Geld,

was wir verdienten, gar nicht ausgeben«, sagten die Brüder. »Wir nahmen die Dinge jetzt eher auf die leichte Schulter und hatten viel Spaß, das zu tun, was wir gerade wollten.« Dick und Mac lebten ohne Sorgen, aber auch ihr »entrepreneurial spirit« ging flöten.

Wirtschaftszeitschriften haben tatkräftige Unternehmer groß herausgestellt, wie es auch sein soll. Jede Heldenliste des Unternehmertums sollte aber auch die nennen, die etwas erfinden, groß machen und zum Erfolg führen. Die Brüder McDonald sind in diesem Sinne zweifellos Unternehmer. Der Ausdruck »Unternehmer« verklumpt allerdings zwei sehr verschiedene Funktionen miteinander, den geistigen Vater der Idee und den Bahnbrecher, der die Idee packt und mit ihr losrennt. Der Visionär kann beide Eigenschaften besitzen oder aber eben nur eine. Entwicklung und fortschreitender Erfolg von McDonald's erforderten nach der Pionierphase eine neue Art von Anführer, den jungen Wilden. Er kann die jeweils neuen, gegebenen Herausforderungen überhaupt erst erkennen und sich ihnen stellen. In unserem Fall hieß dieser Mann Ray Kroc, und seine strategische Aufgabe war die Ausweitung des Territoriums. Der Rest ist, wie man so schön sagt, Geschichte.

Unternehmerische Vision und Energie überhaupt erst ins Leben zu rufen, gleicht einer chemischen Reaktion. Manchmal ist diese Neuschöpfung das Werk eines einzelnen wie im Fall Henry Fords. Sie kann auch das Werk eines kleinen Teams sein. Oder sie kann wie im Falle Schlumberger das Werk einer ganzen Familie sein. Im November 1919 gründeten Vater und zwei Söhne Schlumberger eine Firma, die heute einer der führenden Zulieferer der Mineralöltechnologie ist. Paul Schlumberger, der Vater, kam aus der Textilmaschinenbranche.

Er war ein Visionär, der Natur- und Ingenieurwissenschaften liebte. Er investierte in Projekte wie den Suezkanal, der damals einen Gipfelpunkt wissenschaftlicher und ingenieurmäßiger Leistung darstellte. Sohn Conrads große Leidenschaft war die Naturwissenschaft. Er lehrte Physik in Paris und führte Erstexperimente durch, in denen er Elektrizität für Messungen der Schicht unter der Erdoberfläche einsetzte. Pauls anderer Sohn, Marcel, studierte Ingenieurwesen. Marcel Schlumberger war praktischer und vorsichtiger als sein Bruder und entwickelte sich zu einem scharfsinnigen Geschäftsmann.

Paul Schlumberger war von Conrads wissenschaftlicher Arbeit beeindruckt. Er gab sein eigenes Geschäft auf, zog nach Paris und überzeugte Marcel davon, sich ihnen als Partner anzuschließen, um die Technologie zu entwickeln, die Conrad erforschte. Paul verfaßte einen Vertrag, den er und seine beiden Söhne unterschrieben. Der Vertrag sagt viel über die Beweggründe und Wertehaltung der drei Männer aus und beeinflußte die Unternehmenskultur ihrer Gesellschaft über viele Jahre hinweg:

> Was sie selbst betrifft, stimmen meine Söhne zu, ihre Bemühungen nicht durch Arbeit auf anderen Gebieten zu verwässern ... Bei diesem Unternehmen haben die Interessen wissenschaftlicher Forschung Vorrang vor finanziellen Erwägungen. Man wird mich über wichtige Entwicklungen und die dazu erforderlichen, notwendigen Ausgaben auf dem laufenden halten; zu beidem darf ich auch meine Meinung abgeben. Das Geld, das ich gebe, ist mein Beitrag zu einer in erster Linie wissenschaftlichen, in zweiter Linie praktischen Arbeit ... Marcel wird seine bemerkenswerten Fähigkeiten als Ingenieur und seinen gesunden Menschenverstand bei Conrad einbringen. Conrad andererseits wird der Mann der Wissenschaft sein. Ich werde sie beide unterstützen.

Der Vertrag zwischen Paul Schlumberger und seinen Söhnen ist, wie Ken Auletta zeigt, beredt in seiner Einfachheit und seinen klaren Prioritäten. Wenn Sie ein erfolgreiches Unternehmen gründen wollen, brauchen Sie zwei Dinge: ein ausgezeichnetes Produkt und Klarheit über Ihre Ziele und Werte. Die Brüder gingen bis zum Jahr 1927 ihrer wissenschaftlichen Forschung nach. Zu diesem Zeitpunkt erhielten sie ihren ersten Auftrag von einer Erdölförderungsgesellschaft, die ihre Technologie bei der Suche nach Petroleum anwenden wollte. Seither besitzt Schlumberger die Vorherrschaft in der Ölfeldtechnologie. Der Nettowert des Unternehmens beträgt heute fast 20 Milliarden Dollar, und seinen Ruf wissenschaftlicher Erstklassigkeit hat es bis heute aufrechterhalten.

Wirtschaftsvisionäre sind oft Nonkonformisten, genau wie Visionäre der Wissenschaft auch. Vor einigen Jahren leitete ich eine Untersuchung im Auftrag des Unternehmens Honeywell. Hierzu besuchte ich alle Firmen, die Honeywell in letzter Zeit erworben hatte, und interviewte ihre Führungsspitze. In vielen Fällen waren die Chief Executive Officers der erworbenen Gesellschaften visionäre Gründer. Nie werde ich den Präsidenten einer High-Tech-Firma vergessen. Er war ein genialer Ingenieur, der das Produkt entwikkelt und dem Unternehmen Leben eingehaucht hatte. Sein Büro war ein unglaubliches Tohuwabohu. Papierstapel und Akten lagen wild herum; Zeitschriften in nicht mehr zählbaren Mengen auf dem Fußboden. Sein Schreibtisch sah aus wie das Kinderzimmer meines siebenjährigen Sprosses nach einer Woche elterlichen Nichteinschreitens. Die äußere Erscheinung des Präsidenten entsprach der seines Büros.

Das Durcheinander im Büro dieses Gründers konnte ich verstehen. Was mich allerdings überraschte: daß Honeywell dieses Chaos nicht nur duldete, sondern stillschweigend einverstanden war. Man übte keinerlei Druck auf ihn aus, sich den ordentlichen und sauberen Normen des Honeywell-Unternehmens anzupassen. Bei der Firmenübernahme war vereinbart worden, daß er weiterhin die technische Leitung behalten sollte, während altgediente Honeywell-Leute die Verwaltungsaufgaben erledigten, für die er wenig Talent oder Interesse zeigte. Das war genau die richtige Art, mit einem Visionär umzugehen.

Solche Visionäre waren auch die Autopioniere Ferdinand Porsche und sein Sohn Ferdinand Anton Ernst Porsche, genannt Ferry. Porsche sen., ein genialer Konstrukteur und erfolgreicher Rennfahrer, jagte einem Traum nach: einen Sportwagen für die breite Masse aus der Taufe zu heben. Der Nordböhme Porsche ließ von seiner fixen Idee nicht, sprachen auch zwei Weltkriege, eine in den Kinderschuhen steckende Autoindustrie und Deckungsbeitragsrechnungen nicht unbedingt für das Projekt des tüftelnden Professors. Sohn Ferry, wie der Vater ein Mann mit Benzin in den Blutbahnen, sollte 1948 diesen Traum verwirklichen. Die Geburtsstunde des Porsche 356 schlug in jenem Jahr. Mit VW-Motor und Getriebe schneiderte Ferry Porsche einen windschnittigen Prototyp, die 40 PS bringen den 356 auf gut 130 Stundenkilometer. Im ersten Jahr wurden fünfzig Autos des Porsche 356 gefertigt, die Massenproduktion begann. Heute verkauft Porsche 30 000 Fahrzeuge pro Jahr und erzielt einen

Umsatz von über 3 Milliarden Mark. Mehr als 2000 Tüftler arbeiten im Entwicklungszentrum Weissach bei Stuttgart, eine »Denkfabrik« für Automobile, um Porsche unaufhörlich weiterzuentwickeln.
Vater und Sohn Porsche sahen voller Stolz ihre Vision verwirklicht. Sie hatten gegen alle Widerstände ein populäres Sportauto gebaut, das ihren Namen trägt und das in aller Welt als Inbegriff von Dynamik und Rasanz gilt. Die Welt hat den Traum der Porsches geteilt.
Kreatives Handeln im Führungsbereich ist die Tat unvernünftiger Männer und Frauen. Gott rette uns vor dem Unternehmen, das auf einer Anpassung dieser Leute besteht.

Wie man mit einem Visionär zurechtkommt

Wenn Sie für einen Visionär arbeiten ...

... erwarten Sie von ihm keine festumrissenen Ziele oder Vorschriften. Er wird Sie wahrscheinlich eher in vagen Missionen aussenden. Bitten Sie ihn um eine Besprechung Ihrer Ziele, formulieren Sie sie dann auf der Grundlage dieser Besprechung selbst, und geben Sie ihm eine Kopie Ihrer schriftlichen Notizen.

... erwarten Sie nicht von ihm, daß er die Details Ihrer Arbeit verfolgt. Das interessiert ihn nicht die Bohne. Sprechen Sie mit ihm über die größeren Ziele, auf die Sie hinarbeiten. Und auch darüber, wie diese Zielsetzungen in seine Vision passen.

... seien Sie tolerant gegenüber seiner neuesten Idee. Änderung der Richtung. Stoßen Sie ihn nicht auf all das, was an seinem hirnverbrannten Einfall falsch ist. Visionäre sind Mimosen und wollen ihre Ideen nicht am Boden zerstört sehen.

... denken Sie nicht, Sie müßten auf dem Spielfeld des Visionärs mithalten. Er erwartet nicht von anderen, daß sie seine eigenen Persönlichkeitsmerkmale teilen. Propheten reiben sich meist an anderen Propheten. Ihr Prophet ersehnt Eigenschaften, die ihn ergänzen. Er weiß den Tatmenschen zu schätzen, der die Dinge durchführt, und den Verwalter, der Ordnung in die Dinge bringt.

Wenn ein Visionär für Sie arbeitet, . . .

. . . sind Sie ein Glückspilz! Erkennen Sie seine kreativen Fähigkeiten an, verstärken und ermutigen Sie diese Talente. Verlangen Sie nicht, daß es bei ihm systematisch zugeht oder daß er sich Standardprozeduren unterordnet.

. . . braucht er Ihr Zuhören. Er braucht die Gewißheit, daß seine visionären Ideen für Sie wichtig sind. Lassen Sie ihn wissen, daß es in Ihrem Unternehmen Gelegenheit und Raum für die Durchführung seiner Ideen gibt.

. . . helfen Sie ihm, zwischen seiner »regulären« Arbeit und seinen schöpferischen Aktivitäten zu unterscheiden. Vielleicht muß er sein Gehalt mit weltlicher Arbeit rechtfertigen.

. . . beschützen Sie ihn vor den Bürokraten. Bedenken Sie, daß in angegrauten Unternehmen Visionäre allzuoft in die Wüste geschickt werden.

. . . haben Sie Geduld. Visionäre arbeiten nicht auf das Ergebnis dieses Quartals hin, sondern für die Wirkung, die sie langfristig erzielen. Der seherische Blick geht sehr weit in die Zukunft. Das Drängen auf sofortige Ergebnisse zerstört die Kreativität des Visionärs.

Die Organisation des Visionärs

Der Visionär und seine Organisation – das ist wie das Spiel von Katz und Hund. Der Visionär hat möglicherweise wenig mehr als Einfallsreichtum und Hingabe an seine Ideen. Vielleicht hat er einen Namen für sein Produkt und seine Firma, aber wenig Kapital und wenige (wenn überhaupt) Angestellte oder Kunden. Ein Außenstehender wäre ohne Zweifel vom Anblick dieses Organisationsgreenhorns schockiert; fehlt ihm doch jede Ähnlichkeit mit Standards, wie sie im Geschäftsleben gemeinhin üblich sind. Die Buchführung: ein Buch mit sieben Siegeln, ein Durcheinander an Papieren. Vertragsgestaltung: ein Graus.

Der visionäre Zyklus ist eine Phase, in der Persönlichkeit dominiert und keine Strategie, keine Verfahrensweise. Und die Persönlichkeit des Visionärs wird wohl keine Stabilität verströmen. Der Visionär kann seine Mitarbeiter mit seinen radikalen und oft nicht erklärten Kursänderungen zur Weißglut treiben. Vielleicht entscheidet er am Wochenende, Montag morgen die Organisation seiner Firma anders zu strukturieren und es nach getaner Tat den anderen mitzuteilen. Hierbei hat er sich selbstverständlich mit niemandem beraten. Im Management übliche Verfahren wie Motivation, Beurteilungen, Beförderungen oder Urlaubsregelungen existieren für den Visionär gar nicht.

Es ist wichtig zu verstehen, daß Verhältnisse wie diese auf der ersten Entwicklungsstufe eines Lebenszyklus nicht nur normal, sondern sogar wünschenswert sind. Visionäre können nur Erfolg haben, wenn sie flexibel sind. Sie müssen sich ohne Rücksicht auf administrative Einengung schnell bewegen können. Wer in einer neugegründeten Firma arbeitet, muß darauf vorbereitet sein, alles und jedes, was gerade nötig ist, zu tun. Vergessen Sie formale Entscheidungsfindung, Befehlsketten und desgleichen. Es gibt sie im Leben des Visionärs nicht.

Normalerweise treffen Visionäre auf der Grundlage gemeinsamer Beratungen keine wichtigen Entscheidungen. Dazu glauben sie zu stark an ihre eigenen Ideen. Sie können sich die Ideen anderer anhören, aber es ist schwierig für sie, den Vorstellungen anderer den gleichen Wert beizumessen. Sie haben für ihre eigenen Überzeugungen gekämpft, und wenn sie mit der Gründung ihres eigenen Unternehmens erfolgreich waren, sind sie für das Festhalten an ihren Ideen belohnt worden. So lange, wie diese Ideen Erfolg haben, ist die Eigenbrötelei des Visionärs ein Vorteil. Sobald er sich von seinem Fachgebiet entfernt, gerät er ins Schlingern.

Der Geschäftsvisionär wird wahrscheinlich einige sehr engagierte und loyale Anhänger inspirieren. Diese Anhänger werden ihren »Guru« mit leuchtenden Augen betrachten. Er ist das Genie, dessen Entwurf die Firma zum Leben erweckt. Oft scheint er über der Sphäre normaler Sterblicher zu schweben. Ein gefährlicher Heiligenschein kann sich um ihn bilden. Seine Anhänger weigern sich, ihn zu kritisieren. Sein Urteil wird nicht hinterfragt, selbst wenn er auf Gebieten, auf denen er nur gewöhnliche Kenntnisse besitzt,

Entscheidungen trifft. Hierin liegt eine große Gefahr, eine, die den Sturz vieler Firmengründer heraufbeschworen hat. Wahrscheinlich gibt es in der vom Visionär geprägten Organisation ein sehr starkes Sendungsbewußtsein. Die Anfänge bei Apple Computer und anderen High-Tech-Firmen veranschaulichen sehr schön die Faszination des visionären Zyklus. Die Apostel des Visionärs arbeiten mit Sicherheit sechzehn Stunden am Tag und opfern viel dafür. Sie arbeiten nicht einfach in irgendeinem Job. Sie sind davon überzeugt, daß sie die Chance ihres Lebens haben, etwas wirklich Bedeutendes zu leisten.

Aber ist der Visionär der einzige, der der Innovation die Sporen geben kann? Kann Management den Prozeß der Erneuerung systematisieren, so wie es andere Aktivitäten auch im Griff hält? Peter Drucker argumentiert in seinem Werk »Innovationsmanagement«, Innovation sei

> geeignet, als Disziplin angeboten zu werden, geeignet, gelernt zu werden, geeignet, praktiziert zu werden. Unternehmer sollten bewußt nach den Quellen der Innovation suchen, nach Änderungen und Möglichkeiten, die Ansätze für erfolgreiche Neugestaltung anzeigen.

Drucker hat recht. Besonders innerhalb ausgereifter Unternehmen kann der Prozeß der Innovation angeregt, ermutigt und belohnt werden. Überall in einem blühenden Unternehmen muß das Management diejenigen Angestellten herauspicken, die die vorausschauenden Eigenschaften von Visionären an den Tag legen. Um der Innovation den Weg zu ebnen, müssen wir Systeme schaffen, die Kanäle für Gedanken und Energien öffnen, die andernfalls blockiert sind. Ein System regt die Kreativität an, wenn es fortlaufend ein Forum anbietet, wo Ingenieure, Chemiker oder Architekten Modelle und Anwendung ihrer Technologie durchspielen können.

Finanzielle und soziale Belohnung für Angestellte, die neue Anwendungsbereiche für Produkte vorschlagen, setzen nicht nur einen Präzedenzfall, sondern beflügeln auch die Entstehung neuer Ideen. Systematisches Training von Managern in Führungsfragen wird Angestellte in die Lage versetzen, sich aktiv am ungehinderten Strom

von Ideen zu beteiligen. Systeme müssen immer kreativitätsfördernde Systeme sein und keine, die einengen.
Aus den Forschungsorganisationen von Bell Labs, IBM und aus denen der großen pharmazeutischen Unternehmen sind Tausende von Neuerungen gekommen. Diese Innovationen haben nicht nur das Fortkommen ihrer Unternehmen in riesigen Schritten vorangetrieben, sondern auch unsere Welt verändert. In diesen Firmen werden kreative Leute nicht nur geduldet, sondern ermutigt. Johnson & Johnson und 3M haben besonders gut firmeninternes Unternehmertum gefördert und Leute belohnt, die neue Produkte entwickeln. Solche weitsichtigen Praktiken erlauben es Visionären, auch in entwickelten Unternehmen zu überleben.

Ihr Unternehmen befindet sich im Zyklus des Visionärs, wenn ...

... Ihr Chef eine visionäre und kreative Person ist, auf deren Ideen die Firma gegründet wurde;
... Ihre Organisation sich in einer riskanten Lage befindet, weil sie die Lebensfähigkeit ihres Produktes auf dem Markt bisher noch nicht bewiesen hat;
... bei Ihnen das Chaos regiert und dieses Chaos jeden Tag anders aussieht;
... Sie eine Bande von Besessenen sind, die fest an das glaubt, was sie tut.

Herausforderungen und Aufgaben

Die Antwort auf persönliche Krisen

Pete Petits Sohn war sechs Monate alt, als er tot in seiner Wiege gefunden wurde. Der plötzliche Kindstod oder Krippentod schlägt ohne Vorwarnung zu. Kein Weinen, Wimmern oder Husten. Kein Hinweis auf Probleme. Keine Chance für einen Vater, etwas zu tun, um sein Kind zu retten.

Auf den Tod seines Sohnes folgten schlaflose Nächte und das psychische und soziale Sichzurückziehen, das einer persönlichen Tragödie folgt. Es schlossen sich ebenso irrationale Schuldgefühle und Selbstvorwürfe an.
Aber es gab in Pete Petit auch die Fähigkeit, auf diese Tragödie zu antworten. In den nächsten Monaten las Pete, Ingenieur bei Lockheed in Georgia, alles, was je zum Krippentod geschrieben wurde. Er konsultierte Kinderärzte und andere Experten. All das war enttäuschend. Schließlich erkannte er, daß im Falle einer elektronischen Aufzeichnung von Atmung und Puls des Kindes jede Unterbrechung entdeckt werden könne. Ein Alarmgeräusch könnte losgehen und die Eltern warnen. Hätte sein Sohn solch ein Gerät gehabt, hätte Pete, da war er sicher, ihn retten können.
Monatelang war Pete davon besessen, ein solches Gerät zu bauen. Er zog sich zunehmend aus seinen gesellschaftlichen Kontakten zurück und widmete seiner Arbeit bei Lockheed weniger Energie. Schließlich, nach mehreren Jahren des Forschens, entwickelte er einen elektronischen Monitor. Dieser wurde zum akzeptierten Standard für die Risikoerkennung beim plötzlichen Kindstod.
Er gründete eine Gesellschaft, Healthdyne, Inc., um dieses und weitere Produkte zu entwickeln und auf den Markt zu bringen. Healthdyne wuchs bald zu einer 100-Millionen-Dollar-Firma heran.
Pete Petit plante nicht, Unternehmer zu werden. Die Herausforderung einer persönlichen Krise war es, die seine kreative Antwort auslöste.

Flucht aus unterdrückender Bürokratie

Bürokratie ist die institutionalisierte Struktur, das System und Verhalten, das versucht, Konformität herbeizuführen. Bürokratie ist per definitionem tyrannisch und eine Herausforderung an den kreativen einzelnen. Das schöpferische Individuum kann unter dem Druck der Bürokratie nicht »sein eigenes Süppchen kochen«. Und wegen der ihr wesenseigenen Unfähigkeit, auf etwas einzugehen, kann die Bürokratie keine Umgebung herstellen, die dem einzelnen gestatten würde, nach seiner eigenen Vorstellung zu handeln. Zu oft muß das wirklich schöpferische Individuum rebellieren oder aus der bürokratischen Umgebung fliehen.

Große Teile der Welt werden heute von Bürokraten beherrscht. Es ist kein Geheimnis, daß dies auch auf die Regierung der Vereinigten Staaten zutrifft. Ebenso kennzeichnet es viele große amerikanische Unternehmen, die langsam in Verfall geraten. Jedoch sind diese Bürokratien nur schwach ausgebildet, wenn man sie mit den massiven Strukturen der Unterdrückung vergleicht, die die kommunistische Welt beherrschen. Falls Sie ein in der Ukraine lebender kreativer Mensch sind, wird sich die Möglichkeit zu schöpferischem Ausdruck um den Nullpunkt herum bewegen.
Kurioserweise hat sich die bürokratische Gesellschaft, die sich 140 Kilometer vor der Küste Floridas befindet, als wahres Ziehbeet kreativer Individuen für die Vereinigten Staaten erwiesen. Indem er das Unternehmertum in Kuba selbst erstickte, regte Castro in Dade County, Florida, eine kreative Explosion an. In dieser Gegend werden nämlich die Einwanderer aus Kuba aufgenommen. Sie finden heute unter den kubanischen Emigranten mehr als 200 neue Millionäre. Und so äußert sich Lester Freeman, Leiter der Handelskammer: »Das Beste, was Miami seit der Erfindung der Klimaanlage passierte, ist, daß Fidel Castro Karl Marx gelesen hat.«
Diesen Einwanderern ist es zu verdanken, daß Dade County – inzwischen zu 40 Prozent von Kubanern bewohnt – eine der niedrigsten Arbeitslosenraten im Land und die niedrigste Rate in Florida halten kann. Bei der Schaffung neuer Arbeitplätze wird Florida nur noch von Kalifornien übertroffen. Texas liegt auf Platz drei, und das macht die drei Staaten mit den höchsten Einwandererquoten zu den dreien, die auch die höchste Rate bei der Schaffung neuer Arbeitsplätze erreichen.
Zu viele Amerikaner haben die Lektion aus den Einwanderungen noch nicht gelernt. Jede Einwanderungswelle wird von Unkenrufen wie »Jetzt geht es mit unserer Gegend sozial bergab!« begleitet. Tatsache ist, daß jeder neue Zustrom eine frische Welle kreativer und unternehmerischer Energie mit sich gebracht hat, genau den Geist, der am »amerikanischsten« ist. Der Neuankömmling an unseren Küsten verkörpert in der Tat oft die vorwärtstreibenden Eigenschaften des amerikanischen Traums am besten. Und ist es in Deutschland nicht ähnlich? Sind nicht jene Zuwanderer aus Süd und Ost die Tüchtigsten der Zukunft?

Rebellion gegen unangemessenen Lohn

Genau wie Einwanderer aus ihren Ländern fliehen, um angemessene Entlohnung zu suchen, fliehen Tausende von begabten und schöpferischen Menschen in der gleichen Absicht aus ihren Unternehmen. Die Gründer vieler neuer Unternehmen erbrachten in den etablierten Firmen gute Leistungen. Ihre Vorgesetzten stuften sie wahrscheinlich als gut gefordert und entlohnt ein. Aber der Visionär wird von seinem eigenen Geist und Verstand regiert, nicht von der Einschränkung anderer. Wenn er sich durch bürokratische Hindernisse frustriert fühlt, wird er sich von der Pay-roll streichen lassen und seinen eigenen Weg gehen. Große, blühende Unternehmen sind Väter von Dutzenden Nachkommen. Diese Firmenneugründungen werden oft von ehemals unzufriedenen und heute kreativen einzelnen geführt. Sie sahen, daß sie in der Großfirma nicht die Anerkennung, Beförderung, Entlohnung und Verantwortung bekommen konnten, die ihre Leistung verdient hatte. Ironischerweise verdanken viele von ihnen ihren Erfolg Chefs, die verpaßt haben, ihnen zuzuhören. Wären ihre Arbeitgeber für ihre neuen Ideen empfänglich gewesen, würden viele heute millionenschwere Unternehmer glücklich in Großunternehmen arbeiten.

Der Ruf der neuen Technologie

Es gibt Dutzende von Beispielen, bei denen eine neue Technologie die Herausforderung verursachte, die zu kreativen Antworten führte. Wie viele Ingenieure sind abends – aufgewühlt von einem technischen Problem – nach Hause gegangen und fanden, während sie im Badezimmer oder im Bett waren, eine Lösung, die jetzt als Produkt auf dem Markt ist? Wie viele Männer und Frauen, die von den Anwendungsmöglichkeiten einer neuen Technologie träumten, gingen weiter und gründeten ihre eigene Firma, um ihre Idee gewinnbringend zu nutzen?

Unser Informationszeitalter sieht mehr und mehr neue unternehmerische Visionäre aktiv werden. Sie tauchen oft aus völlig unerwarteten Ecken auf. Sehen Sie sich die Stammväter von Apple Computer, Steven Jobs und Stephen Wozniak, an. Oder William Gates, den Vater von MS-DOS und Gründer von Microsoft, Inc., der führenden Gesellschaft für Mikrocomputer-Software.

Wie der Zufall es will, waren in jedem dieser Fälle die Visionäre junge Leute, halbe Kinder, die zuerst im wahrsten Sinne des Wortes mit den neuen Technologien spielten. In der Tat sind viele aus unserem gegenwärtigen Hoch an schöpferischen Unternehmensgründern jung, noch selbst in der Phase der Instabilität, des schnellen Wachstums, der persönlichen Orientierung und der natürlichen Kreativität. Aber was auch immer ihr Alter ist, Visionäre zeichnen die gleichen Eigenschaften aus: Sie packen Herausforderungen bei den Hörnern.

Von kreativem Wahnsinn zum Management

Der kreative Funke entzündet sein Feuer und muß sich ausbreiten. Busineßvisionäre stehen im Zentrum der Aktivität in der schöpferischen Anfangszeit, wenn Ideen und geistige Vorstellung gefragt sind. Aber sobald die Firma in Gang gekommen ist, muß der Visionär entweder eine völlig neue Rolle übernehmen – die des Managers – oder zur Seite treten. Jede dieser beiden Möglichkeiten ist ungeheuer schwierig zu verwirklichen.

Vor kurzem beriet ich einen Unternehmer, der ein Produkt entwikkelt hatte und auf der Anfangsstufe seine Firma sehr erfolgreich führte. Er war erfolgreich, weil er sich einfach um alles kümmerte. Er hatte achtzehnstündige Arbeitstage und führte den Arbeitern in der Produktion im Grunde genommen die Hände. Das konnte ganz klar nicht so bleiben, da die Firma größer und größer wurde. Als er zu delegieren begann, hatte er immer das Gefühl – und ließ das seine Mitarbeiter auch merken –, die Sache würde glatter laufen, wenn er alles selber regeln würde. Seine Mitarbeiter fühlten sich nicht anerkannt. Er machte auch den Fehler, ihre Entscheidungen nicht zu respektieren, und mißachtete die Befehlskette dadurch, daß er Arbeitern und Managern, die in der Organisation einige Ebenen tiefer angesiedelt waren, Anweisungen gab. Die Fluktuation bei seinen Managern war natürlich sehr hoch. Letzten Endes wurde dieser visionäre Unternehmer von seinem eigenen Vorstand gefeuert.

Es ist nicht unüblich für den Visionär, seine erste Rolle zu überschreiten und die Eigenschaften des jungen Wilden zu entwickeln. Es ist jedoch für ein Individuum recht unüblich, mehr als eine Phase abzudecken. Und es ist selten – und äußerst heldenhaft – , mehr als zwei Entwicklungsstufen zu überschreiten.

Im Jahre 1969 gründete Milton G. Kuolt II. Thousand Trails, Inc., um Wohnwagenbesitzern Teilzeitcampingplätze anzubieten. Das war Kuolts erstes unternehmerisches Wagnis, und es war ein voller Erfolg. Thousand Trails hatte 27 600 Mitglieder, die einen durchschnittlichen Mitgliedsbeitrag von 5795 Dollar zahlten. Dafür konnten sie zu bestimmten Zeiten ein Stück Land in einem der Naturgelände, die zu Thousand Trails gehörten, belegen. In der Anfangszeit des Unternehmens machten Kuolt und seine Kinder selbst das Unterholz bei den Zeltplätzen nieder, später entstand daraus eine Gesellschaft mit über 900 Angestellten und einem jährlichen Umsatz von 40 Millionen Dollar. Aber mit dem Erfolg seiner Firma fühlte sich Kuolt zunehmend nicht mehr wohl in seiner Haut. »Mir gefällt das nicht, die Sache gleitet mir aus der Hand«, sagte er oft. Er erkannte, daß ihm die Entstehung einer Idee und deren erste Umsetzung in die Tat Freude machte, nicht aber die Routine des Managens. So übergab er diese Aufgaben an einen Vorsitzenden und Chief Executive Officer und verkaufte den größten Teil seiner Aktien.

Nicht derjenige, der sich auf seinen Millionen ausruht, begann Kuolt als nächstes, eine Fluggesellschaft aufzubauen. Horizon Air Industries hieß sie, hatte ihren Hauptsitz in Seattle. Wieder war Kuolt erfolgreich. Innerhalb relativ weniger Jahre erzielte Horizon Einnahmen in Höhe von ungefähr 50 Millionen Dollar und flog mit dreißig Maschinen zwanzig Flugziele an.

Als Kuolts erstes Unternehmen ausgereift war, stieg er aus. Beim zweiten wollte er gerne dabeibleiben. »Ich treibe meine Leute an. Sie sollten das verstehen. Ich nehme sie hart ran, ohne Pardon.« Und wie Horizon Air wuchs, so wuchs auch der Konflikt. Kuolt attackierte direkt jedes kleine Problem, das er entdeckte – kalten Kaffee, Passagiere, die zu lange Schlange stehen mußten. Aber die Systeme, die jetzt von großer Bedeutung waren, wie zum Beispiel der ungehinderte Informationsfluß und die Flugplanorganisation, wurden nicht angemessen angepackt. Seine Manager versuchten, Planungsberatungen ohne ihn abzuhalten. Er schloß daraus, zu Recht, daß sie gegen seine Führung rebellierten.

»Sein Stil war für die ersten zwei oder drei Jahre völlig angemessen. Aber nun brauchen wir einen anderen Stil, einen mehr traditionell-organisatorischen Stil, um einen funktionierenden Konzern zu managen«, sagte einer seiner Manager. »Wir dreschen jetzt nicht mehr herum und wachsen und versuchen, uns selbst zu finden. Wir sind eine größere Firma, die gemanagt werden muß.«
Der Reporter des Magazins »*Inc.*«, der Kuolt interviewte, bemerkte: »Ihm zuzusehen machte mich traurig. Er war irgendwie eine schwankende Heldengestalt geworden, seine übliche großmäulige Prahlerei war jetzt stellenweise gebrochen, gebrochen von Augenblicken stillen Selbstzweifels.« Wenn es Milt Koult, dem Multimillionär, unternehmerischen Helden, dem Visionär und jungen Wilden, nicht möglich war, seinen Managementstil zu ändern, können wir das letzte Kapitel dieser Geschichte selbst schreiben. Das Unternehmen wird gute Leute verlieren, mit dem Service wird es bergab gehen, die Kosten werden auf einmal die Einnahmen überholen.
Der Visionär, der eine Firma gründet, hat dadurch Erfolg gehabt, daß er seinen eigenen Ideen und Instinkten folgte. Er hat sein Werk nicht dadurch geschaffen, daß er die Aufgabe an andere delegierte. Der geistige Urheber ist besessen von der intensivsten, persönlichen Verantwortlichkeit für das von ihm Erschaffene. Eine wünschenswerte Eigenschaft bei einem Schöpfer, bei einem Manager ein möglicher Grund des Versagens.

Stufe 2

Der junge Wilde – Krise und Sieg

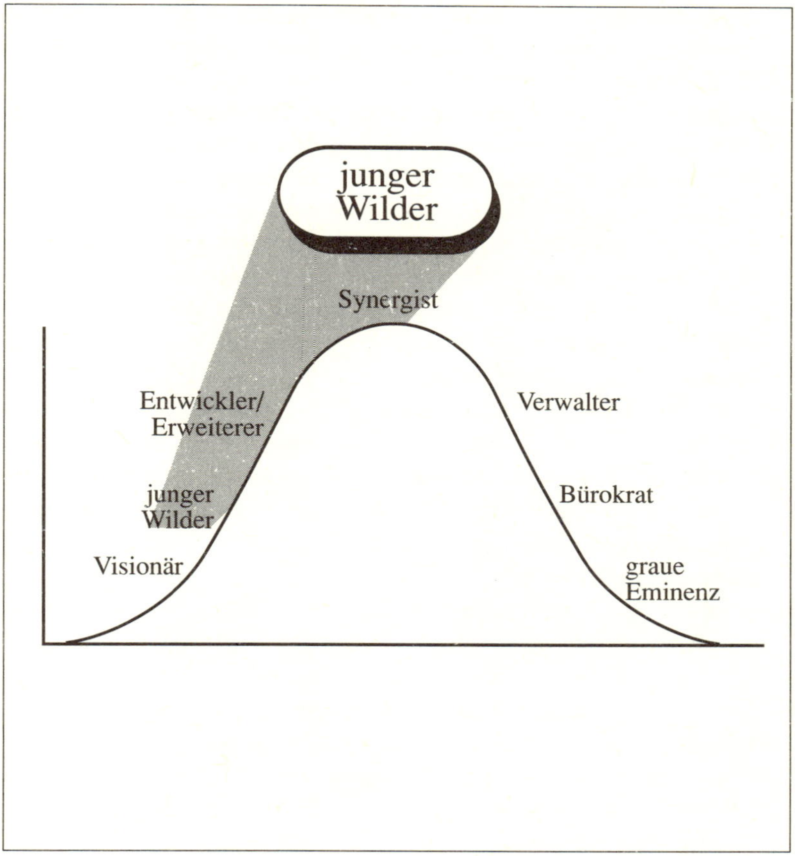

Für jedes erfolgreiche Unternehmen sind drei Männer erforderlich – ein Träumer, ein Geschäftsmann und ein Schweinehund.
Peter MacArthur, 1904

Sein lächelndes, jungenhaftes Gesicht haben wir hundertmal im Fernsehen gesehen. Er schaut direkt in die Kamera, hält dabei einen Rasierapparat hoch und sagt: »Mir hat er so gut gefallen, daß ich gleich die ganze Firma gekauft habe.« Und der ganzen äußeren Erscheinung nach könnten Sie denken, Victor Kiam sei immer mit einem Lächeln und einer guten Rasur weitergekommen. Vergessen Sie es: Kiam ist ein junger Wilder, ein Barbar. Mit diesen Begriffen werde ich die Person bezeichnen, die die Werte und Zukunftsentwürfe des Visionärs ergreift und dann das Unternehmen auf seinem Eroberungsmarsch führt. Ohne den jungen Wilden gäbe es weder Zivilisation noch Unternehmen – und es gäbe sicherlich heute keine Remington Shaver Corporation.
Als Sperry die Gesellschaft an Kiam, der eine relativ traditionelle Karriere bei Lever Brothers gemacht hatte, verkaufte, tat Sperry dies nicht aus reiner Nächstenliebe. Sperry wollte die Firma loswerden, weil sie ein Verlustgeschäft war. Remington-Rasierer konkurrierten auf einem schwierigen Markt. Plötzlich fand sich Unternehmensmanager Kiam in einem Kampf auf Leben und Tod wieder. Und das ist für den jungen Wilden die notwendige Umgebung und die Luft, in der er sich wohl fühlt.
Knall auf Fall feuerte Kiam über siebzig leitende Angestellte der relativ kleinen Firma. Viele weitere flohen in Angst und Schrecken. Kiam stellte sich in die Mitte der Werkshalle und diktierte denen, die geblieben waren, die Regeln seines Feldzugs. »Es gibt keinen Blaumann und keinen weißen Kragen. Es gibt nur noch einen Kragen – den Remington-Kragen!«

Er schaffte bei den Toiletten die Trennung in Räume für Führungskräfte und solche für sonstige Mitarbeiter ab. Die betriebliche Krankenversorgung wurde für jedermann vereinheitlicht, und er richtete schnell Leistungsanreize für alle Angestellten ein. Wenn es ein Kampf auf Leben und Tod für Kiam war, so stellte er sicher, daß seine Angestellten die gleiche Notlage spürten. Er teilte sie in Arbeitsgruppen ein, die ein Stimmrecht in den Firmenbelangen erhielten. Jetzt trafen sich die Manager wöchentlich mit den Arbeitern, um Beschwerden zu hören – und Vorschläge.
Um es kurz zu machen, Victor Kiam revolutionierte Remingtons Firmenkultur und hauchte ihr wieder Leben ein. Er machte mit einer gelungenen Werbekampagne auf sich aufmerksam, in der er erzählte, wie er dazu kam, die Firma zu kaufen. Er baute des weiteren die Differenzierungen ab, die sich in einem voll entwickelten Unternehmen bilden – und zwar in der Hierarchie wie auch innerhalb der einzelnen Ebenen. Anstatt Angestellte zu haben, die sich Gedanken über die Unterschiede zwischen körperlicher Arbeit und Management machen, bekam er sie ans Nachdenken über das, was wirklich wichtig war: einen tollen Rasierapparat herzustellen.
Kiam suchte weder Beratungen noch den Konsens mit seinen Managern und Angestellten, bevor er diese Änderungen vornahm. Dazu blieb ihm keine Zeit. Er tauchte mit schwingender Keule auf.
Remington hob ab wie eine Rakete. Die Darlehen der Banken, die Kiam zum Kauf der Gesellschaft aufgenommen hatte, waren neun Jahre vor Ablauf zurückgezahlt. Viele Experten hatten das Ableben der Produktion von Rasierapparaten in den Vereinigten Staaten vorhergesagt. Heute exportiert Remington mehr elektrische Rasierer nach Japan, als alle japanischen Firmen zusammen in den Vereinigten Staaten verkaufen. Und seitdem Kiam die Firma kaufte, sind Hunderte von Arbeitern eingestellt worden.
Weil er bereit war, die Rolle des jungen Wilden zu spielen, hatte Victor Kiam Erfolg. Der junge Wilde tritt in der Lebensgeschichte einer Gesellschaft zweimal in Erscheinung – unmittelbar nach der Geburt des Geschäfts und dann wieder in Zeiten der Erneuerung. Hier muß dann unnützer, bürokratischer Ballast losgerüttelt und abgeschüttelt werden. Die starke Seite des jungen Wilden ist Disziplin und schnelles Handeln. Action.

Der Charakter des jungen Wilden

Es ist lächerlich, so etwas Wirtschaft zu nennen.
Es ist nur das eine: Ratte frißt Ratte; Hund frißt Hund.
Ich werd' sie töten, und ich werd' sie töten, bevor sie mich töten.
Dies ist die amerikanische Art des »survival of the fittest«.
Ray Kroc, Errichter des McDonald's-Imperiums, 1973

Die Persönlichkeit des jungen Wilden ist der zielstrebigen, sogar wütenden Hingabe an eine Mission gut angepaßt. Seine Handlungen fußen ebenso stark auf seiner gefühlsmäßigen Bindung an seine Ziele wie auf rationalem Planen. Wenn er über seine Mission spricht, pulst das Adrenalin durch seine Adern, und die Macht seines Engagements wird offensichtlich. Andere Menschen reagieren auf seine Kraft, indem sie selbst aufgeputscht werden.

Er akzeptiert das Werk seines Visionärs vollständig. Die Nützlichkeit der neuen Idee, des neuen Produkts oder der Dienstleistung und deren Erfolgspotential sind für ihn keine Frage. Seine tiefe Überzeugtheit sorgt für die Dauer und Hartnäckigkeit, die der jungen Firma auf ihrem Weg weiterhilft.

In der Geschichte ist es für Visionäre nicht unüblich gewesen, sich in junge Wilde zu verwandeln. Mohammed lieferte nicht nur Gottes Wort, er bot dem Volk auch die Führung bei seinem Eroberungszug an.

Während der Visionär der erste Führer und Prophet ist, ist der junge Wilde der erste Führer und Manager. Er bringt andere in die Organisation hinein, er weist Rollen und Verantwortlichkeiten zu, er richtet das Handeln auf Ziele aus, er belohnt – und berichtigt. Sein Benehmen ist nicht das, was wir normalerweise mit zeitgenössischem Management verbinden. Dieser junge Wilde trifft seine Entscheidungen in Form von Befehlen, er wird sich kaum mit anderen beraten oder delegieren. Wir reden wohlgemerkt über Dschingis-Khan oder Attila, den Hunnen!

Er ist der »heldenhafte Anführer«, der – ob durch Intelligenz oder Intuition – weiß, daß der äußere Eindruck, den er seinen Anhängern bietet, ebenso wichtig ist wie jede Entscheidung, die er trifft. Er weiß, daß seine Anhänger und seine Gegner jede seiner Bewegungen studieren, und er wird jene Bewegungen theatralisch orchestrieren – um ihrer Wirkung willen. Und falls er irgendeinen Zweifel am Schlachtplan hat, seine Bewegungen werden es nicht verraten. Der Historiker John Keegan brachte dies sehr anschaulich auf den Punkt:

> Heroische Führerschaft – und Führerschaft im allgemeinen – ist ebenso wie Priestertum, Politikertum oder gar Genialität beinahe ebensosehr eine Sache von Äußerlichkeiten wie von inneren Dingen. Der Führer von Menschen im Krieg kann sich seinen Anhängern nur hinter einer Maske zeigen. Diese Maske muß er für sich selbst anfertigen, aber sie muß so aussehen, daß sie ihn vor den Menschen seiner Zeit als den Führer zeigt, den sie wollen und brauchen.

Der junge Wilde ist der Führer in der Zeit des Krieges, ob auf dem Schlachtfeld oder im Busineß.

Unternehmen können sich in einem verzweifelten Kampf ums Überleben befinden, in ihren frühen Jahren und dann wieder, wenn ihre Größe und ihr Erfolg sie in den Schlaf gesungen haben und ihnen ein aggressiver Herausforderer nachsetzt. Die Kunst der Kehrtwende beherrscht am besten der junge Wilde. Er ist die Führungskraft, die am besten einer verfallenen Kultur neues Leben einbläst. Lee Iacocca ist ein junger Wilder. Chrysler war eine im Sumpf festgefahrene Bürokratie, der Vorstellungen zur Zukunftsgestaltung und die Fähigkeit zu entschlossenem Handeln fehlten. Ebenso ging dem Autogiganten das Geld aus und die Zeit laufen. Die Visionäre waren schon lange gegangen. Da gelangte Lee Iacocca ans Ruder. In seiner überaus packenden Autobiographie berichtet Iacocca:

> Im gesamten Konzern waren die Leute verängstigt und mutlos. Niemand machte irgend etwas richtig. Ich hatte so etwas noch nie gesehen . . . Über einen Zeitraum von drei Jahren mußte ich 33 der 35 Vizepräsidenten entlassen. Das ist einer pro Monat! Es gab soviel, was getan werden mußte, und sowenig Zeit dafür! Ich mußte die 35 kleinen Herzogtümer abschaffen. Ich mußte Einig-

keit und Geschlossenheit in das Unternehmen bringen. Ich mußte die vielen Leute loswerden, die von ihrer Arbeit nichts verstanden. Ich mußte an ihrer Stelle Leute mit Erfahrung ausfindig machen, die imstande waren, schnell zu handeln. Und ich mußte so rasch wie möglich ein System finanzieller Kontrollen einführen.
Diese Probleme waren dringlich, und ihre Lösungen wiesen alle in dieselbe Richtung. Ich brauchte ein gutes Team erfahrener Leute, die mit mir zusammenarbeiten und das Unternehmen wieder auf den richtigen Kurs bringen konnten, bevor es völlig vor die Hunde ging.

Es sind Menschen, Menschen mit viel Energie und Kreativität, die Organisationen grundlegend umformen, aus verfallenden feudalen Bürokratien gewinnbringende Institutionen machen. Junge Wilde verstehen etwas von Menschen. Ihre Energie und ihr Glaube an die Zukunft gibt den Leuten, die für sie arbeiten, Kraft. Junge Wilde brauchen nicht jung an Jahren zu sein, doch ihr Ehrgeiz und ihre Power sind von einer krachledernen Jungburschigkeit, die andere mitreißt. Weder analysieren die jungen Wilden übermäßig finanzielle Details, noch verwenden sie Zeit auf das Ausarbeiten komplexer Planpapiere. Sie greifen das Herz des Geschäfts an: die Fähigkeit, zu niedrigen Preisen Qualitätsprodukte oder 1A-Dienstleistungen zu bieten. Sie schwingen die Peitsche, insbesondere in den Führungsetagen und dem gehobenen Management mit all ihren Verkrustungen. Die jungen Wilden tummelten sich in den Abteilungen, wo die Musik spielt – im Vertrieb und Verkauf blühen sie so richtig auf. Sie stellen sich auf die Seite der Leute, die die eigentlichen Produzenten sind, nämlich die Mitarbeiter der vordersten Front, die Leute, die dem Kunden ins Auge sehen.
Iacocca redete direkt mit seinen Verkäufern. Er flößte ihnen Glaube an die Zukunft und Sendungsbewußtsein ein. Er bündelte seine eigene Aufmerksamkeit und damit die aller anderen auf das wahre, eigentliche Geschäft – Produkte und Dienstleistungen zu verkaufen.

Um ein erfolgreicher Soldat zu sein, müssen Sie die Geschichte kennen . . . Sie müssen wissen, wie Menschen reagieren. Waffen ändern sich, aber der Mensch, der sie benutzt, ändert sich überhaupt nicht. Um Schlachten zu gewinnen, besiegen Sie nicht Waffen – Sie besiegen die Seele Ihres Feindes.
George S. Patton IV.

Unsere Kultur mißt der Verständigung untereinander und der Einfühlsamkeit hohen Wert zu. Beides ist sicher wichtig – aber nicht in Kriegszeiten. Wenn wir im Krieg kämpfen, möchte ich einem General folgen, der ein zäher Schweinehund ist. Ich will jemanden, der bereit ist, Leute in den Hintern zu treten, und sich nicht bei allem und jedem um die Gefühle anderer sorgt. Im Krieg folge ich lieber General Patton als einem Mitbestimmungsmanager.

Der erste, der bei Electronic Data Systems eine Schlange sieht, tötet sie. Bei General Motors ist das erste, was Sie tun, ein Schlangenkomitee zu organisieren. Dann holen sie sich einen Berater, der viel über Schlangen weiß. Als drittes reden Sie ein Jahr lang darüber.
H. Ross Perot

H. Ross Perot ist, da gibt es keinen Zweifel, ein junger Wilder. Als er für IBM im Verkauf arbeitete, bereitete er vielen Kopfschmerzen. Er erreichte sein Jahresverkaufsziel schon in den ersten Wochen des Jahres. Dann versuchte er, sich mit anderen Dingen zu beschäftigen – beispielsweise seine Vorgesetzten davon zu überzeugen, daß das Unternehmen mehr tun könne, als bloß Hardware an den Mann zu bringen. Es könne, wie Perot ihnen wiederholt sagte, ebenso Datenverarbeitungssysteme verkaufen und die Leute stellen, die diese Systeme bedienen konnten. Aber IBM, eine der größten Gesellschaften der Welt, kann kein Umfeld bieten, in dem ein tatendurstiger junger Wilder sinnvoll eingesetzt werden könnte. So startete Perot sein Unternehmen Electronic Data Systems – mit 1000 Dollar Kapital, ohne Geschäftsplanung und ohne Erfahrung im Managen eines Unternehmens.

Junge Wilde wie Perot haben einen starken Glauben an die Macht des menschlichen Willens. Sie brauchen nicht all die Zahlen und Trends zu analysieren, um zu bestimmen, ob etwas eintreffen wird oder nicht. Sie glauben an ihre eigene Fähigkeit, sie sind »Macher«, denen nichts unmöglich erscheint. Es überrascht dann auch nicht mehr, daß Perot innerhalb weniger Monate achtzehn Angestellte besaß, die gemeinsam mit ihrem Chef achtzehn Stunden am Tag arbeiteten. Und schließlich überrascht es nicht, daß er Electronic Data Systems zum dominierenden Unternehmen seiner Branche machte und es dann für 2,5 Milliarden Dollar an General Motors verkaufte. Eine typische amerikanische Junge-Wilde-Karriere.

Um das Bild zu vervollständigen, sei erwähnt, daß Perot auf seine militärische Tradition stolz war. Oft spielte er auf ein Gemälde an, das in seinem Büro hing, die »Heimkehrenden Seeleute«. Er sagte stets bei dieser Gelegenheit: »Wir haben die Japaner nach allen Regeln der Kunst geschlagen, und falls wir je beschließen, daß wir das auf dem Autosektor wiederholen wollen, können wir das auch.«

Perot hatte Erfolg, nicht etwa wegen brillanter, erfinderischer Produktentwicklung und nicht wegen seiner administrativen Fähigkeiten. Er hatte Erfolg, weil er ein Führer im klassischen Sinn ist – er handelt entschlossen und kann andere dazu bringen, sich ihm anzuschließen. (So voller Hingabe an ihn waren die Electronic-Data-Systems-Mitarbeiter, daß sie eines Tages Perot auf den Parkplatz holten, ihm eine Rüstung anzogen und ihn auf ein Pferd setzten.)

Mit dem Aufkauf von EDS durch General Motors wurde der junge Wilde Perot der größte Aktionär von General Motors und saß dort im Aufsichtsrat. Aber H. Ross Perot blieb seinem Charakter treu. Er konnte sowenig still sitzen und den Elefanten dahintrotten sehen, wie Alexander der Große nicht ruhig sitzen geblieben wäre, um höflich den Ansprachen Athener Gelehrter zu applaudieren. Wie er es bei IBM getan hatte, sagte Perot offen seine Meinung. Das Resultat war das gleiche. Nach kurzer Zeit wurde er hinauskomplimentiert und abgefunden. General Motors war überzeugt, daß dieser junge Wilde nie die Komplexität und die Verfeinerung ihrer Organisation verstehen könne. Schade. Gerade weil General Motors diese Komplexität und Verästelung aufwies, hätte ihnen ein H. Ross Perot gut angestanden.

Sie sind vielleicht ein junger Wilder, falls . . .

. . . Ihre Aufgabe und Ihr Ziel klar abgesteckt ist: überleben um – fast – jeden Preis;
. . . Sie lieber Pac Man spielen als Schach;
. . . Sie Verantwortung tragen und es Ihnen nicht schwerfällt, Entscheidungen zu treffen;
. . . andere Sie beschuldigen, autoritär zu sein und bei Entscheidungen niemandes Ansichten zu berücksichtigen;
. . . Sie ein Action-Typ sind und wenig Geduld für Planung und Papierkram aufbringen;
. . . Sie glauben, alles selber machen zu müssen.

Junge Wilde in der Geschichte

In Geschichtsbüchern ist der Begriff »Wilder« auf das engste verknüpft mit den barbarischen Horden, die das Römische Reich in den Tagen seines Verfalls und seiner Auflösung heimsuchten. Edward Gibbons »Verfall und Untergang des Römischen Reiches« ist eine klassische Chronik dieses sichtlichen Abgleitens einer Zivilisation. Hier kann man den zweigleisigen Prozeß des Übergangs vom Alten zum Neuen erkennen. Zum einen den Verfall der reichen und dominanten Kräfte in der Gesellschaft, der zur Selbstzerstörung führt, und zum anderen den gleichzeitigen Angriff und Aufstieg junger und kraftvoller Barbaren.
Im 5. Jahrhundert n. Chr., als die Hunnen das Römische Reich angriffen, hatte der Verfall im Inneren den Eroberern bereits ein gutes Stück Arbeit abgenommen. Die übergeordnete gesellschaftliche Kultur, die Einheit und Stärke stiftet, war verloren. Kleinliche Familienhändel bestimmten inzwischen, wer auf dem Cäsarenthron sitzen würde. Seit Generationen hatte das Römische Reich von der eigenen Substanz gezehrt. Römer versammelten sich jubelnd in Arenen, um in nicht enden wollenden »Spielen« ihren Mitmenschen beim Abschlachten von Tieren, Menschen, selbst Kindern, zuzusehen. Carcopino beschreibt dies so:

> Was uns empört, ist die Menge der Opfer, die Ströme von Tierblut: an einem Tag der Munera, mit denen Titus im Jahre 80 n. Chr. das Kolosseum einweihte, wurden 5000 Tiere getötet ... Wir finden zwei kleinere Vorführungen erwähnt, eine mit 350 Paaren von Gladiatoren, die andere mit 2020, wobei das Hauptereignis 117 Tage dauerte und 4941 Gladiatorenpaare daran teilnahmen. Plinius der Jüngere beharrte darauf, daß diese Massaker im wesentlichen folgendem Zweck dienten: Sie sollten Mut erzeugen, indem sie vorführten, wie die Liebe zum Ruhm und der Wunsch zu siegen selbst in der Brust von Verbrechern und Sklaven wohnen konnten. Das sind trügerische Entschuldigungen. Die Tausende von Römern, die Tag für Tag von morgens bis nachts an dieser Schlächterei Gefallen finden konnten und keine Träne für jene hatten, deren Opfer ihre Wetteinsätze vervielfachte, lernten nichts als Verachtung für das Leben und die Würde des Menschen.

Eine solche Dekadenz lädt Eroberer ein. Sie kamen in Gestalt der Hunnen.
Wenn sich die Hunnen zur Schlacht zusammenfanden, zählten sie an die 700 000 Mann. Sie hatten ganz Asien und Osteuropa erobert, was ohne starke Führung nicht möglich gewesen wäre. Dieser Führer war Attila, Neffe des vorherigen Hunnenführers Rugilas. Unmittelbar nach seiner Ernennung führten er und sein Bruder ein Treffen mit Sendboten Konstantinopels herbei. Sie trafen sich in einer weiten Ebene, zu Pferd, und die Hunnen weigerten sich, abzusteigen. Arrogant diktierten sie ihre Friedensbedingungen. Edward Gibbon sagte hierzu, daß jede ihrer Forderungen eine Beleidigung der Würde des Kaiserreiches darstellte:

> Wenn eine Trennungslinie zwischen den zivilisierten und den wilden Sphären des Erdballs gezogen würde, zwischen den Bewohnern von Städten, die die Erde kultivierten, und den Jägern und Hirten, die in Zelten wohnten, könnte Attila Anwärter des Titels »höchster und einziger Monarch der Barbaren« sein. Der hochmütige Schritt und das überhebliche Verhalten des Hunnenkönigs drückte sein Bewußtsein aus, dem Rest der Menschheit

> übergeordnet zu sein; und er hatte die Angewohnheit, wild mit den Augen zu rollen, als ob er das Entsetzen, das er einflößte, zu genießen wünschte.

Es gibt keinen Zweifel, daß Attila grausam in seinen Angriffen war. Es war durchaus üblich für die Hunnen, ganze Populationen zu töten, die Frauen in die Sklaverei zu verkaufen und ihrer Armee alle waffenfähigen Männer einzuverleiben. Sie machten auch die Bauten dem Erdboden gleich. Der Barbar braucht keine mehrstöckigen Gebäude mit einzelnen Räumen zu verschiedenen Zwecken, die von Leuten unterschiedlichen Ranges bewohnt werden. Er zieht die offene Steppe vor, auf der viele Reiter sind, unter denen es keine Rangreihenfolge gibt. Einheitlich greifen sie auch in Schlachten an. Obwohl Attila schließlich Westasien und Osteuropa beherrschte, war sein Hauptquartier immer ein mobiles Zeltlager.

Die Legionen des Römischen Reichs waren, wie die Bauwerke und der Besitz, den sie schützten, spezialisiert und vielschichtig. Es gab viele Ebenen im Management, und die Befehlshaber wurden zunehmend von den Truppen abkommandiert. Sie waren zu sehr mit Politik und Zeremonien befaßt, suchten Feierlichkeiten und Spiele auf und delegierten Führungsaufgaben an ihre umfangreichen und spezialisierten Kommandoorganisationen. Selbst Attilas Angriffsdrohung konnte, wie Gibbon uns mitteilt, Theodosius nicht dazu bewegen, »seine Vergnügungen zu unterbrechen . . . oder persönlich an der Spitze der römischen Legionen zu erscheinen«.

Zwischen Attila und seinen Truppen gab es wenige Barrieren. Sie teilten Vergnügen und Schmerz. Im Feld waren sie zusammen, geeint durch Aufgabe und Ziel. Es gab wenige Ebenen im Management, wenige spezialisierte Kommandostäbe, wenig Unterschied bei Bezahlung und Belohnung.

Ein weiteres Beispiel für den Typus des erobernden Gebieters findet sich sogar noch früher, im 4. Jahrhundert v. Chr. Alexander der Große. Nie zuvor gab es einen Führer von größerem Einfluß auf unsere Vorstellung von Führung als Alexander den Großen. Er ist vielleicht das beste Beispiel der Geschichte für einen Heerführer, der seinen Armeen Loyalität und Opferbereitschaft in einem Maß einflößte, das sie unbesiegbar machte.

Auch hier wieder war für Alexander die Bühne vorbereitet durch eine Kultur, die von Zügellosigkeit und Eitelkeit ausgehöhlt war. Im 5. Jahrhundert v. Chr. hatte der Stadtstaat Athen den Höhepunkt seiner Blüte überschritten. Athen widmete sich den Wissenschaften und Künsten, seine Politik wurde von Männern wie Demosthenes gestaltet. Dieser große Redner war mehr als »Kritikaster« berüchtigt denn als Mann zupackenden Handelns. Die Athener maßen dem Individualismus, der Innengerichtetheit und der Erkundung des »Ich« uneingeschränkte Bedeutung bei. Die Betonung dieser Dinge ist für tonangebende Intellektuelle jeder verfallenden Gesellschaft charakteristisch. Die Fähigkeit der Athener, ihre Kraft auf ein nach vorne gerichtetes Ziel zu konzentrieren, menschliche Energien mit gesellschaftlichem Nutzen zu verbinden, gehörte der Vergangenheit an.
Alexander verkörperte das genaue Gegenteil. Er war, unserer Definition nach, ein junger Wilder, ein Barbar. Er übernahm als Jugendlicher die Befehlsgewalt und handelte mit jugendlichem Ungestüm und frischer Energie. Als er siebzehn war, überließ man ihm die Verantwortung für die griechische Provinz Mazedonien, während sein Vater, Philipp, aufbrach, um Byzanz anzugreifen. In Philipps Abwesenheit besiegte Alexander die Thraker, die sein Heimatland angriffen. Drei Jahre später fiel Philipp einem Attentat zum Opfer, und Alexander wurde zum Befehlsherrn gewählt – durch einstimmigen Zuspruch der mazedonischen Armee.
Mit erst zwanzig Jahren wurde Alexander der mächtigste Herrscher in der griechischen Welt. Er übernahm den expansiven Zukunftsentwurf seines Vaters – die den griechischen Staat umgebende Welt sollte alle Menschen zu einem gemeinsamen Unternehmen vereinen. Bis zu seinem dreißigsten Geburtstag hatte er die ganze Welt, soweit sie den Griechen bekannt war, erobert, vom Ionischen Meer über Phönizien, Syrien und Persien bis hin nach Nordindien.
Das Bild, das von Alexander geblieben ist, ist das eines gebildeten, sensiblen und mutigen jungen Menschen. Unsere Sichtweise ist jedoch verzerrt durch unsere eigene kulturelle Vorliebe. Er war einer von uns. Wir in der westlichen Welt sind die Nachkommen seines Vermächtnisses. Hätten wir auf der Feindesseite seines Angriffs gelebt, wäre unsere Sicht der Dinge eine völlig andere gewesen. Die

blindmachende Entschlossenheit des Barbaren erlaubt wenig Toleranz gegenüber denen, die seiner Mission im Wege stehen. Nur wenige Jahre nachdem er das Kommando über die mazedonischen Truppen übernommen hatte, eroberte Alexander ganz Griechenland, wobei er vier Städte dem Erdboden gleichmachte. In Theben zerstörte Alexanders Armee alle Bauwerke und verkaufte 30 000 Bewohner in die Sklaverei. Diese schreckliche Tat könnte heute mit einem direkten Atomangriff auf eine Stadt verglichen werden. Die Niederlage Thebens signalisierte den Zusammenbruch allen griechischen Widerstands gegen Alexanders Herrschaft. Der wendete daraufhin seinen Feldzug nach Osten, um den Eroberungstraum seines Vaters zu erfüllen. Die Einwohner von Gaza, die entschiedenen Widerstand leisteten, fanden das gleiche Schicksal der Sklaverei und des Abschlachtens.

In seinem Buch »The Mask of Command«, in dem er die Persönlichkeit großer Befehlshaber analysiert, sieht der Historiker John Keegan Alexander als den »edlen Wilden«.

> In seinem Leben gibt es den Adel der Selbstvergessenheit – Gefahr vergessen, Wunden vergessen, Erschöpfung vergessen. Dies alles trat in den Hintergrund vor der »vergeßlichen Barbarei«, der alle, die seinem Willen Widerstand entgegensetzten, unterworfen wurden. Sein schreckliches Vermächtnis war, die Roheit im Namen des Ruhms zu adeln und ein Modell der Herrschaft zu hinterlassen, das in den folgenden Jahrhunderten viel zu viele Männer des Ehrgeizes zu verwirklichen suchten.

Aber Keegan hat nicht recht. Es ist nicht das Modell der Unzivilisiertheit, das spätere Führer nachzuahmen suchten. Sie hofften eher, die gleiche Art der Loyalität und Hingabe zu erwecken, die Alexander von seinen Anhängern entgegengebracht wurde. Alexander hatte diese Loyalität durch seine unbezweifelbaren Taten des Mutes und der Führungsfähigkeit verdient.

Alexanders größte militärische Herausforderung war der Sieg über die mächtige persische Armee des Königs Darius, die Griechenland bedroht und angegriffen hatte. Alexander befehligte seine berittenen Krieger bei Issus, wo er zahlenmäßig nicht weniger als eins zu sechs unterlegen war. Er hatte Verletzungen am ganzen Körper,

und seine Gefährten (der Ausdruck, mit dem er seine Reiter bezeichnete) schöpften Mut aus seiner persönlichen Tapferkeit.
Führerschaft ist, auf der zweiten Stufe ihrer Entwicklung, eine Sache von Taten, nicht Worten. Es waren die Taten Alexanders, die Loyalität bewirkten, nicht nur bei seinen »Gefährten«, sondern auch bei den besiegten Untertanen.
Führung ist keine Position, sondern eine Beziehung. Wie die Geschichte Alexanders zeigt, ist eine Beziehung, die Anhänger zu großen Opfern animiert, innig und anteilnehmend. Alexander als oberster Befehlsherr war in keiner Weise der alleinherrschende Kameradenschinder. Er terrorisierte seinen Feind, nicht seine Gefährten. Er war bekannt für die den Schlachten vorangehenden Beratungen mit seinen Offizieren. Es existierte ein förmlicher Führungsrat, der auch dazu diente, die verschiedenen ethnischen Gruppen zu einen, die seine Armee bildeten.
Nach dem Sieg über das Perserreich des Königs Darius setzte Alexander einige der mutigeren Generäle des Darius in Führungspositionen in seiner eigenen Armee ein. Er verfolgte die Vision einer geeinten Welt und übermittelte anderen diesen Zukunftsentwurf durch augenscheinliche, symbolische Akte. Beispielsweise übernahm er persönlich eine offizielle Funktion bei der Hochzeit von 9000 seiner Soldaten mit Frauen aus dem Osten, der berühmten »Hochzeit von Osten und Westen«, die die Vereinigung der Kulturen der Sieger und Besiegten symbolisierte.
Aber nach all seinen Eroberungen änderte sich Alexanders Persönlichkeit, wie es oft geschieht, wenn ein junger Mensch vor dem Reifwerden großen Ruhm und Reichtum erlangt. Er wanderte mit seinem mächtigen Heer herum, ohne ein eigentliches Ziel zu verfolgen. Er wurde zunehmend durch Trinken verbraucht als auch durch Konflikte, die durch konkurrierende Liebhaber beiderlei Geschlechts entstanden. Und in Ägypten, wo die Vorstellung eines »Gottkönigs« schon lange etabliert war, entdeckte er seine eigene Göttlichkeit. H. G. Wells schreibt:

> Er baute keine großen Straßen, schuf keine sicheren Verbindungen über das Meer, bildete keine Gruppe von Staatsmännern um sich, dachte an keinen Nachfolger, schuf keine Tradition – er war

nicht mehr als eine persönliche Legende. Der Gedanke, daß die Welt nach Alexander weitergehen müsse und dabei auch noch etwas anderes zu tun haben würde, als über seine Größe zu sprechen, scheint außerhalb seines geistigen Horizonts gelegen zu haben. Welches Bild einer weltweiten Ordnung auch immer in der Vorstellung der Menschen aufgeleuchtet haben mag, es verschwand bei seinem Tod. Diese Geschichte wird zur Geschichte einer verwirrten, barbarischen Alleinherrschaft.

Es überrascht nicht, daß mit Alexanders Tod sein Reich zusammenbrach. So wie Alexander nicht der Visionär war, der Schöpfer der Idee oder Erneuerung, so war er auch nicht der Entfalter oder Verwalter, die beide nötig sind, um die Mechanismen einer Organisation und dauerhaften Zivilisation zu errichten. Es gelang ihm nicht, die höhere Ebene der Herausforderung zu erkennen, die durch seine eigenen Siege geschaffen wurde.
Alexander der Große, Attila der Hunne und viele erobernde Unternehmer haben einiges gemeinsam. Alle sind sie Barbaren, junge Wilde, und sie alle teilen den zielstrebigen Antrieb, ihre Ziele zu erreichen. Kein Wunder, daß vor kurzem ein – wohl nicht ganz ernst gemeintes – Wirtschaftsbuch über »Attila-Management – Die Führungsmethoden des Hunnenkönigs und was wir davon lernen können« erschien. Doch das Schwert der jungen Wilden ist zweischneidig. Viele erobernde Unternehmer, die in den Zeiten der Krise zur Führung völlig geeignet sind, versagen gänzlich, wenn es darum geht, die nachfolgenden Herausforderungen zu erkennen oder sich ihnen zu stellen.

Junge Wilde im Wirtschaftsleben

Innovation ist die kreative Zerstörung des Bestehenden.
Joseph A. Schumpeter

Im Geschäftsleben ist, wie in der Geschichte, ein Führer jemand mit einem klaren Sendungsbewußtsein, Stärke und Eindringlichkeit. Während historische Barbaren stets militärische Befehlshaber wa-

ren, können junge Wilde im Busineß auf fast jeder Stufe einer Organisation auftauchen. Vielleicht ist es Ihr Verkaufs- und Marketingmanager, der genau weiß, was er will.
So war es im Falle Ray Kroc, als er mit Mac und Richard McDonald in Kontakt kam. Vielleicht ist es der High-Tech-Bastler, wie im Fall von Steven Jobs, der leidenschaftlichen Glauben an die Zukunft der Technologie entwickelte und wie ein Wahnsinniger Tag und Nacht für seine Idee schuftete. Oder ist es vielleicht der im Finanzbereich geschickte Administrator, der Unternehmen, die von anderen aufgebaut wurden, nachahmt, aufkauft, fusioniert und ausbaut, wie es Frank Lorenzo von Texas Air tat oder Niki Lauda, der nicht nur als Rennfahrer, sondern auch als Unternehmer ein ganz verwegener junger Wilder ist. Einer, der Herausforderungen fast als sportlichen Wettkampf auffaßt.
Wir kennen ihre Namen, weil sie in der Lage waren, auf Herausforderungen mit entschiedenem Handeln zu reagieren. Wir haben auch die Konflikte gesehen, die für die typischerweise kurzlebige Zeit ihrer Machtausübung charakteristisch sind.
Steven Jobs spielte den jungen Wilden in den ersten Tagen von Apple Computer – in Ergänzung zur Rolle des Visionärs, die von Stephen Wozniak ausgefüllt wurde. Jobs' »andersartige« Charakterzüge traten früh zum Vorschein. Er lebte auf einer Obstfarm und ging später nach Tibet, um den Guru Neem Kardie Baba zu suchen. Sein Begleiter beschrieb diese Reise als »eine Art asketischer Pilgerreise, nur daß wir nicht wußten, wohin wir gingen«.
In der Zwischenzeit arbeitete er bei Atari, und auch diese Erfahrung war von besonderer Art. Ataris Gründer Nolan Bushnell erinnert sich, daß Jobs, dem jeder akademische Grad fehlte und der nur wenig Erfahrung hatte, respektablen Ingenieuren über die Schulter zu blicken pflegte und »regelmäßig vielen von ihnen sagte, sie seien dumme Scheißer«.
Jobs erklärt diesen anmaßenden Zug seiner barbarischen Persönlichkeit mit den Worten: »Einige ihrer Ingenieure waren nicht gut. Der einzige Grund, warum ich glänzte, war, daß die anderen so schlecht waren – dabei war ich überhaupt kein Ingenieur.«
Kaum überraschend sagt Michael Moritz in seinem ausgezeichneten Buch »The Little Kingdom«:

Die Ingenieure mochten Jobs nicht leiden. Sein schlampiges Äußeres und seine Überzeugung, daß seine Obst-und-Joghurt-Diät es ihm erlaubte, auf das Duschen zu verzichten, mehrte seine Beliebtheit nicht gerade. Jobs' Vorgesetzter arrangierte schließlich für ihn, spätabends zu arbeiten.

Als Apple Computer Jahre später sich auf die Erfordernisse von Massenproduktion und Marketing einstellte, wußte Jobs sehr gut, daß seine Persönlichkeit nicht geeignet war, um mit mehr systematischen Zielsetzungen umzugehen. Der Erfolg von Apple II war von seiner Führung und zielstrebigen Entschlossenheit abhängig gewesen. So nahm er sich die nächste Entwicklungsaufgabe vor und griff den Büromarkt an, der von IBM beherrscht wurde.

Diese Attacke begann vielleicht in dem Augenblick, als der Bluejeansunternehmer Jobs das Xerox-Forschungslabor in Palo Alto, Kalifornien, besuchte. Dort sahen er und sein Trupp junger, revolutionärer Ingenieure die Benutzung der neuen »Maus«, die einem Oui-ja-Zeigestock ähnlich ist. Mit Millionen von Dollar und Dutzenden von promovierten Ingenieuren hatte Xerox an der Entwicklung dieses Systems gearbeitet. Hierbei brauchte der Benutzer nur noch mit der Maus auf eine Reihe »benutzerfreundlicher« Bildzeichen, etwa in der Art von Zeichentrickfiguren, zu zeigen, um den Computer arbeiten zu lassen. Aber trotz all dieser Anstrengung hatte Xerox kein Produkt entwickelt, was die Leute kaufen wollten, wobei der Preis nicht einmal die Ursache war. Als Jobs das Labor verließ, kündigte er an, er würde innerhalb von anderthalb Jahren einen Computer herstellen, der die gleichen Eigenschaften aufwies und sich für ungefähr 3000 Dollar verkaufen lassen würde. Die Xerox-Ingenieure hielten ihn für verrückt. Sie rechneten nicht mit der revolutionären Kraft, die im Willen eines jungen Wilden steckt.

Jobs leitete persönlich das Team, das den Macintosh entwickeln sollte. Er zog mit seinem Mac-Team in das separate, schlichte Gebäude, das nur ein Stockwerk besaß. Mit ihnen verbrachte er seine gesamte Zeit, ermutigend, fordernd, kritisierend und lobend. An mehr als einem Wochenende, als sein Team hart arbeitete, kam er vorbei und brachte ihnen Umschläge, in denen Anrechtsscheine für Aktien steckten. Frustriert vom langsamen Fortschritt bei der Entwicklung des die Akustik regelnden Chips, sagte er seinen zwei Hauptingenieuren, er würde den Chip ganz weglassen, wenn er nicht bis Montag korrekt funktionieren würde. Die Ingenieure arbeiteten das Wochenende über, und am Montag war die Akustik in Ordnung. Jedesmal wenn Jobs darum bat, arbeitete sein Team Tag und Nacht, bis die Aufgabe vollständig abgeschlossen war. Um seinen Gefährten Unsterblichkeit zu verleihen, ließ Jobs die Unterschriften von all seinen fünfundvierzig Mac-Gruppenmitgliedern auf der Innenseite des Macintosh-Gehäuses einprägen.

Steve Jobs hat keine Ähnlichkeit mit gewöhnlichen Unternehmensführern. Sein Verhalten stimmt jedoch völlig mit dem von anderen jungen Führungsgestalten aus der Vergangenheit überein, die eine große Hürde überwanden und neues Territorium für ihre Sache eroberten.

Jobs, Victor Kiam und Ray Kroc waren allesamt junge Wilde, Führungspersönlichkeiten, die erfolgreiche Unternehmen ins Leben riefen. Sie alle liebten ihr Produkt und hatten engen Kontakt mit ihren Leuten und dem Produktionsprozeß. Alle drei genossen es, mit ihrer Truppe zusammenzuleben.

Es gibt jedoch noch eine andere Sorte von jungen Wilden, die eher von der administrativen Seite des Unternehmens herkommt und nicht aus den Bereichen Marketing oder Produktion. Diese Wilden können genauso aggressiv handeln, ihre Wirkung allerdings wird von ganz anderer Art sein.

Denken Sie an Frank Lorenzo, Chairman der Texas Air Corporation. Er erwarb Eastern Airlines in den frühen achtziger Jahren, und viele sahen dies als perfekten Coup. 1987 gab es nur eine Fluggesellschaft, die Lorenzos Continental Airlines an Beschwerden seitens der staatlichen Flugaufsichtsbehörde übertraf. Welche Gesellschaft? Eastern. Aber so etwas passiert halt, wenn die Angestellten mit den Leuten, die sie bezahlen, nicht zurechtkommen. Es ist eine schlichte Tatsache, daß Angestellte die Kunden miserabel bedienen, wenn sie sich der Firmenleitung entfremdet fühlen und wütend auf sie sind. Der Kunde, der in ein Flugzeug einsteigt, tritt in die Unternehmenskultur der Fluggesellschaft ein. Schlecht behandelte Angestellte behandeln Kunden schlecht. Das ist ein todsicheres Rezept, im Wettbewerb den kürzeren zu ziehen, und nirgendwo funktionierte es besser als in Frank Lorenzos Flugzeugen. Lorenzo ist eine Fallstudie für das, was bei der Persönlichkeit eines jungen Wilden falschlaufen kann. Wie die meisten, die Geschäftsimperien ins Leben gerufen haben, besitzt Lorenzo einen stark barbarischen Einschlag. Er ist mit Sicherheit der »Erledige-das!«-Typ. Er brachte durch seinen Kauf von Continental, Frontier, People Express und Eastern unglaublich schnell einen Zusammenschluß von Fluggesellschaften zustande. Lorenzo führte den Wettbewerb über billige Flugpreise. Jedoch der Qualität des Services, so wie ihn seine Fluggesellschaften boten, schenkte er nur wenig Aufmerksamkeit. Das ist verständlich, wenn man Lorenzos Hintergrund kennt.

Mit einer Ausbildung an der Harvard Business School und ohne Erfahrung im Aufbau neuer Unternehmen konzentrierte er seine Aufmerksamkeit ganz auf die Finanzen: Verringerung der Kosten, Senkung der Preise, Skonto hier, Boni dort. Liquidität steckte er in den Kauf der nächsten Fluggesellschaft. All seine Handlungen und Entscheidungen im Bereich des Managements haben finanzielle Erwägungen zur Grundlage, nicht die Bedürfnisse des Kunden. Kein Entwurf neuer und besserer Produkte oder Dienstleistungen ziert die Flaggen, die von seinen Truppen in die Schlacht getragen werden. Ihm fehlt das noblere Element des jungen Wilden.

Vor nicht allzu langer Zeit saß ich in einem Flug neben einer Führungskraft von TWA, die mir von ihren Erfahrungen mit Lorenzo berichtete. Er war von Texas Air in deren Pioniertagen angeworben worden:

> Ich war bei Franks Partner untergebracht. Lorenzo hält nichts davon, mit seinen Angestellten in persönlichen Kontakt zu kommen, nicht einmal mit seinen Spitzenleuten. Als Frank nach dem Abendessen zu uns kam, fragte er, ob ich etwas trinken wolle. Ich sagte: »Gern.« Er fragte, ob ich Martini tränke, und ich sagte, das täte ich. Und er sagte: »Schön. Dann mach' ich Ihnen einen zurecht.« Ich sagte zu ihm: »Aber ich hätte lieber einen Scotch mit Wasser.« Er drehte sich um und sagte: »Ich dachte, Sie sagten, Sie trinken Martini?« – »Das tue ich auch«, antwortete ich, »aber ich hätte lieber einen Scotch mit Wasser.« Dann sagte er noch mal: »Ich mach' Ihnen einen Martini!« Ich konnte es

> nicht fassen! Ich wiederholte meinen Wunsch, aber er machte einfach weiter mit dem Martini. Den hab' ich nie getrunken, bei seinem Unternehmen hab' ich nie angefangen. Sehen Sie, Frank mußte Herr der Lage sein. Er mußte klarstellen, daß er andere beherrschen konnte – das mußte er unter Beweis stellen.

Man könnte einwenden, daß Lorenzos Persönlichkeit genau das war, was beim Zusammenschluß der Fluggesellschaften zu effizienteren Einheiten gebraucht wurde. Und er versteht das Spiel vom Aufkaufen und spielt es gut. Doch Lorenzo mit seiner Entschlossenheit und risikofreudigen Veranlagung eines jungen Wilden hat noch nicht bewiesen, daß er Menschen managen kann. Er kann nur mit Obligationen und Wertpapieren umgehen. Die Tatsache, daß er im Fluggeschäft arbeitet, ist reiner Zufall. Er könnte ebensogut einen Nachtklub aufkaufen und dort Kosten senken.

Lorenzos Herrschaft kann kürzer sein als die Alexanders. Im Dienstleistungsgeschäft mit Kunden liegt der Wettbewerbsvorteil in der Motivation und dem Engagement der Angestellten. Mehr als irgend etwas anderes muß Lorenzo jetzt seinen Kurs ändern. Seine Fluggesellschaften brauchen eine Führung, die soziale Ziele und Einheit stiftet. Vielleicht kann er sich ändern und ein Führer von Menschen und nicht nur von Zahlen werden. Wenn er dies nicht kann, wird er schnell weg vom Fenster sein.

Ein anderer junger Wilder, der hoch hinaus will, ist der ehemalige Formel-eins-Pilot Nikolaus Lauda. Dreimal war »Niki« Lauda Weltmeister im Grand-Prix-Zirkus, der ihm neben 15 Millionen Mark auch einen Crash auf Leben und Tod einbrachte. Noch heute versteckt Lauda die hochgradigen Verbrennungen seines Unfalls unter einem roten Baseballkäppi. Auch als Unternehmer gehört er zu der draufgängerischen Sorte, die kein Risiko scheut. Sein als Rennfahrer verdientes Geld steckte er in die Gründung einer Fluggesellschaft, die als »Lauda-Air« dem Staatsmonopolisten Austrian Airlines kräftig Paroli bietet.

Mit einer Fokker Friendship 27 fing der leidenschaftliche Pilot 1979 an, heute ist die Lauda-Air IATA-Mitglied und fliegt unter anderem Destinationen in Spanien, Jamaika, Südostasien und Australien an. 1989 sind fast 350 000 Passagiere in den Flugzeugen der

Lauda-Air geflogen und ließen eine Milliarde Schilling Umsatz in der Kasse des Ex-Rennfahrers klingeln.
Der Mittvierziger weiß, daß er nur über zähen Kampf gegen die Staatslinie Austrian Airlines bestehen kann. Seine knapp 500 Mitarbeiter treibt der Workaholic deshalb täglich zur Perfektion an. »Service is our success«, lautet das Firmenmotto des Österreichers. Lauda ist unter seinen Mitarbeitern als Perfektionist bekannt, der geradezu penetrant und pingelig die Servicefreundlichkeit überwacht. »Nur wenn man auch das kleinste Detail im Griff hat, kann man auch wirklich perfekte Arbeit leisten«, legt er sein Credo dar. Wie so viele junge Wilde hält ihn nicht viel in Bürosesseln und vor Aktenbergen. An drei Tagen der Woche setzt er sich selbst hinter den Steuerknüppel und fliegt Liniendienst. »Da bin ich an der Front und merke, wo es hakt«, meint Lauda. Von den Erfolgen des »David« Lauda gegen den »Goliath« Austrian Airlines zeugen die Auszeichnungen der Zeitschriften »Feinschmecker« und »VIF«, die in puncto Bordservice die Lauda-Air als weltweit beste Airline kürten. Nicht mehr die Sportseiten, die Wirtschaftsseiten der Zeitungen sind nun voll des Lobes für diesen jungen Wilden.

Wie man mit einem jungen Wilden zurechtkommt

Wenn Sie für einen jungen Wilden arbeiten, ...

... dann seien Sie auf der Hut. Ihr Boß erwartet Action, Action und noch einmal Action. Er wird von Ihnen schnelles Handeln fordern und keine Teilnahme an detaillierten Planungsübungen. Hier heißt es anpacken und handeln.

... erwarten Sie nicht, an langen Besprechungen oder Entscheidungsfindungen auf der Basis gegenseitiger Zustimmung teilzunehmen. Die Entscheidungen trifft er – Sie führen sie aus!

... und wenn er Sie nach dem Stand der Dinge fragt, seien Sie ganz ehrlich und direkt. Streichen Sie nicht um den heißen Brei herum, geben Sie keine langatmigen Erklärungen.

. . . gehen Sie zu ihm, warten Sie nicht darauf, daß er zu Ihnen kommt. Wenn Sie eine Beförderung wollen, eine andere Aufgabe oder wenn Sie eine Idee haben, sollten Sie ihn aufsuchen und es ihn wissen lassen, ganz geradeheraus. Wahrscheinlich sagt er nur: »Okay, tun Sie's.«

Wenn ein junger Wilder für Sie arbeitet, . . .

. . . geben Sie ihm eine Aufgabe, die ihn als »Macher« fordert.

. . . lassen Sie keine Unklarheiten entstehen über seinen Verantwortungsbereich und darüber, was Sie von ihm erwarten. Wenn es keine klare Zielvorgabe gibt, ist er blitzschnell derart weit vorgeprescht, daß Sie Probleme haben werden, die Dinge wieder unter Kontrolle zu bekommen.

. . . setzen Sie ihn da ein, wo er am besten ist: bei »turnarounds«, beim Management von Geschäftsbereichen, die schnell wachsen und rasche Entscheidungen verlangen. Wenn Ihr Unternehmen Schlagseite hat oder auf Grund zu laufen droht, drücken Sie ihm einen Hammer in die Hand.

. . . helfen Sie dem jungen Wilden, den Übergang zur nächsten Stufe im Management zu schaffen. Hierzu legen Sie ihm am besten nahe, er solle seine Leute mehr beteiligen, mehr delegieren und längerfristige Gesichtspunkte und Ergebnisse stärker berücksichtigen.

Die Organisation des jungen Wilden

Der Aufbau einer Organisation wird von dem Unternehmensziel, der Tagesnotwendigkeit und dem Temperament seiner Führungspersönlichkeit geformt. In einer von einem jungen Wilden geführten Organisation wird es innerhalb dieses Aufbaus Reibungen geben. Vor einigen Jahren beriet ich ein erfolgreiches Unternehmen aus Georgia. Sein Vorsitzender war der Unternehmensgründer, der

das erste Produkt entworfen und verkauft hatte. Da die Firma größer wurde, stellte er einige Profis als Manager ein, und schon nahm das Unheil seinen Lauf.
Für den Gründer war es völlig normal, morgens um sechs Uhr zur Arbeit zu erscheinen, eine Stunde lang das Produkt bei der Herstellung zu überprüfen, den ersten Angestellten, sowie sie eintrafen, um ihren Tag zu beginnen, Anweisungen zu erteilen und keinem der anderen Manager mitzuteilen, welche Anweisungen er gegeben hatte. Warum sollte er? Es war sein Unternehmen. Er hatte es ans Licht der Welt gebracht. Er verstand mehr von dem Produkt als irgend jemand sonst. Sie waren seine Angestellten. Er hatte das Sagen. Er besaß weder Zeit noch Geduld. Die Organisation – das war er. Neben dem übermächtigen Gründer kamen sich alle anderen Mitarbeiter – auch die Topebene – klein und unwichtig vor. Darunter litten sie. Kein Einzelfall.
Der junge Wilde hat die typische Neigung, eine Organisation aufzubauen, die zu seiner Persönlichkeit paßt. Er ändert seine Persönlichkeit nicht, um sich den Bedürfnissen der Organisation anzupassen. Der Boß überstrahlt alle. »L'état c'est moi«, pflegte der Sonnenkönig Ludwig XIV. zu meinen.
Im Laufe ihres Wachstums und ihrer Reifung differenzieren sich Organisationen – nach oben und unten durch verschiedene Rangstufen, in die Breite durch Spezialisierung. Dieser Prozeß beginnt bei der zweiten, der barbarischen Entwicklungsstufe. Aber Differenzierung erfordert Eingliederung, Verwaltung und Beratungen mit anderen. Diese Prozesse verlangsamen naturgemäß die Entscheidungsfindung und rufen so einen Konflikt mit der Persönlichkeit des jungen Wilden hervor.
Aber das ist nicht das einzige Problem in einer Organisation, die von einem jungen Wilden geführt wird. Abläufe werden autoritär festgelegt. Buchführung und Controlling sind Achillesfersen der jungen Wilden. Ebenso gibt es wahrscheinlich auch keine angemessene Strategie im Hinblick auf Weiterbildung, Anwerbung, Belobigung, Beförderung oder Schulung. Obwohl Sie sicher sein können, daß der Chef Zugang zu den Informationen besitzt, die er braucht, sind die betrieblichen Informationssysteme wenig ausgefeilt.
So wie die Organisation, so wird auch das Seelenleben der Mitarbei-

terschaft aussehen. Streß, Superstreß, Aufregung, aber auch Erfüllung. Wahrscheinlich hat jeder Angestellte die Aufgabenstellung verinnerlicht und fühlt seinen Anteil am Erreichen des Ziels. Das Ziel ist, dem Temperament des jungen Wilden entsprechend, einfach und geradlinig. Die gesamte Organisation wird sich auf die zwei Fundamente gründen: den Kunden und das Produkt beziehungsweise die Dienstleistung. Jeder wird klagen, er sei überarbeitet. Aber jeder, der in einer Firma, die von einem jungen Wilden geführt wird, nicht überarbeitet ist, versteht die Welt nicht. Der Barbarenführer wird ihn sich zur Brust nehmen und ihn an die frische Luft befördern. Der Papierkrieg wird beim jungen Wilden minimal sein. Berichte werden direkt unter vier Augen abgegeben. Bewilligungsverfahren gibt es relativ wenige. Auf dieser Stufe der Entwicklung besitzt niemand eine exakte Vorstellung seiner Aufgabe. Alle sind zu sehr beschäftigt, es gibt viel zu tun, alle packen an.

Genau wegen dieses schnellen Wachstums und wegen der herrschenden Unübersichtlichkeit ist der Entscheidungsstil des jungen Wilden, der eher ein Befehlen ist, auch angemessen. Wenn Aufgaben sich täglich ändern, bleibt keine Zeit für Ausschüsse, Planpapiere, besteht keine Muße, darüber zu räsonieren, welcher Weg, die Arbeit zu organisieren, »der beste« ist. In der Zeit, die solche Überlegungen braucht, hat sich der Charakter der Aufgabe bereits geändert. Perfektion kann bis übermorgen warten. Heute ist wichtig, das Produkt auf den Markt zu bringen und den Deal abzuschließen.

Ihr Unternehmen befindet sich im Zyklus des jungen Wilden, wenn . . .

. . . der Chef jeden Reißbrettstift persönlich bestellt;
. . . Sie die 35-Stunden-Woche nur vom Hörensagen kennen;
. . . das Ergebnis mehr zählt als alle Hierarchien, eindrucksvolle Titel oder Alter;
. . . Ihre Mitarbeiter »Macher« bewundern und »Eierköpfe« gräßlich finden;
. . . ohne den Chef im Grunde nichts läuft.

Herausforderungen und Aufgaben

Errichten eines sicheren Brückenkopfes

Um Erfolg zu haben, muß eine Firma ihr Territorium und einen Ruf aufbauen. Der Schlüssel zu diesem Erfolg: Der junge Wilde sollte eine Leidenschaft dafür entwickeln, den Kunden zufriedenzustellen. Jene, die die ersten Tage einer Firmengründung überleben, wissen, was ich meine. Ohne Kunden ist der beste Unternehmer eine Null.

Bei Vorträgen vor Studenten von Business Schools stellte ich oft die Frage: »Was müssen Sie als erstes besitzen, wenn Sie eine Firma aufbauen wollen?« Viele Studenten antworteten: »Einen strategischen Plan entwerfen« oder »Eine Marktstudie« oder »Kapital finden«. Sie sind geschockt, wenn ich ihnen sage, daß die erste und einzige Sache, die sie brauchen, ein Kunde ist! Die meisten erfolgreichen Unternehmen wurden ohne jeden Plan, ohne Marktstudie und ohne viel Kapital aufgezogen. Sie wurden von Leuten gestartet, die wußten, daß sie zuallererst und ausschließlich den Bedürfnissen der Kunden dienen. Dem Kunden dienen. Aus Kunden Stammkunden machen. Das ist der Brückenkopf, der in den ersten Tagen eines Unternehmens errichtet werden muß. Das ist die Herausforderung Nummer eins für den jungen Wilden.

Disziplin und Beweglichkeit

Um ihren ersten Sieg zu erringen, muß die Organisation ihre Kräfte bündeln. Das erfordert Disziplin und Konsequenz. Doch zugleich muß die junge Firma sehr, sehr flexibel sein. Kursänderungen, Wechsel im Personal und bei Verfahrensweisen werden allesamt schnell vollzogen werden müssen. Um Disziplin ebenso wie Beweglichkeit zu erreichen, müssen Entscheidungen einem oder sehr wenigen führenden Köpfen vorbehalten sein.

Arthritische und bürokratische Organisationen haben ihre Beweglichkeit und ihre Disziplin verloren. In dem Maße, wie Organisationen starr und reaktionsunlustig werden, finden ihre Mitglieder zunehmend Wege, die formalen Vorgehensweisen zu umgehen. Eine solche Organisation neu zu beleben und umzugestalten ist eine Aufgabe für einen jungen Wilden.

Was ich versuchen muß, ist, mir die Welt sichtbar vor Augen zu führen. Und ich muß aktiv und beweglich genug sein, um mit der Welt zu leben und in ihr zu gewinnen. Wichtig ist nicht, zu sagen: Ich werde dies und jenes tun. Wichtig ist nur, es auch wirklich zu tun.
John F. Welch jr., Chairman, General Electric

Die meisten großen Industriekonzerne sind bürokratisch geworden. Und General Electric bildete da keine Ausnahme. Zu der Zeit, als Jack Welch den Vorsitz einnahm, wurde General Electric bei einer Umfrage des Magazins »Fortune« bei 500 Chief Executive Officers als das am besten gemanagte Industrieunternehmen der USA bewertet. Als neuer Chairman setzte Welch unverzüglich durchgreifende Pläne in Bewegung, um das Unternehmen zu erneuern und die Unternehmenskultur zu ändern.
Welch kappte mehrere Hierarchieebenen bei General Electric. Er bemühte sich in starkem Maß, auf die Truppe zu hören und seine Mitarbeiter zu bewegen, das gleiche zu tun. Dabei setzte er die Entscheidungskompetenz einige Stufen tiefer auf der Leiter des Managements an, um die für Reaktionen erforderliche Zeit zu verkürzen.
Er verringerte Kosten, indem er 100 000 Arbeitsplätze rationalisierte. Welch sagte, er sei »darauf aus, das Gefühl und den Geist völliger Offenheit zu schaffen. Das ist seltsam für einen Manager von 25 bis 30 Jahren, der dadurch vorwärtskam, daß er ein bißchen mehr wußte als der Angestellte, der für ihn arbeitet.« Welchs Bemühungen schienen bisher erfolgreich zu sein. Gewinn und Einnahmen steigen. Und seit 1981 ist der Aktienkurs von General Electric mehr als doppelt so schnell gestiegen wie der Standard-&-Poor's-Index von 400 Industrieaktien.
Die Fragen, die sich Welch stellen, sind bei allen jungen Wilden die gleichen: Welcher Zukunftsentwurf rechtfertigt die gegenwärtigen Opfer? Kann eine Kultur entwickelt werden, in der Leute mit positivem Denken auf positive Ziele hinarbeiten? Für Jack Welch stellt sich jetzt die Frage, ob er den Angestellten bei General Electric wirklich das Gefühl vermittelt, daß sie tatsächlich »die Welt ein Stück verbessern«.

Ideen in Taten verwandeln

Unternehmerische Organisationen sind häufig deshalb ein Fehlschlag, weil ihre Führer nicht zwischen einer großartigen Idee und einem marktfähigen Produkt oder einer ebensolchen Dienstleistung unterscheiden können. Nicht jede superbe Idee ist auch marktfähig. Fred Smith, der Gründer von Federal Express, ist ein junger Wilder, der uns anschauliche Beispiele zu Gelingen und Versagen liefert. Denn nicht jeder Wurf wird ein Treffer.

Als Collegestudent entwickelte Smith die Idee von Federal Express. Er verfaßte eine Arbeit, in der er die Idee eines Lieferdienstes »über Nacht« beschrieb. Alle Pakete sollten zu einem einzigen, zentralen Verteilerzentrum geschickt werden, wo sie mitten in der Nacht sortiert und an ihre Bestimmungsorte abgesendet werden sollten. Sein Professor gab der Arbeit keine gute Note und sagte ihm, so etwas würde nicht funktionieren. Aber ein halbes Jahrzehnt später, im Jahre 1971, startete Smith den Federal Express und setzte zum Beweis an, daß sein Konzept, über jeden Schatten akademischen Zweifels hinaus, tragfähig war.

Fred Smith' Persönlichkeit und seine Erfahrungen als Kampfpilot in Vietnam machten ihn für seine Aufgabe besonders gut geeignet. Seinem Plan nach muß jedes Flugzeug exakt zur richtigen Zeit jede Nacht losfliegen, um zur exakten Zeit in Memphis zu landen, wo eine Armee junger Angestellter wie wild arbeitet, um die Flugzeuge fertig bestückt zu ihren Zielorten loszusenden. Die Federal-Express-Auslieferer rasen zu ihren Bestimmungsorten, sie rennen und keuchen, um ihre Auslieferung bis spätestens 10.30 Uhr am Vormittag erledigt zu haben. Diese Dringlichkeit und Disziplin ist es, durch die Federal Express einen führenden Marktanteil gewonnen hat.

Smith erkannte, daß sein Geschäft mit Arten der Informationsübermittlung konkurrierte, die sogar noch schneller waren als »über Nacht«. Er sah sich die Fähigkeit von Satelliten, Information sofort zu übertragen, genauer an und informierte sich über die zunehmende Verwendung von Telefaxapparaten, die Briefe per Telefon übermittelten. Diese Erkenntnisse führten zur Entstehung von Zap Mail. Federal Express leaste einen der Öffentlichkeit zur Verfügung gestellten Satellitentransponder, holte Briefe bei den Kunden ab und übermittelte sie augenblicklich in eine andere Stadt, wo sie etwas später am gleichen Tag zugestellt wurden. Fred Smith war von der Idee begeistert. Er machte Druck, sie in die Tat umzusetzen, trotz der Zweifel auf seiten einiger seiner vertraulichen Berater, ob es für augenblicklich übermittelte Briefe überhaupt einen Markt gebe. Er leaste den Satelliten zu einem Preis von über 100 000 Dollar pro Monat. Zap-Briefabholstellen wurden im ganzen Land eingerichtet. Intensive Werbung setzte ein. Es gab nur ein klitzekleines Problem: wenig Interesse bei den Kunden. Telefax wurde eine preiswerte Methode für sofortige Datenübermittlung von einem Büro zum anderen. Zap Mail hingegen erlangte Berühmtheit als Multi-Millionen-Dollar-Flop.

Es gibt Tausende von großartigen Ideen, aber relativ wenige werden jemals zu gewinnbringenden Geschäften. Ein kreativer Mensch mag mit guten Ideen auf den Plan treten, aber oft ist er derjenige, der am schlechtesten bestimmen kann, welche davon in ein angemessenes unternehmerisches Wagnis umgeformt werden können. Junge Wilde sind dann am besten, wenn sie persönlich nicht so eng dem Konzept verhaftet sind, wenn sie das Geschäftspotential kühl abschätzen können.

Aufbau einer leistungsorientierten Kultur

Jede Organisation baut sich in ihrer frühen Phase ihre Kultur auf, und wie bei einem heranwachsenden Kind beginnen sich Gewohnheiten und Überzeugungen festzusetzen. Zwar beobachten wir Kraft und Flexibilität, aber noch vermissen wir das Wissen, was in der Vergangenheit gelungen ist. Heldenbeispiele fehlen. In dieser Barbarenzeit ist es den Führern ein leichtes, eine Kultur zu formen, die ein Maximum an Leistung hervorbringt.

Junge Wilde verstehen intuitiv die Wichtigkeit symbolischer Handlungen. Aus diesem Grunde besuchen sie an einem Tag acht Kunden und arbeiten bis zwei Uhr morgens, um bei der Fertigstellung eines Produkts zu helfen, das um sieben Uhr ausgeliefert werden soll. Nichts davon gehört zu ihren Aufgaben, aber mit Absicht geben sie ein Beispiel für das Motto »Tun, was getan werden muß«. Wirkungsstarke junge Wilde arbeiten, um durch ihr Vorbild die Firmenethik ins Leben zu rufen.

Für Manager, die das Einmaleins in großen Konzernen erlernt haben, ist es schwierig, die geistige Schranke zu durchbrechen, die zwischen der Rolle von Manager und Angestellten besteht. Diese Manager waren bis dahin an eine starke Auffächerung aller Tätigkeiten gewöhnt. In den Tagen der Entstehung der Kultur ist es entscheidend, daß der Führer tatsächlich mit dem Schwert in der Hand mitten auf dem Schlachtfeld kämpft. Er darf nicht auf dem Hügel stehen, von seinen Truppen abgehoben, und leidenschaftslos Anweisungen geben. Der Manager, der auf starren und künstlichen Unterscheidungen zwischen Managern und Arbeitern besteht, ist nicht der Führer für das Zeitalter des jungen Wilden. Um einen Verwalter werden sich niemals Legenden, heroische Lieder oder Werte, die die Firmenkultur weitertragen, ranken. Aus diesem Holz ist nur der junge Wilde geschnitzt.

Die Gefühllosigkeit des Herrschens überwinden

Der junge Wilde ist in den ersten Stunden einer Firma genau der Typ eines Führers, der gebraucht wird. Einige seiner wertvollen Eigenschaften können sich allerdings schnell als Nachteile herausstellen. Der junge Wilde läuft Gefahr, gewohnheitsmäßig gefühllos zu werden. Er kann danach süchtig werden, alles und jedes zu kontrollieren, und zerstört dadurch die Initiative und Kreativität von anderen. Oder er kann sein Ziel nicht mehr ändern und die für die nächste Entwicklungsstufe notwendigen Strukturen, Methoden und Spezialisierungen nicht einführen. Das ist es, was auch Alexander letztlich das Genick brach.

Zweifellos besaß General George S. Patton die Eigenschaft entschlossenen Befehlens, die in einer Schlacht so überaus wichtig ist. Patton, der an Wiedergeburt in dieser Welt glaubte, dachte auch, er sei der wiedergekehrte Alexander der Große. Eines Tages im Zweiten Weltkrieg besuchte er ein Feldlazarett. Er setzte sich zu seinen verwundeten Soldaten, um Erzählungen über deren Tapferkeit zu hören; genau wie Alexander das getan hatte. An diesem Tag aber sah Patton einen jungen Soldaten, der wegen eines Nervenzusammenbruchs ins Lazarett gebracht worden war. Patton schrie, er wolle in seiner Armee keine Feiglinge haben, und schlug den Mann. Um Truppen selbst bei schlechten Chancen in eine Schlacht zu führen, muß der junge Wilde Gefühle und Zweifel beiseite schieben.

Er muß aber auch seine Aggressivität in unpassenden Situationen im Zaum zu halten vermögen.
Das gilt oft auch im Geschäftsleben. Wurde aber erst einmal der Gefühllosigkeit das moralische Mäntelchen der Unterordnung unter die Zweckmäßigkeit umgehängt, kann sich ein Manager schnell an Härte gewöhnen. Schlimmer noch kann es sein, wenn unser Barbarenmanager niemanden hat, der auf ihn aufpaßt, der von ihm Rechenschaft fordert. Wenn darauf nicht geachtet wird, kann der Verlust der Kampfmoral und möglicherweise auch der Verlust guter Leute unvermeidlich als Ergebnis stehen. Beides wird die Entwicklung der nächsten Stufe lähmen, die sachverständige Leute braucht, an die der führende Kopf Aufgaben delegieren kann.

Neue Aufgabenstellungen – keine Selbstzufriedenheit

Eine weitere Falle, in die der junge Wilde geraten kann: Selbstzufriedenheit. Sie entsteht aus dem Unvermögen, größere Herausforderungen zu erkennen. In seiner geschichtlichen Untersuchung verweist Arnold Toynbee auf mehrere Kulturen, zum Beispiel die Polynesier, die auf einem bestimmten Niveau in ihrer Entwicklung einfach halt machten, weil sie zufrieden waren, keine neue Herausforderungen suchten. Das geschieht im Wirtschaftsleben häufig. Ein Unternehmer entwickelt ein erfolgreiches Konzept für den Einzelhandel, hat aber keine Neigung, Lizenzen zu vergeben oder sein Konzept landesweit auszudehnen. Jeder wird wohl auf seinem Lebensweg irgendwann an einem toten Punkt ankommen. Bei Kulturen und Zivilisationen ist das nicht anders. Menschlicher Ehrgeiz kann unterschiedlich stark ausgeprägt sein: Nicht jeder möchte ein Ray Kroc, Erbauer des McDonald's-Imperiums, sein. Ein kleines, gutgehendes Restaurant mag auch befriedigen. Der Ehrgeiz des Unternehmers, sein Blick für neue Herausforderungen und seine Antwort darauf entscheiden darüber, ob das Wachstum auf dieser Stufe zum Stillstand kommt.

Stufe 3

Der Entwickler und Erweiterer – Spezialisierung und Ausbreitung

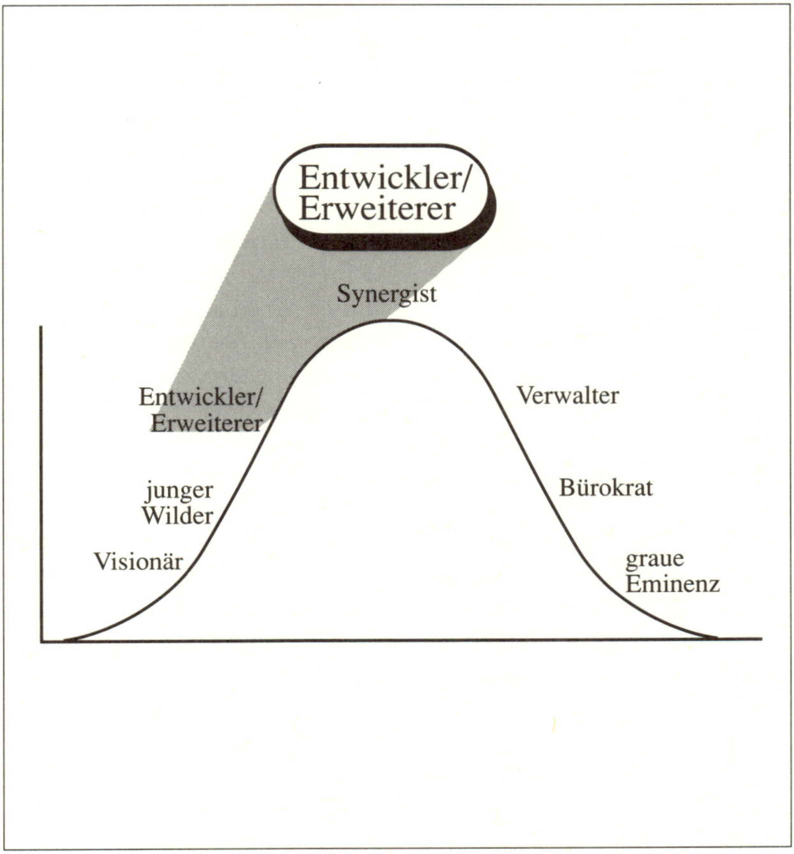

In dem Maße, wie eine Zivilisation immer weiter wächst, hat sie immer weniger mit Herausforderungen durch fremde Widersacher zu rechnen. An die Stelle kräftezehrender Beanspruchung auf fernen Schlachtfeldern treten mehr und mehr Anforderungen, die die Zivilisation sich selbst stellt, der Schauplatz des Kampfes ist nach innen verlagert. Mit anderen Worten, der Prüfstein für ihr Wachstum ist der Fortschritt in Richtung Selbstbestimmung.
Arnold Toynbee

Die Zeit des Visionärs mag in der Geschichte eines Unternehmens nur einen kurzen Augenblick einnehmen. Das Zeitalter des jungen Wilden sollte ebenso nur kurz sein. Wenn der Unternehmer auf der Stufe des jungen Wilden verharrt, wird das Wachstum zum Stillstand kommen. Das Zeitalter der Spezialisierung tritt auf den Plan, eine Zeit, in der Verfahren und Aufbau Gestalt annehmen und die Firmenorganisation erwachsen wird.
Jetzt muß auch Führung einen anderen Charakter annehmen. Sie muß geteilt, auf mehrere Schultern verteilt und zunehmend auf Zusammenarbeit aufgebaut sein. Die führenden Manager müssen weiterhin geistig beweglich und schöpferisch sein, aber sie müssen auch in zunehmendem Maß Sachverstand entwickeln, insbesondere in den Bereichen Finanzen, Marketing, Controlling, Forschung und Unternehmenskultur. Wenn sie das tun, kann diese dritte Stufe in der Lebensgeschichte bei Zivilisationen Jahrhunderte, bei Unternehmen Jahrzehnte anhalten.
Der wichtigste Führer in diesem Zeitalter der Spezialisierung ist der Entfalter, der die Firma entwickelt und erweitert. Die Entfalter bauen die inneren Mittel für eine leistungsfähige Produktion aus und führen den nach außen gerichteten Schub fort, sie verschieben die Grenzen des Wachstums. Die Entfalter unterscheiden sich wiederum in Entwickler und Erweiterer.
Vor einigen Jahren wurde die Fluggesellschaft People Express in beinahe jedem Wirtschaftsblatt vorgestellt. Sie war ungeheuer erfolgreich. Ihr Gründer, Donald C. Burr, zog die Firma als Modell für Mitbestimmung, Teamwork und Eigentumsbeteiligung der Be-

legschaft auf. Aber der Glanz hielt sich nur kurz. Die Gesellschaft kam nie über die Pubertät hinaus.
Sie hatte unter dem aufgeblasenen Selbstwertgefühl, wie es für über die Maßen erfolgreiche Jugend kennzeichnend ist, zu leiden. Süchtig nach dem Nervenkitzel des schnellen Wachstums, erwarb People Express die Fluggesellschaft Frontier. Man zahlte viel zuviel hierfür und war zudem auf eine erfolgreiche Miteinbeziehung einer fremden Unternehmenskultur nicht vorbereitet. Es blieb keine Zeit, spezielle Sachkenntnis in der Organisation eines Flugplans zu entwickeln, ein Knackpunkt im Managen einer Fluggesellschaft. Ohne diesen spezialisierten Sachverstand konnte das Unternehmen einfach nicht überleben, egal, wie niedrig der Flugpreis auch immer war. Von verworrenen Marktstrategien und Schulden überflutet, wurde People Express schließlich nur durch seine eigene Unterwerfung unter Texas International gerettet.
Aber Donald Burr ist nicht der einzige, der bei diesem schwierigen Übergang von einer unternehmerischen Stufe zur anderen gescheitert ist. Tausende Unternehmen sind über diese Stufe gestolpert, weil sie die neuen Anforderungen nicht wahrnahmen, die Wachstum mit sich bringt. Burr kann sich in der Gesellschaft Alexanders des Großen fühlen, dem es auch nicht gelang, diesen Übergang zu vollziehen. Auf den ersten beiden Entwicklungsstufen hängt das Gedeihen sehr stark von der einzelnen Persönlichkeit ab. Im dritten Abschnitt der Entwicklung aber wird die Umgebung – innerhalb und außerhalb des Unternehmens – zu vielschichtig und unüberschaubar für derartige zentralisierte Machtmonopole.
Anfangs war auf der Bühne des Geschehens nur Platz für jeweils einen Mohammed, Buddha oder Attila zu ein und derselben Zeit. Da aber die Zivilisation – oder das Wirtschaftsunternehmen – sich weiterentwickelt und das Spiel komplizierter wird, ist es nun schon logisch, daß viele Persönlichkeiten von vielleicht geringerer Ausstrahlungskraft sich das Rampenlicht teilen. Auf den beiden ersten Lebensstufen war es von Vorteil, wenn das »Ich« des Herrschers viel Raum einnahm. Er mußte seinen Anhängern, deren Glaube gefordert wurde, eine gottartige Erscheinung bieten können. Jetzt werden Bescheidenheit und Selbstbeschränkung erforderlich, um Zusammenarbeit und Übereinstimmung zu stärken.

Der Lebenszyklus sieht nie wie eine schön gleichmäßige, geometrische Kurve aus. Die tatsächliche Weiterentwicklung von Unternehmen und ganzen Kulturen ist holprig; auf fade Zeiten des Stillstands folgen plötzliche Ausbrüche von Tatendrang. Unsere eigene abendländische Kultur legt Zeugnis davon ab. Die Entwicklung kam durch Messias und seine treuen Apostel voran, die Rom und die Welt der Griechen eroberten. Aber der Fortschritt fand in den dunklen Zeiten der Spätantike und des Mittelalters sein Ende und erwachte erst in der Renaissance wieder zu neuem Leben. Da nämlich erreichten hochgebildete Fürsten, die ihren Königen und ihrem Glauben ergeben waren, neue Höhen spezialisierten Sachverstands in den Naturwissenschaften, den Künsten, der Erkundung der Erde und im Handel.

Eine Firma kann gleichermaßen ins Stolpern geraten, noch bevor diese dritte Stufe der Entwicklung überhaupt erreicht ist. Der Visionär oder der junge Wilde bleibt möglicherweise zu lange am Ruder. Henry Ford und sein junger Wilder Harry Bennett wurden süchtig nach Macht und Herrschaft und waren unfähig, ein großes und vielseitiges Unternehmen aufzubauen. Im Gegensatz hierzu wuchs General Motors ohne die Abhängigkeit von irgendeiner einzelnen Persönlichkeit und blühte auf, als Zentren der Spezialisierung eingerichtet wurden.

Der Charakter der Entwickler und Erweiterer

Entwickler und Erweiterer bringen das Unternehmen in eine neue Phase, sie sind Entfalter, führen die Firma zur vollen Blüte. Der Entwickler ist zuständig für die Herstellung des Produkts oder die Durchführung der Dienstleistung am Kunden. Üblicherweise ist er zusammen mit der Organisation groß geworden. Er hat der Entstehung des Produkts zugesehen – vom Rohstoff bis zur fertigen Ware. Zu der Arbeit hat er eine unmittelbare Beziehung, er weiß, wie sie aussieht und wie sie sich anfühlt. Abstrakte Entwürfe, Pläne und Strategien waren die sinnlose Hauptbeschäftigung der Leute, die noch nicht einmal einen Nagel in die Wand schlagen konnten.

Vielleicht hat der Entwickler noch die Beziehung zu dem langfristigen Zukunftsentwurf des Visionärs, seine eigene Orientierung ist aber im allgemeinen kurzzeitig. Wie sahen die Zahlen gestern aus, und wie werden sie morgen sein? Nicht, daß er sich über längerfristige Ziele keine Gedanken machte, aber sein Denken wurde eben beeinflußt durch die vielen Jahre, die er direkt in der Produktion zugebracht hat.

In jedem Entwickler lebt auch ein Stück weit der junge Wilde fort. Leitete er eine kleine Produktionseinheit – und so begannen viele Entwickler ihre Laufbahn –, so konnte er führen, indem er selbst Vorbild war. Der Produktionsleiter konnte dem Arbeiter genau zeigen, wie die Arbeit ausgeführt werden sollte. Der Leiter konnte seinen Angestellten sagen, sie sollten dies und jenes tun, und wirklich, sie taten es dann auch! Ein gutes Gefühl. Und man brauchte nicht soviel Formalitäten und verzwickte Verwaltung, um die Dinge im Fluß zu halten.

Wenn der Entwickler von der Produktion weg zur Geschäftsführung befördert wird, tritt er in eine Welt, in der Entscheidungen auf der Grundlage von abstrakten Denkmodellen, Entwürfen und Strategien getroffen werden. Er betritt auch eine Welt, die gemeinsame, geordnete Arbeit zwischen Managern und Gruppen mit verschiedenen Interessen, Ansichten und Zielvorstellungen verlangt. Diese fremden Ansichten hören sich in den Ohren des Entwicklers oft nach Widerstand und Befehlsverweigerung an, und er wird sich, um dessen Herr zu werden, wahrscheinlich auf seinen Stil als jungen Wilden zurückbesinnen. Seine Beförderung verlangt vom Entwickler, auf andere Art und Weise zu denken, und das in einem Alter, wo es schwer sein mag, mit diesem Wechsel zurechtzukommen.

Der Erweiterer wird dieses Problem nicht haben. Er wuchs in einer ganz anderen Welt auf. Eine Welt, in der man reden und jemanden überzeugen konnte. Der Erweiterer taucht im allgemeinen aus dem Verkaufsbereich auf und ist wahrscheinlich ein nach außen gerichteter Mensch, während der Entwickler sich eher nach innen orientiert.

Der Erweiterer hat für Verwaltungssysteme nicht viel mehr übrig als der Entwickler. Für ihn ist »richtige Arbeit«, draußen beim Kunden zu sein, ihn zum Kaufen zu veranlassen. Nur darum dreht sich ja letztlich alles! Der Erweiterer ist ein Erfolgsmensch. Er wurde mehrfach belohnt, nicht fürs Herumsitzen bei Bürobesprechungen, sondern fürs erfolgreiche Verkaufen draußen. Seine Meinung über die »Papiertiger« in der Firma ist nicht gerade schmeichelhaft.

In der Wirtschaft zählen nur zwei Aufgaben,
Absatzpolitik und Einführung von Neuerungen.
Peter F. Drucker

Die Art der Motivation ändert sich in dieser Stufe der Entwicklung. Persönliche Belohnungen und Luxus stehen jetzt zur Verfügung, und mit deren Verfügbarkeit stellt sich eine Frage: Was sollte unsere Oberen zu ihrer Arbeit anregen? Materieller Wohlstand oder der Dienst an der Öffentlichkeit?
Dieser Konflikt besteht für Unternehmen ebenso wie für Zivilisationen. Die Zivilisation des Abendlandes trat um das 16. Jahrhundert herum in ihr Zeitalter der Spezialisierung ein. Den Konflikt können Sie schon in einem Brief von Christoph Kolumbus erwähnt finden; er schrieb diesen Brief nach einer seiner Reisen:

> So hat unser Erlöser diesen Sieg unserem erlauchtesten König und unserer erlauchtesten Königin geschenkt sowie auch ihren Königreichen. Dieser Sieg ist so bedeutend, daß sich die ganze Christenheit freuen und Feiern veranstalten sollte und der Heiligen Dreifaltigkeit mit vielen feierlichen Gebeten würdigen Dank abstatten soll für das große Entzücken, das sie haben wird. Denn so viele Völker sind zu unserem heiligen Glauben bekehrt worden, und materielle Gewinne warten auf uns, und nicht nur Spanien, sondern alle Christen werden von nun an Stärkung und Nutzen davon haben.

So wie wir alle dazu neigen, wurde auch Kolumbus wortreich und blumig angesichts all der edelen Vorteile, die seine Reise gebracht hatte. Am Schluß seiner Ausführung schwenkt er dann zum Motiv des Gewinns über – für den Fall, daß seine geneigten Monarchen vielleicht gerade nicht in religiös gestimmter Gemütsverfassung sein

sollten. Studenten der Geschichte haben schon immer gestritten über die Absichten der Entdecker und Eroberer der Neuen Welt. Es scheint jedoch völlig eindeutig, daß sowohl geistige als auch materielle Absichten sich die Hand gaben.
In den Unternehmen wird es ebenfalls zwei Gründe geben. Einige Leute werden aus purer Lust nach Gold arbeiten. Andere sind wiederum auf die Sache als solche ausgerichtet. Es ist die Aufgabe der Führung, auf ein Gleichgewicht beider Motive hinzuarbeiten. Diese Ausgewogenheit wird letzten Endes der Vergrößerung und dem Fortschritt der Unternehmens dienen.

Sie sind vielleicht ein Entwickler, falls . . .

. . . Ihnen besonders die »eigentliche Arbeit« Ihres Unternehmens, die Herstellung des Produkts oder die Ausführung der Dienstleistung, Freude macht;

. . . es Ihnen Spaß macht, die Ergebnisse Ihrer Arbeit zu messen;

. . . Sie beim Anblick eines Fahrrades denken, wie Sie die Kettenaufhängung verbessern können;

. . . Sie gerne schnell Entscheidungen treffen, handeln und das Ergebnis abschätzen;

. . . Sie wissen, daß sie kein Visionär sind und wenig Zeit damit verschwenden, von der Zukunft zu träumen;

. . . Sie Ausschüsse nicht mögen oder nicht gerne mit Herumsitzen und Reden Zeit verschwenden.

Sie sind vielleicht ein Erweiterer, falls ...

... Sie kontaktfreudig sind, überzeugen und begeistern können;
... Sie gerne für sich selbst Bilanz ziehen;
... Sie von Natur aus gerne mit anderen wetteifern;
... Sie beim Anblick eines Fahrrades denken, wie sie dessen Export nach China ankurbeln;
... Sie glauben, Ihre Firma sollte der Vergrößerung des Geschäfts einen höheren Stellenwert beimessen;
... Sie meinen, Ihre Firma werde noch im Papierkram ersticken.

Entwickler und Erweiterer in der Geschichte

Falls Sie daran zweifeln, daß der Mensch zu mutigen Taten von heldenhaftem Ausmaß in der Lage ist, dann brauchen Sie gar nicht so weit zu suchen. Ein Blick auf die Entdecker des 16. Jahrhunderts reicht da völlig aus. Hier gab es Männer, die nicht nur seherische Kraft und großen Mut besaßen, sondern auch Zutrauen in ihre Fähigkeit, die Menschen voranzubringen. Solch ein Führer war Ferdinand Magellan. Er besaß persönlichen Mut und Sachverstand, aber vor allem die Fähigkeit, sich mit anderen zu verständigen und zusammenzuarbeiten, die im Zeitalter des Entwicklers und Erweiterers gefordert ist.

Magellan, ein Portugiese, diente als junger Mann in der Marine seines Landes. Zu seiner Zeit segelten Schiffe, die zu den Gewürzinseln wollten, um Afrika herum. Magellan aber nahm an, es gäbe einen Seeweg, der die Fahrt in westliche Richtung ermöglichte, und den wollte er finden. Der König von Portugal, Manuel, lehnte die Finanzierung einer Entdeckungsreise ab. So kam Magellan am 20. Oktober 1517 in Sevilla an, um seine Dienste Karl V. anzubieten, dem frischgekrönten König Kastiliens.

Karl, der sich »Plus ultra« – was soviel wie »Mehr darüber hinaus« bedeutet – als Motto erwählt hatte, nahm das Angebot schließlich an.
Der Zyklus des Entwicklers und Erweiterers unterscheidet sich stark von den vorhergehenden. Jetzt muß der Führer die Unterstützung und Zustimmung anderer gewinnen. Selbst zu Magellans Zeit gab es schon Ausschüsse. In unserem Fall war es die Casa de Contratación, ein offizieller Beirat, der den größten Teil der kolonialen Geschäfte Spaniens regelte. Man kann ihn vergleichen mit heutigen Ausschüssen in Unternehmen, die für die Bewilligung von Kapital zuständig sind. Diesen müssen Abteilungsleiter ihre Erweiterungspläne vorlegen. Die Casa de Contratación hörte Magellans Plan an, war aber davon nicht sonderlich beeindruckt und verweigerte die Zustimmung.
Magellan versuchte danach auf eigene Faust, mächtige Befürworter zu finden, um die Entscheidung des Ausschusses rückgängig zu machen. Er suchte die Zustimmung Juan Foncescas zu gewinnen, der Bischof von Burgos und das einflußreichste Mitglied des Ausschusses war. Foncesca segnete die Reise unter der Bedingung ab, daß seine eigenen Verwandten und Günstlinge zu Kapitänen auf Magellans Schiffen ernannt würden. Während der Reise gab es drei Meutereiversuche, und Historiker hegen den Verdacht, daß diejenigen, die die Expedition an sich zu reißen versuchten, auf Anregung des Bischofs hin handelten. Ein weiteres Mitglied des Ausschusses, Juan de Aranda, verlangte einen zwanzigprozentigen Anteil des zu erwartenden Gewinns als Gegenleistung für seine Hilfe bei der Revision der Abstimmung im Ausschuß. Kein Visionär und kein junger Wilder hätte all die Beeinflussungen, Absprachen und Mauscheleien ausgehalten, denen Magellan und andere große Entdecker bei der Durchführung ihrer Missionen ausgesetzt waren.
Aber letztlich hat Magellan seinen Willen durchgesetzt. Er segelte nach Süden und fand schließlich den Meeresweg, der heute nach ihm benannt ist. Er umsegelte den Erdball, ohne zu wissen, wann oder wo er eine Durchfahrt zum Pazifik finden würde, ohne die geringste Ahnung von der ungeheuren Größe dieses Ozeans, der doppelt so groß wie der Atlantik ist, und ohne all die Navigationshilfsmittel, die wir heute als selbstverständlich ansehen. Magellan war

erfolgreich, nicht weil er einfach nur Mut bewies, sondern weil er sich genau an die Vorgaben hielt, die sich aus der Berechnung der Logergebnisse in bezug auf die Schiffsposition ergaben. Laufend fixierte er den Stand der Himmelskörper und legte eine Karte an, auf der er jede Berührung mit Land sowie Besonderheiten der Ozeane, die er erkundete, festhielt. Er war nicht nur vorausahnend und mutig. Er war auch ein Könner in technischen Fragen.
Doch nicht nur die Leistung der großen Entdecker soll hier gerühmt werden. Es war die Gilde der Schiffsbauer, die den Seefahrern zu Wettbewerbsvorteilen verhalf. Der Sieg über die spanische Armada, einige Jahre nach Magellans Entdeckung, gründet nicht zuletzt im Fehler der Spanier, den Wert des Spezialistentums zu unterschätzen. Im Jahre 1588 setzte Philipp II., der König von Spanien, sich zu seinem persönlichen Ziel, die Rückkehr Englands zur römisch-katholischen Kirche zu erreichen. Königin Elizabeth von England unterstützte den Protestantismus, die Unabhängigkeit Englands sowie eine erstarkende weltliche Tradition.
König Philipp II. verließ sein Schloß fast nie, noch nicht einmal für das großartige Schauspiel der Abfahrt seiner großen Armada. König Philipp vertraute die Durchführung seiner Mission zwei Herzögen an: dem Herzog von Parma, der Befehlshaber des königlichen Heeres in den Niederlanden war, und dem Herzog von Medina Sidonia, oberster Kapitän zur See und Kommandant der Armada. Beide Truppen sollten gemeinsam in England einfallen. Der Herzog von Medina Sidonia hatte weder zur See noch im Krieg praktische Erfahrung und bedrängte den König, jemand anderen zu ernennen. »Sir, im Interesse Ihrer Majestät unterbreite ich Ihnen, daß ich weder Eignung noch Können, weder Gesundheit noch Vermögen für diese Unternehmung besitze. Das Fehlen jeder dieser Eigenschaften alleine wäre genug, mich zu entschuldigen, und weit mehr das Fehlen von ihnen allen, was bei mir zur Zeit der Fall ist.«
Aber der König scherte sich wenig um das Gejammere des Herzogs. Die beiden Edelmänner hatten nie die Gelegenheit, sich mit ihrem König oder untereinander zu beratschlagen, und sie hatten völlig unvereinbare Vorstellungen über ihr Vorgehen.
Zu der damaligen Zeit wurden Kriegsschiffe nur als Transportmittel für die Armee und ihren General gesehen, nicht nur von den Spa-

niern, sondern von allen Völkern. Kapitäne zur See und Schiffsbauer waren den Generälen an Land untergeordnet und in deren Dienst. Dem Bauplan der spanischen Schiffe lag die Taktik der Kriegführung zu Lande zugrunde, als ob es sich hier um eine Burg oder hochgelegene Festung handeln würde. Die spanischen Schiffe waren riesige, ungelenke Klötze, die so hoch wie möglich gebaut wurden, damit die Soldaten Speere und Pfeile auf ihre Feinde herabschießen konnten. Wegen dieser Unbeweglichkeit kamen die »Burgen auf See« selten in schnelles Fahrwasser. Als die Armada aus 120 Schiffen Spanien verließ, geriet sie in einen Sturm aus nördlicher Richtung und legte in drei Tagen klägliche 15 Seemeilen zurück. Auf den ersten 15 Meilen ihrer Fahrt hatte die große Armada bereits die Unmöglichkeit bewiesen, ihren Feind zu schlagen.
In England, wo sich Königin Elizabeth mit ihren See-Experten beriet, hatte der Schiffsbau einen ganz anderen Weg eingeschlagen. John Hawkyns, ein ehemaliger Kommandant zur See, war zu Anfang seiner Laufbahn von den Spaniern in die Flucht geschlagen worden. Aus dieser Erfahrung entwickelte er eine völlig neue Sicht, wie auf See kämpfende Schiffe eingesetzt werden sollten.
Die Schiffe, die man unter der Leitung von Hawkyns baute, wurden mit dem Ziel hoher Leistungsfähigkeit bei Fahrten gegen den Wind gefertigt. Dahinter steckte nur ein Zweck: schnelles Segeln und wendiges Manövrieren, was den überlegenen Einsatz von Kanonen und Taktik auf See möglich machte, um die Schlacht zu gewinnen. Hawkyns entfernte alle burgenartigen Aufbauten auf den Schiffen und ließ nur ein etwas höheres Achterdeck übrig; er verlängerte die Wasserlinie und machte den Rumpf schmaler. Die Fähigkeit der Schiffe, Lasten zu befördern, kümmerte ihn nicht, er wollte keine Soldaten transportieren. Seine Schiffe lagen seetüchtig im Wasser. Diese Schiffe galten als gewagte Neuerung in der Schiffsbaukunde. Während Hawkyns mit seinen spezialisierten Schiffen Neuerungen verwirklichte, rief auch Sir Francis Drake etwas Neues ins Leben, die spezialisierte Befehlsgewalt. Drake hatte ein enges persönliches Verhältnis zu Königin Elizabeth; auch er war bei einer Begegnung mit den Spaniern einstmals in die Flucht geschlagen worden. Er stellte das Prinzip der Befehlsgewalt auf See auf, der Kapitän eines Schiffes war fortan unabhängig von Direktiven der Landstreitkräf-

te. Diese Spezialistenherrschaft sollte über Jahrhunderte der Schlüssel zur unangefochtenen Vormachtstellung der britischen Marine werden.
Als die spanische Armada den englischen Kanal durchsegelte, erwarteten die spanischen Generäle, daß die Engländer längsseits aufholen und eine Schlacht anzetteln würden mit Enterhaken, Bogenschützen und Infanterie. Aber die Engländer dachten nicht im Traum daran. Sie hielten sich auf der Windseite, und da sie stets enger am Wind waren als der Feind, hatten Drake, Hawkyns und die anderen englischen Kapitäne die Strategie der Schlacht völlig in ihrer Hand. Sie griffen an, wenn ein spanisches Schiff in eine ungünstige Lage geriet, und zogen sich zurück, wenn die anderen zahlenmäßig überlegen zu werden drohten.
Die Fahrt der Armada den englischen Kanal hinauf war eine der demütigendsten militärischen Niederlagen in der Geschichte Spaniens. Als die Armada die Niederlande erreichte, ging die Armee des Herzogs von Parma, unvorbereitet, wie sie war, nicht an Bord der Flotte. Viele spanische Schiffe, die in der Schlacht nicht zerstört worden waren, zerschellten in Stürmen oder wurden an die Küsten Schottlands und Irlands gespült, wo die Soldaten von den Küstenbewohnern gnadenlos niedergemacht wurden. Aufgerieben kehrte die Armada nach Spanien zurück.
Der Sieg der Engländer war nicht nur ein Sieg des Mutes und der Tapferkeit. Es war ein Sieg des Spezialistentums und der Organisation, ein Ergebnis wohlerkannter, unterschiedlicher Sachzuständigkeit der Streitkräfte zu Wasser und zu Lande, ein Sieg der Taktik und passenden Ausrüstung. England war auf der dritten Stufe des unternehmerischen Lebenszyklus angelangt, auf der die Vorherrschaft den Entwicklern und Erweiterern gehört, wo verfeinerte Organisation und eine Führung, die fachliche Beratungen pflegt, zählen. Diese Würdigung der Notwendigkeit spezialisierten Sachverstands besiegelte das Schicksal der spanischen Armada, die Zukunft Spaniens und Englands, des Katholizismus und Protestantismus.
Magellan, Drake und Hawkyns zeigten alle die Eigenschaften, die Führer auf dieser dritten Entwicklungsstufe auszeichnet. Sie müssen sich eng an die prophetische Kraft und an die starken Werte halten, die für den Visionär kennzeichnend sind. Sie müssen darüber

hinaus, wie der junge Wilde, entschlossen zur Tat schreiten. Doch da gibt es auch noch die unbedingte Notwendigkeit, die Unterstützung anderer zu gewinnen, sowie die Kompromißbereitschaft, auch dann ja zu sagen, wenn die Bedingungen für eine Unternehmung nicht ideal sind. Zur Abrundung sollte noch hervorragende Sachkenntnis hinzukommen, ein fast gelehrtes Streben nach technischem Sachverstand, um die Unternehmung voranzubringen. Zivilisationen und Firmen können erfolgreich expandieren, wenn sie mit Führungspersönlichkeiten solcher Art gesegnet sind.

Entwickler und Erweiterer im Wirtschaftsleben

Unter der Herrschaft von Entwicklern und Erweiterern, die oft Spezialisten in Produktion und Vertrieb sind, entfaltet sich ein Unternehmen langsam zur vollen Blüte. Bei den Spezialisten – und ihrer Geschicklichkeit im Ordnen der Dinge, im Beraten und im Zusammenarbeiten – sind die Führungsqualitäten von entscheidender Bedeutung, in deren Folge sich Wachstum einstellt.

Als Musterbeispiel für Entwickler und Erweiterer kann das Unternehmen Xerox stehen. Chester Carlson, der Erfinder des Fotokopierens, war der Visionär, der 1938 seinen ersten erfolgreichen Kopierer baute. Er versuchte neun Jahre lang, seine Idee zu verkaufen, und klapperte dabei mehrere Firmen ab – IBM, Kodak und General Electric eingeschlossen. Sie alle konnten nicht verstehen, warum irgend jemand einen Apparat brauchen sollte, der genau das tat, was Kohlepapier auch leistete. Die führenden Köpfe der größten Unternehmen Amerikas waren wohl nicht in der Lage, die Wichtigkeit der Erfindung von Carlson zu begreifen. Bis auf Joe Wilson.

Wilsons Haloid Company war eine unbedeutende Firma in Rochester, bis sie Carlsons Arbeit entdeckte. Wilson spielte den jungen Wilden passend zu Carlson in der Rolle des Visionärs. Er stellte das Geld für die Entwicklungsforschung der Xerographie zur Verfügung. Wilson haben wir es zu verdanken, daß dieses damals unbeachtete Forschungsfeld sich zu einem Milliardengeschäft entwickelte.

Aber der große Erfolg von Xerox lag nicht nur in der neuen Technologie begründet, sondern auch am Schwung, mit dem die Kopierer auf den Markt gebracht wurden. Erfolg mißt sich auch an der Fähigkeit, ein zuverlässiges Produkt zu entwerfen und herzustellen. Der Kopierer 914 tat seinen Dienst. Einige dieser Maschinen funktionieren immer noch, Jahrzehnte nachdem Horace Becker, den Kenner den Vater des 914er nennen, sie entworfen hat.

»Ich bin kein Erfinder«, sagt Becker, der die Planung und Fabrikation des 914er leitete. »Ich verstehe etwas davon, einen Entwurf in die Tat umzusetzen und das Ganze zu einem marktfähigen Produkt zu machen.«

Das Geniale an Beckers Arbeit ist die Umwandlung einer äußerst schwierigen technischen Vorlage zu einer zuverlässigen Maschine, die dann auch noch einfach zu bedienen war. Man mußte nur noch einen Knopf drücken. Ein Kinderspiel, mit dem 914er zu arbeiten. Diese schwierige Technologie, die so einfach zu bedienen war, verursachte eine Revolution in unserer Informationsgesellschaft. Der Beitrag Beckers bestand in seinem Spezialistentum beim Entwurf und bei der Herstellung der Maschine. Becker, der bei Xerox Vice-President im Maschinenbau werden sollte, war der Entwickler, der die Maschine ans Laufen brachte.

Xerox' Erfolg setzt sich im Vertrieb und Marketing fort. Dem Unternehmen war klar, daß ein einzigartiges Produkt eine einzigartige Markteinführung brauchte. Eine neue Herausforderung verlangt nach einer neuen Antwort.

Weil Kopierer nicht gebräuchlich waren, hätten Bürokräfte den Kaufpreis gegenüber ihren Vorgesetzten schwerlich rechtfertigen können, selbst wenn diese vom Nutzen der Xerographie überzeugt gewesen wären. So verkaufte Joe Wilson die Kopierer nicht, sondern vergab sie im Leasingverfahren. Deshalb setzte er den Kaufpreis so hoch an, daß die Leute das Mieten vorzogen. Obwohl die Herstellungskosten des einzelnen Kopierers bei 2000 Dollar lagen, war der Preis der 914er anfangs 29 500 Dollar. Leasen konnte man ihn bereits für 95 Dollar pro Monat, wobei die ersten 2000 Kopien umsonst waren. Es stellte sich heraus, daß die Gebühren pro Kopie – nachdem die 2000 freien Kopien aufgebraucht waren – mehr als die monatliche Miete umsetzte. 1967 brachte jeder 914er 4500 Dollar ein. Im Klartext: Xerox hatte die gesamten Kosten für Herstellung und Markteinführung im ersten Jahr wieder hereingeholt. Alles, was danach kam, war Gewinn, und es kam viel danach. Carlson, Wilson und Becker sind Heldengestalten aus der Jugendzeit von Xerox. Sie stehen für Erfindungsreichtum, Glaube an die Sache, Pep und technischen Sachverstand. Sie erlaubten Xerox – auf diesen Namen taufte Wilson seine Firma letzten Endes um –, über alle Erwartungen hinauszuwachsen. Aber mit diesem Wachstum kamen die Probleme.

Das Geschäft mit den Bürokopierern wuchs derart, und Xerox besaß einen solch hohen Marktanteil, daß 1972 die Federal Trade Commission Xerox beschuldigte, auf dem Markt ein ungesetzliches Monopol zu bilden. SCM, ein anderer Hersteller von Büromaschinen, verklagte Xerox wegen wirtschaftlicher Machtzusammenballung. IBM klagte. Xerox igelte sich mehr und mehr ein. Der Vorstand des Unternehmens scheute sich zu handeln und vertraute vielmehr auf seine Anwälte. Rechtsanwälte überprüften jede Rede und jede Ansprache. Trafen Führungskräfte sich mit anderen Unternehmern, um über mögliche Geschäfte zu verhandeln, waren Anwälte dabei. Die bürokratische Kultur mit all ihren Warnsignalen und Kontrolle gewann an Boden.

Das dicke Ende folgte auf dem Fuße. Als David Kearns 1980 Chairman wurde, »waren wir entsetzt zu sehen, daß die Japaner ihre kleinen Maschinen zu einem Preis verkauften, den die Herstellung unserer Kopierer verschlang. Unsere Kosten waren nicht nur Spitze, sie waren schon gar nicht mehr zu sehen. Ich sage Ihnen, das hat angst gemacht, und es hat uns ganz schnell wachgerüttelt.«

Während der letzten Jahre hat Xerox das Ruder herumgeworfen und riesige Marktanteile zurückgewonnen – in einem Jahr sogar 14 Prozent. Das Unternehmen ist dabei, sich seine Vormachtstellung auf dem Kopierermarkt zurückzuerobern. Was hatte sich geändert? Man hat die Notwendigkeit erkannt, Hervorragendes leisten zu müssen – im Entwurf, seiner ingenieurmäßigen Umsetzung und der serienmäßigen Herstellung. Genau die Dinge, die Xerox zu Beginn groß gemacht haben.

Jeder der 100 000 Angestellten bei Xerox hat ein 48stündiges Qualitätstraining mitgemacht. Jeder Angestellte ist jetzt Teilnehmer in

Arbeitsgruppen, die die Qualität überwachen und nach dauernder Verbesserung suchen. »Just-in-time«-Herstellung verringert Lagerbestände und wiederholte Überprüfung der Waren. Rechnergestützte Konstruktion und Herstellung wurden eingesetzt, um die neuesten Kopierer zu entwickeln.
Die Vision ist wieder klar: die bestmögliche Maschine zu bauen. Hören Sie sich Wayland Hicks an, der 1983, mit vierzig Jahren, Leiter der Entwicklung und Herstellung der Xerox-Kopierer wurde:

> Ich wollte in diese Firma wieder mehr unternehmerischen Geist hineinbringen. Wollte sie in vier, fünf, sechs Gruppen aufteilen. Ihnen Anreize, Belohnungen geben. Jeden gewinnorientiert einstellen ... Dann würde ich vielleicht den ewigen Zank zwischen Planung und Herstellung loswerden. Taucht ein Problem auf, dann gibt eine Seite der anderen die Schuld. Die Ingenieure sagen, es sei ein Herstellungsproblem, und die Leute aus der Herstellung sagen: »Gucken Sie sich die Baumuster an, mit denen wir arbeiten müssen.« Entwurf und Herstellung interessieren mich überhaupt nicht. Mich interessiert nur, ob etwas der Firma nützt, und ich will, daß meine Leute genauso denken.

In Wirklichkeit zeigt der Bericht über Hicks in »Xerox: The American Samurai«, daß er sich sehr wohl für technischen Entwurf und Herstellung interessiert. Hicks und andere seines Schlages haben beim Aufbauen und Verteidigen von Marktpositionen deshalb Erfolg errungen, weil sie das Vorstellungsvermögen des Visionärs, die entschlossene Handlungsbereitschaft des jungen Wilden und Aufgeschlossenheit gegenüber technischen Errungenschaften besitzen. Das macht den Entwickler aus.
Das Zwillingspärchen des Entwicklers und Erweiterers verkörpern prototypisch auch die beiden Modebrüder Uwe und Jochen Holy. Sie sind die Spezialisten, die den Glanz einer Modemarke voll zum Leuchten brachten – Hugo Boss. Ob in New York, Buenos Aires oder Tokio, der Mann von Welt trägt heute Anzüge der Metzinger Holy-Brüder. Den Aufstieg von Hugo Boss zur Weltmarke ist das Werk des 49jährigen Uwe Holy und seines 47jährigen Bruders Jochen. Hugo Boss, der Großvater der Holy-Brüder, hatte 1923 im

schwäbischen Metzingen eine kleine Schneiderwerkstatt gegründet. Mit der Herstellung von Arbeitskleidung und Uniformen machte sich der fleißige Mittelständler Hugo Boss rasch einen guten Namen. Nach dem Tod des Firmengründers 1934 und dem Ende des Zweiten Weltkriegs sprang man auf ein Marktsegment mit riesigen Wachstumschancen: Herrenmode – anspruchsvoll und chic. Doch erst als die Brüder Holy 1968 die Geschäftsführung bei Hugo Boss übernahmen, ging es steil bergauf.

Die Aufgabe der heutigen Modezare Holy & Holy war damals, Anfang der siebziger Jahre, nicht gerade einfach: Fernöstliche Textilien zu Dumpingpreisen überschwemmten deutsche Lande, der Konsument verlangte mehr und mehr Qualitätsware zu bezahlbaren Preisen. Dazu kamen hausgemachte Metzinger Probleme: veraltete Fabrikationsanlagen, Erbstreitigkeiten, Konzeptionslosigkeit in Kreation und Marketing. Wen wundert's, im Schwabenländle schrieb man blutrote Zahlen.

Eine Herausforderung so ganz nach dem Geschmack der Holy-Brüder. Mit einem Volks- bzw. Betriebswirtschaftsstudium in Theorie gestählt, gingen Jochen und Uwe forsch die Praxis an. Sie zahlten die anderen Familienmitglieder aus, bauten eine moderne 10-Millionen-DM-Fabrik und richteten stimmige Verkaufsläden ein. Und die klügste Entscheidung: Es wurde nicht mehr wild drauflosproduziert, sondern man konzentrierte sich fortan auf eine Zielgruppe. Hugo Boss sollte nun als Pseudonym für tragbare »Managermode« stehen. Die strategische Beschränkung auf diese kaufkräftige Klientel ließ Hugo Boss – 1985 wurde die Firma in eine AG umgewandelt – zu Deutschlands Modemacher Nummer eins wachsen. Heute setzt die Firma mit rund 1300 Mitarbeitern eine Milliarde DM um.

Der weltweite Siegeszug der Managermarke Hugo Boss ist vor allem der strategischen Schläue der beiden Holys zu verdanken. Diplomvolkswirt Jochen gilt als das Marketinggenie, während die Stärken des Diplomkaufmanns Uwe eher in Buchhaltung und Organisation liegen. Uwe Holy mit seiner feinen Hand für Zahlen und Arbeitsabläufe ist ein typischer Entwickler, und Jochen Holy erfüllt mit seinem guten Riecher für Design und Trends die Funktion des Erweiterers. Auch hier stellen Entwickler und Erweiterer die höchste Stufe des Spezialistentums dar, ein Spezialistentum, das ein Unternehmen zur vollen Blüte führen kann. Daß Entfalter, Entwickler und Erweiterer aber auch schnell an Grenzen stoßen können, mußte selbst die Hugo Boss AG erfahren. Seit kurzem hält die Leyton-House-Group, ein Japanriese, 54 Prozent des Aktienpakets der Hugo Boss AG.

Wie man mit Entwicklern und Erweiterern zurechtkommt

Wenn Sie für einen Entwickler arbeiten, ...

... sollten Sie klare und genaue, schriftlich niedergelegte Arbeitsziele besitzen. Ihr Boß haßt Überraschungen. Arbeit nach Plan ist angesagt.

... ist Ihnen wohl kaum entgangen, daß Mitteilsamkeit nicht gerade seine Stärke ist. In Sachen Kommunikation sollten Sie den ersten Schritt tun. Erwarten Sie das nicht von ihm.

... sollten Sie mit wenig Lob und Ermunterung rechnen. Wenn Ihre Firma gute Produkte herstellt und gewaltigen Umsatz fährt, dann ist Ihr Boß zufrieden. Und er denkt, Sie seien aus dem gleichen Holz geschnitzt.

... Einfallsreichtum schätzt er in Maßen. Vorschläge, die Arbeitsabläufe effizienter gestalten, mag er. Er interessiert sich mehr für das »Wie« als für das »Was« oder das »Warum«.

Wenn ein Entwickler für Sie arbeitet, ...

... stellen Sie sicher, daß Ihre Denkweise nicht nur kurzfristig ausgerichtet ist. Ihr Mitarbeiter ist ein »Kurzzeitdenker«. Sie müssen ihm helfen, auch langfristig zu planen.

... kann er vielleicht nicht verstehen, warum es nötig ist, Leute unter ihm bei der Entscheidungsfindung zu beteiligen.

... belohnen Sie ihn nicht bei guten Ergebnissen. Belohnen Sie ihn bei Verbesserungen des Arbeitsablaufs.

. . . belasten Sie ihn nicht mit vielen Mitarbeitern. Er erledigt seine Aufgaben gerne allein. Er ist ein Einzelkämpfer, der seine Unabhängigkeit liebt.

. . . bieten Sie stets Ihre Hilfe an. Aber zwingen Sie ihn zu nichts.

Wenn Sie für einen Erweiterer arbeiten, . . .

. . . können Sie Punkte gewinnen, wenn Sie Wachstum und Expansion auf Ihr Panier geschrieben haben.

. . . will er Ihre Absichten und Pläne hören. Er will sichergehen, daß Sie hohe Ziele und Erwartungen besitzen.

. . . mag er Sätze wie »Das geht nicht«, »Unmöglich«, »Wie sollen wir das schaffen« nicht. Auch den Konjunktiv liebt er nicht gerade.

. . . dann überraschen Sie ihn doch mit einer Diversifikationsidee.

Wenn ein Erweiterer für Sie arbeitet, . . .

. . . scheint er mehr als andere Ihre Zustimmung zu brauchen. Er arbeitet die meiste Zeit draußen an der Front. Wenn er in sein Büro zurückkommt, braucht er Ihr Lob. Geben Sie ihm es.

. . . wird er hier und dort seine eigene Leistungsfähigkeit überschätzen. Holen Sie ihn dann auf den Boden der Tatsachen zurück.

. . . sieht er vor lauter Bäumen den Wald manchmal nicht. Er kann sich auch verzetteln.

. . . hat er wohl nicht die besten Beziehungen zu den Leuten, deren Unterstützung er braucht. Helfen Sie ihm, den Teamgedanken in den Vordergrund zu rücken.

Die Organisation des Entwicklers und Erweiterers

Der Zyklus der Entfalter, wie ich Entwickler und Erweiterer auch bezeichne, wird von zunehmender Spezialisierung gekennzeichnet. Sie zieht eine immer stärker aufgefächerte Organisation nach sich. Der Vertrieb wird sich vom Verkauf unterscheiden, Stabsabteilungen treten in Erscheinung. Hierarchien und Hackordnungen bilden sich heraus – sowohl horizontal als auch vertikal. Schauen Sie sich doch einfach ein Organigramm einer Firma auf der Entfalterstufe an, dann wird Ihnen das Maß der Aufgabenteilung bewußt. Oder schauen Sie sich das Firmengebäude an. Eine neugegründete Firma wird wahrscheinlich in ein einstöckiges Gebäude einziehen, bei dem sich in Hinblick auf die Größe der Büros und das Mobiliar wenig Unterschiede zeigen. Die Organisation ist einfach, und so ist auch ihr Gebäude. Aber auf der dritten Entwicklungsstufe wird das Gebäude wie auch die Organisation aufgefächerter. Das Gebäude schießt in den Himmel, und der Rang eines Angestellten läßt sich anhand von Raumgröße, Möbelqualität und dem Wert der Wandbilder feststellen. Spezialistentum ist wichtig, um Wettbewerbsvorteile in Wirtschaftlichkeit, Massenproduktion und Vertrieb zu erringen. Auf dieser dritten Stufe wird der Wettbewerb zunehmend gewitzter, und die Schlacht wird weniger als Ergebnis einer Produktneuerung gewonnen als vielmehr infolge von Qualitätsverbesserung, Mehrumsatz und Kostenminimierung. Der immer spezialisierter werdende Aufbau des Unternehmens ist die Antwort auf diese Herausforderung.

Aber diese Spezialisierung wird begleitet vom Verlust des Gemeinschaftsgefühls unter den Mitarbeitern. In den Pioniertagen eines Unternehmens, wenn der Kampf dem Überleben gilt, ist die Eintracht unter den Mitarbeitern zwangsläufig. Sie arbeiten verschworen zusammen und verfolgen das gleiche Ziel.

Jetzt aber trennen sich die Leute nach Aufgabenbereichen. Das Firmenziel ist dem Arbeiter, der in einem der vielen Produktionsbereiche schafft, nicht ohne weiteres mehr offensichtlich. Er bewegt nur ein winzig kleines Rädchen in der Firmenmaschinerie. Der Leim, der die Firma zusammenhält, ist zwar noch spürbar, beginnt aber, dem Individualismus zu weichen. Universitäten sind dafür ein gutes Beispiel. Zunächst gibt es hier eine Abteilung für Geisteswissenschaften. Sie beherbergt alles Wissen über Geschichte und Natur des menschlichen Denkens. Unterabteilungen sind dann Geschichte oder Sozialwissenschaften. Im Rahmen der Sozialwissenschaften wiederum gibt es die Abteilung Politik oder Soziologie. Die beiden bilden ihre eigenen Abteilungen, akademischen Gesellschaften, besitzen eigene Zeitschriften. Die Soziologie wiederum splittet sich in eine empirisch oder eine theoretisch arbeitende Wissenschaft. Diese Auffächerung ist sinnvoll, um in der Forschung Schwerpunkte für verschiedene Fragestellungen zu bilden. Aber im Laufe der Zeit werden sich die Wissensgebiete so verselbständigen, daß sie von jedem größeren Sinnzusammenhang losgelöst werden. Im Bereich der Ausbildung mag das hinzunehmen sein. Zusammenfügung ist für Forschung und Studium nicht unbedingt erforderlich. Wird allerdings in einem Unternehmen versäumt, Wissen und Können zusammenzubringen, so führt das zu Autos, die gut durchdacht, aber schlecht zu bauen sind. Oder zu Marketingstudien, die mit den Bedürfnissen der Verkaufstruppe nichts zu tun haben. Produktionsleiter verfluchen dann die Planer wegen Entwürfen, die den Bau eines zuverlässigen Autos unmöglich machen, und die Verkaufstruppe verwünscht die Marketingabteilung wegen sinnloser Mitteilungen und unnötigem Papierwust. Der Kitt der Gemeinsamkeit zerbröckelt dann sehr leicht. In solchen Situationen ist wohlüberlegtes Handeln der Führungskräfte angesagt, um den Gemeinschaftssinn zu stärken und die Einheit aufrechtzuerhalten. Das Unternehmen muß Technik, praktisches Können, Märkte, Finanzen und Verständigung untereinander zu einer Einheit zusammenbringen. Der Chef muß mit allen innerhalb des Unternehmens konkurrierenden Kräften reden und ihnen klarmachen, daß sie untereinander verbunden und voneinander abhängig sind.

Die beiden Harvard-Professoren Paul R. Lawrence und Jay W. Lorsch nahmen die Sachgebiete Auffächerung und Integration unter die Lupe. Ihre Schlüsse stimmen völlig mit einer Untersuchung überein, die sich damit befaßt, wie Zivilisationen die gleichen Aufgaben regeln. Lawrence und Lorsch betonen, daß Spezialisierung nicht allein organisatorische Auffächerung bedeutet, sondern darüber hinaus auch Unterschiede in den Einstellungen und im Verhalten, in der Kultur der Organisation nach sich ziehen. Und je stärker die Organisation aufgefächert ist, desto unterschiedlicher sind Einstellungen, und desto schwieriger wird die Integration zur Einheit.

Hochleistungsorganisationen haben, nach Lawrence und Lorsch, einen Grad der Auffächerung, der ihrem Umfeld angemessen ist, und zugleich eine verhältnismäßig wirksame Einheitlichkeit. Sie überprüften ihre Theorie, indem sie sich sechs Unternehmen der chemischen Industrie genauer ansahen. Sie fanden dabei heraus, daß die beiden leistungsstärksten Unternehmen tatsächlich auch den höchsten Grad der Einheitlichkeit erreicht hatten. Gleichzeitig gehörten diese auch zu den Unternehmen mit der ausgeprägtesten Auffächerung. Die beiden leistungsschwächsten Firmen hingegen waren nur wenig aufgefächert und wenig einheitlich.

Eine andere bemerkenswerte Erkenntnis der beiden Harvard-Professoren: Es besteht eine direkte Beziehung zwischen der erfolgreichen Herausbildung von Einheitlichkeit und der Fähigkeit eines Managers, mit Reibereien zwischen den einzelnen Abteilungen wirksam umzugehen. In den leistungsstärksten Unternehmen waren die Manager in der Lage, Streitigkeiten unter Mitarbeitern verschiedener Abteilungen wirksam beizulegen.

Eine neue Firma besitzt wahrscheinlich nur ein oder zwei Kunden beziehungsweise nur ein oder zwei Arten von Kunden. Sie benötigt daher nur wenig Spezialisierung. Es besteht kaum Bedarf für eine Aufteilung und Weiterleitung der Arbeit, für Zusammenarbeit oder Erzeugung von Einheitlichkeit, und so kann das »Management by Dschingis-Khan» des jungen Wilden erfolgreich sein.

Aber mit der Reifung des Unternehmens fächert sich das Warenangebot auf, so wie sich auch die Kundenstruktur segmentiert. Im weiteren Verlauf dieser Entwicklung kommt es logischerweise zu zunehmender Auffächerung bezüglich Anforderungsprofil und Organisation. Das verlangt einen höheren Grad an Vereinheitlichung. Wachstum, das zur Auffächerung führt, vermindert darüber hinaus oft die Qualität der Arbeit. Manager, von wachsenden Produktionszahlen berauscht, vereinzeln unter Renditeaspekten Personen und Aufgaben immer weiter. Damit höhlen sie Arbeitsfreude und Verantwortlichkeit aus. Der Mitarbeiter gerät aus der Bahn, er vergißt, daß er dem Kunden zu dienen hat. Überraschenderweise kann Toynbee diese Entwicklung sehr weit zurückverfolgen, bis ins Jahr 1425 vor Christi Geburt:

> Die Handarbeit der »spätminoischen Zeit III« fällt hinter die der vorhergehenden Phasen der minoischen Kultur zurück, was handwerkliches Können und künstlerische Aussagekraft betrifft. Dabei ist auffallend, daß sie in gleichem Maß alle frühere minoische Handarbeit übertrifft, was die geographische Verbreitung angeht. Bei diesem minoischen Beispiel sieht es beinahe so aus, als ob die Verschlechterung in der Qualität des Handwerklichen der Preis für die weitere Verbreitung des Erzeugten gewesen sei; und der Augenblick, in dem dieses offensichtliche Opfer der Qualität an die Quantität erbracht wurde, scheint zeitgleich zu sein mit dem Anfang vom Ende der minoischen Zivilisation.

Auf jeder Entwicklungsstufe ergeben sich Schwierigkeiten im Innenleben der Organisation wie auch mit der Außenwelt. Auf dieser dritten Stufe des unternehmerischen Lebenszyklus jedoch werden die Schwierigkeiten zunehmend im Inneren zu finden sein. Zwischen dem Entwickler und dem Erweiterer gibt es ebenso eine natürliche Verbundenheit wie auch eine natürliche Gegnerschaft, und diese Ambivalenz wird die Organisation auf ihrer dritten Entwicklungsstufe entscheidend prägen.

Der Vertrieb muß sich auf die Produktionsabteilung verlassen und wünscht deshalb deren erfolgreiches Arbeiten. Viele der Schwierigkeiten jedoch, mit denen sich die Leute aus Vertrieb und Marketing auseinandersetzen müssen, werden von der Produktionsabteilung verursacht. Der Kunde wird auf die Schwachstellen der Waren zeigen und schreien: »Das habt ihr mir verkauft!« Und der Verkäufer wird im stillen den Produktionsleiter verfluchen.

Der Entwickler andererseits wird sich fühlen, als ob er für die Leute vom Verkauf arbeitet. Immer muß er Termine einhalten oder Sonderwünsche berücksichtigen, Waren mit seltener Farbe oder Sondergrößen herstellen, um dem Wunsch eines Kunden zu entsprechen. Für Nachteile, die durch diese starke Ausrichtung auf einen Kunden entstehen, wird dann allerdings er zurechtgewiesen.

Diese Schwierigkeiten passen gut zu der Tatsache, daß die Herausforderung, der sich die Organisation jetzt gegenübersieht, von innen kommt. Die für die beiden im Streit liegenden Abteilungen zuständigen Geschäftsführer haben wahrscheinlich selbst Probleme damit, daß die Organisation sich verändert und ein neuer Führungsstil verlangt wird.

In den ersten beiden Zyklenstufen ringt das Unternehmen, wie wir gesehen haben, um sein Überleben. Jetzt gilt die Sorge der Frage, wie man die komplizierten Abläufe im Griff behält. Das alte »Dschingis-Khan-Management« hat ausgedient. Der Fachmann für das Großkundengeschäft ist vielleicht drei Stufen unter dem Hauptgeschäftsführer angesiedelt. Daher macht es keinen Sinn mehr, sich weiterhin auf zentrale Entscheidungen zu verlassen. Die Führungskraft im Kern des Unternehmens ist zu weit weg, um noch sinnvolle Entscheidungen treffen zu können.

Die Übertragung von Zuständigkeit und der Zwang zu Konsensentscheidungen ist nun die einzige Art, wirksame Lösungen zu finden und das Wissen verschiedener, spezialisierter Fachleute in sich zu vereinen.

Das leuchtet ein. Aber für den erfolgreichen Visionär oder jungen Wilden ist es oft schwer, diesen Wandel zu vollziehen. Diese Änderung des Stils bei der Entscheidungsfindung innerhalb der Geschäftsführung kann man durchaus mit dem Wandel des elterlichen Erziehungsstils vergleichen, wenn das Kind sich allmählich zum Erwachsenen entwickelt.

Wie die Eltern kleiner Kinder wissen, sind direkte Anweisungen oft am besten. »Erst ißt du dein Gemüse auf, und dann bekommst du auch deinen Nachtisch.«

Aber während das fünfjährige Kind die klare Anweisung und augenblickliche Belohnung und Applaus braucht, wird das gleiche Vorgehen bei einem Jugendlichen sicherlich zu Aufstand und Feindseligkeit führen. Das Erteilen von Befehlen muß dem Erteilen von Ratschlägen weichen. Die Eltern müssen jetzt zum Ratgeber werden, zuhören und empfehlen, ermutigen und vorschlagen. Sie dürfen nur in einer Krise Zuflucht zu Befehlen suchen. Im dritten Entwicklungsabschnitt gilt das gleiche für Manager, und diesen fällt, wie Eltern auch, eine solche Umstellung nicht immer leicht.

Sie versuchen, die Entscheidungsfindung weiterhin an sich zu binden, und behindern dadurch die Entwicklung von Mitarbeitern und Organisation.

Ihr Unternehmen befindet sich im Zyklus von Entwicklung und Erweiterung, wenn . . .

. . . Ihre Waren oder Dienstleistungen erwiesenermaßen einen Wettbewerbsvorteil besitzen und Ihr Unternehmen schnell wächst;
. . . Sie jetzt Gewinne erzielen und es sich leisten können, neue Leute, die Sie brauchen, einzustellen;
. . . Sie für Ihre Firma ein Organigramm erstellt haben;
. . . Sie mehr Leute einstellen und es dabei vor allem auf Spezialisten abgesehen haben;
. . . Sie nicht mehr all Ihre Mitarbeiter mit Namen kennen;
. . . große Zuversicht in die Zukunft herrscht;
. . . der Begriff »Strategie« in Ihrem Unternehmen großgeschrieben wird.

Herausforderungen und Aufgaben

Die Zyklusstufe des Entwickelns und Erweiterns ist vielleicht die beste Zeit im Leben eines Unternehmens. Eine Menge hat der »Abenteuerspielplatz Wirtschaft« hier zu bieten: Wachstum, gute Renditen, Aufregung und Freude. Alterskrankheiten lassen noch auf sich warten. Manager sind jetzt guten Mutes, daß sie in eine rosige Zukunft marschieren.
Die Herausforderung des Managements: dazu beitragen, daß ihr Unternehmen reift, ohne Kraft und Kreativität der Jugend zu verlieren. Wie wir gesehen haben, muß das Management eine Organisation entwickeln, in der die Aufgaben klar und unterschieden aufgefächert sind, das Unternehmen aber den Einheitsgeist nicht verliert.

Neue Märkte entdecken und Marktpositionen sichern

Gewappnet mit einem neuen Produkt oder einer neuartigen Dienstleistung, zielt das frischgegründete Unternehmen auf einen bestimmten – oft engen – Markt. Aber eine Neuheit ist nur für kurze Zeit eine Neuheit. Die Herausforderung besteht später darin, Produkte zu diversifizieren und neue Absatzmärkte zu finden.
Auf dieser Entwicklungsstufe wird es unvermeidlich Spannungen geben zwischen denen, die dem Urprodukt die gesamte Kraft der Firma widmen wollen, und denen, die das Angebot vielfältiger gestalten möchten. Der Streit entfacht sich meist an scheinbar simplen Fragen: Sollte man vom Mercedes 190 ein Cabriolet in Serie geben? Oder: Sollte McDonald's allein bei Hamburgern und Pommes frites bleiben?
Die Möglichkeit zum Wachstum bietet sich, wenn wir das Angebot ein bißchen erweitern, sagt die eine Partei. Warum die Auswahl vergrößern, wenn wir auf diesem Markt so erfolgreich sind und ihn noch gar nicht voll ausgeschöpft haben, sagt die andere. Die Fronten zwischen »altem Denken« und »neuem Denken« verhärten sich. Doch haben die »Neudenker« meist die besseren Karten.

Fixkosten verringern, Qualität verbessern

Produktneuheiten besitzen kein ewiges Leben. Letztlich holt die Konkurrenz auf und antwortet mit ähnlichen, eigenen Waren oder Dienstleistungen. Wenn erst einmal der Vorteil, den der Reiz des Neuen verschaffte, verschwunden ist, muß das Unternehmen sich in Preis und Qualität dem Wettbewerb stellen. Genau auf dieser dritten Entwicklungsstufe müssen Geld und Kraft in die Verbesserung der Wirtschaftlichkeit investiert werden. Das ist eine Investition, die viele Firmen ungern tätigen. Der zum erstenmal üppig fließende Gewinn wiegt viele Manager in den Schlaf. Und das in genau dem Augenblick, wo sie den Wettbewerb fürchten sollten und ihr Geld ausgeben müßten, um Produktion und Vertrieb effizienter zu gestalten.

Die Stunde des Spezialisten

Spezialisierung erfordert besseres Können. Je spezialisierter das Anforderungsprofil eines Arbeitsplatzes, desto unwahrscheinlicher ist es, daß das Unternehmen jemanden im Haus hat, der diese Aufgabe erledigen kann. Weil die Firma rasant wächst und ihre Aufgaben spezialisierter werden, kann ihre Überlegenheit nur aufrechterhalten werden, wenn sie den Schwerpunkt auf die Personalentwicklung legt. Doch dies bedeutet nicht nur die Suche nach Spezialisten. Firmeninterne Schulung und qualifizierte Weiterbildung ist das Gebot der Stunde. Viele Firmen sind dazu übergegangen, pro Jahr ein Monatsgehalt für die Weiterbildung des Mitarbeiters zu reservieren. Neues Wissen und neue Fertigkeiten zu lernen ist ein unumgängliches Muß auf der Zyklusstufe des Entwickelns und Erweiterns.

Bürokräfte und Verwaltung

Die schnellwachsende Firma befindet sich in einem empfindlichen Gleichgewicht der Kräfte. In diesem Entwicklungsabschnitt kommt der Manager, der in den Vorstand aufsteigt, am wahrscheinlichsten aus den Bereichen Verkauf oder Produktion. Dieser Hintergrund wird sein Denken bestimmen, was »die eigentliche Arbeit« des Unternehmens sei. Kommt er aus dem Verkauf, wird er das Unternehmen als »Firma, die durch Marketing weiterkommt«, sehen. Dabei vernachlässigt er, daß er nun ebenso für die Herstellung verantwortlich ist. Arbeitete er vorher in der Produktion oder in Forschung und Entwicklung, wird er das Unternehmen zum »Vorreiter in der Technologie« oder zum »Hersteller mit dem geringsten Kostenaufwand« machen wollen.

Ein gutgeführtes Unternehmen ist ähnlich einem fliegenden Vogel; die zwei Flügel sind die Verkaufs-/Marketingseite und die Produktions-/Dienstleistungsseite. Wenn einer der beiden Flügel gestutzt wird, stürzt der Vogel unweigerlich ab. Es ist Aufgabe der Führungskraft, beide Flügel im Gleichgewicht zu halten und eigene Vorlieben hintanzustellen.

Der leichteste Weg für Geschäftsführer, das notwendige Gleichgewicht zu halten, liegt in der Entwicklung einer leistungsfähigen Verwaltung. Eine, die ihn ununterbrochen mit den nötigen Informationen versorgt, damit er erkennen kann, wann das Unternehmen in eine Schieflage zu geraten droht. Aber auch das ist unserem Manager fremd. In der dritten Stufe sind es noch immer Mitarbeiter mit direkten Aufgaben – Produktion oder Vertrieb –, die in der Firma das Sagen haben, und keine dieser beiden Seiten hält viel von »Papiertigern« und »Bürohengsten«. Nun besteht die Gefahr, daß Geschäftsführer aus den Bereichen Vertrieb und Herstellung, die im Entfalterzyklus ans Ruder gelangen, Verwaltungsaufgaben vernachlässigen. Doch ohne das Fundament einer reibungslosen Verwaltung wird der Wachstumspfad des Unternehmens nicht weiter beschritten werden können.

Müßiggang ist aller Laster Anfang

Auf der dritten Stufe des unternehmerischen Lebenszyklus reitet die gesamte Firma auf der Woge hoher Erwartungen. Richtige Entscheidungen und beherztes Zupacken haben zu hohem Wachstum geführt. Aber Erfolg kann den Vorstand blind machen gegenüber den Risiken einer Fehlentscheidung.
Gut möglich, daß der Erfolg der Firma alle Erwartungen des Gründers erfüllt hat. Sein Gewinn liegt vielleicht höher, als er sich in seinen kühnsten Träumen ausgemalt hat. Zufriedenheit kann aber auch genüglich machen. Wie Toynbee meinte: »Behagen steht mit der Zivilisation auf Kriegsfuß.« Und die Schlüsselpersonen des Unternehmens erfahren vielleicht zum erstenmal Behagen. Ironischerweise kann dieser Erfolg das Unternehmen zerstören.
Wenn die Firma von ihrem Gründer geprägt ist, wird unvermeidliche Veränderung in seiner Persönlichkeit die Unternehmenskultur beeinflussen. Menschen reagieren manchmal seltsam auf Erfolg. Manche Gründer beginnen, sich selbst für »Topmanager« zu halten und ihre Firmen für das Maß aller Dinge. Sie versuchen, Klischeevorstellungen zu entsprechen, die im Inneren zerstörerisch wirken. Ein Firmengründer, den ich gut kenne, begann nach seinen ersten Erfolgen, ähnliche Firmen aufzuspüren, um sie aufzukaufen. Ihm war die Tatsache nicht bewußt, daß er marode Firmen zu überhöhten Preisen zu kaufen suchte. Er war der Meinung, so werde »Big Business« gespielt, und er wollte unbedingt mitmischen. Schließlich erwarb er Firmen, die größer waren als seine eigene, solche, die er nicht managen konnte. Das Ergebnis? Mehrere Jahre mit Verlusten in Millionen-Dollar-Höhe und letztlich sein Rausschmiß als Chief Executive Officer. Er wußte nicht, wann es genug war.

Andere Manager kopieren schnell Hollywoods Version vom Lebensstil der Topmanager: Chauffeure, Flugzeuge und Mitgliedschaften im Golfclub. Sie denken, das sei die Art, wie sich Führungskräfte zu verhalten haben. Aber ein Möchtegern-Blake-Carrington gibt ein schlechtes Beispiel für seine Mitarbeiter ab und zerstört seinen eigenen Charakter. Kreativität, eine zentrale Unternehmertugend, geht dann schnell flöten.
Das Wachstum der Firma hängt zu diesem Zeitpunkt von der Fähigkeit ihrer Manager ab, auch weiterhin schöpferische Antworten auf neue Herausforderungen zu entwickeln. Doch Erfolg kann schöpferische Fähigkeiten zerstören. Die Manager, die am meisten bewundert werden, sind diejenigen, die ihre schöpferische Kraft behalten und die Früchte ihres Erfolges mit Augenmaß genießen.

Stufe 4

Der Verwalter – Formen, Formeln, Sicherheit

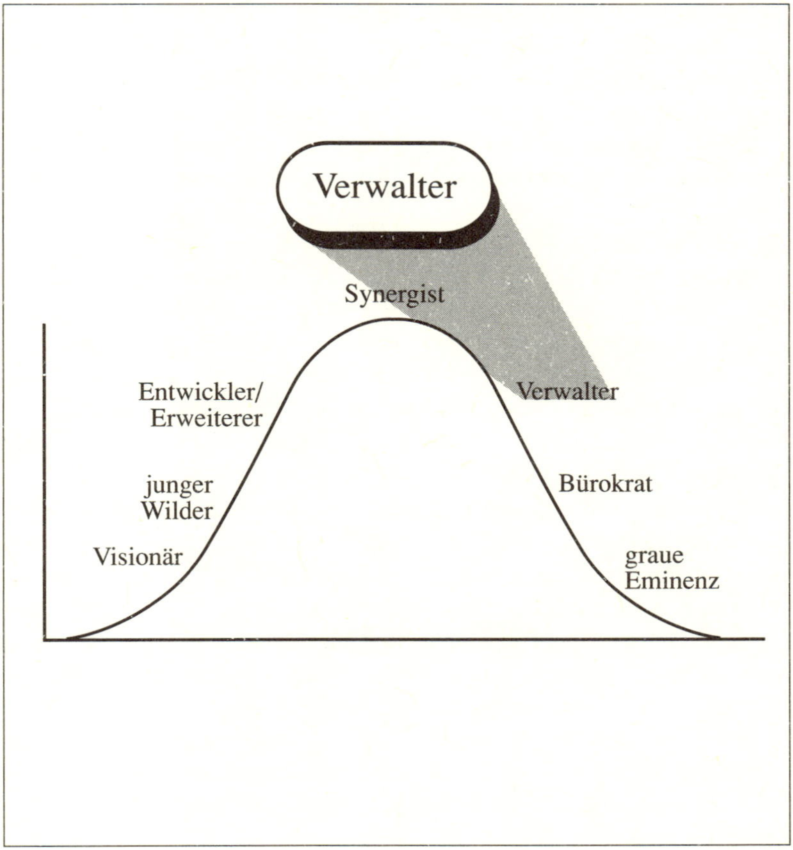

Immer wenn ein einzelner oder eine Firma glaubt,
der Erfolg sei erreicht, kommt der Fortschritt zum Stillstand.
Thomas Watson sen.

Für Unternehmen gibt es in einer auf Wettbewerb
aufgebauten Wirtschaft keinen Rastplatz.
Alfred P. Sloan

Das Territorium ist abgesteckt, die Märkte gewonnen, die Produktion läuft, jetzt wird Verwaltung gebraucht. Im zweiten Entwicklungsabschnitt hebt der junge Wilde einfache Formen der Administration aus der Taufe, wobei er wachen Auges erbrachte Leistung verfolgt. Aber es besteht kein Bedarf für schwierige Verwaltungsverfahren, weit und breit keine Planungsabteilung oder Personalchefs.

In der Zeit des Entwicklers und Erweiterers, in der sich eine Spezialisierung von Aufgaben und Organisationen herausbildet, wächst der Bedarf für Verwaltung. Anfänglich dient die Verwaltung den Bedürfnissen derer, die herstellen und verkaufen, entwickeln und erweitern. Aber mit der Zeit wendet sich das Blatt, und fast scheint es, als ob jene, die herstellen und verkaufen, zunehmend denen zu dienen beginnen, die verwalten. Das triste Verwaltungszeitalter bricht an.

Auf dieser vierten Entwicklungsstufe verliert das Unternehmen endgültig seine Unschuld. Schubladen werden gezimmert und Mitarbeiter hineingepackt. Auf dieser Zyklusstufe trennt sich die Managerspreu vom Führungskräfteweizen. Können Dynamik und Kreativität am Leben erhalten werden? Wird das Erreichte nicht nur bewahrt, sondern auch fortentwickelt? Wenn die Führungsmannschaft und mit ihr die Belegschaft dies erreicht, dann wird die Firma den Durchbruch zu jener idealen Ausgewogenheit schaffen, die fortdauerndes gesundes Wachstum sicherstellt. Wenn sie das nicht können und der Verwalter sein Zepter schwingt, wird der Abstieg beginnen.

Es gibt einen inneren Konflikt zwischen dem schöpferischen Anstoß zu Wachstum und der Notwendigkeit von Ordnung. In diesem Abschnitt der Entwicklung wird Ordnung der Kreativität des öfteren einen Knockout verpassen. Um diese Entwicklungsstufe zu überleben, müssen Manager den Unterschied zwischen Führung und Management verstehen. Führung sorgt für den Zukunftsentwurf, Werte und Visionen, die Dynamik erzeugt. Management hingegen kanalisiert die Kräfte, die durch Führung geweckt wurden. Führung ist notwendigerweise personengebunden, Verwaltung schleicht unpersönlich daher. Um Anhänger zu begeistern und ihre Loyalität zu wecken, muß Führung Gefühle und Intuition ansprechen. Verwaltung spricht den klaren Verstand mit Tatsachen und Zahlen an.
Wegen dieses Unterschieds ist Ronald Reagan gewählt und Jimmy Carter zurückgewiesen worden. Präsident Reagan war nicht gerade eine Leuchte in Zahlen, Wissen und Tatsachen. Carter war angesehen wegen seines enormen Wissens und seiner Detailkenntnis. Jimmy Carter war ein starker Verwalter. Diese Fähigkeiten wurden – vielleicht zu Recht – von vielen Leuten bewundert. Jedoch ist Ronald Reagan als ein erfolgreicher »Führer« in die Geschichtsbücher eingegangen, obwohl er eindeutig ein wenig fähiger Verwalter war. Reagan tat das, was eine gute Führungskraft tun sollte. Er bot den Leuten, die er führen wollte, einen leuchtenden Zukunftsentwurf an. Er riß mit, gab den Menschen Zuversicht und Vertrauen. Auch der ehemalige Bundeskanzler Helmut Schmidt war ein solcher Verwalter. Mit scharfem Verstand mag man Menschen beeindrucken. Doch Zahlen und Fakten vermögen keine Berge zu versetzen. Bundeskanzler Kohl, der seinem Vorgänger intellektuell nicht das Wasser reichen kann, wird jedoch als der wesentlich Erfolgreichere in die Annalen eingehen: als Kanzler von Abrüstung und Wohlstand, als Bauherr der deutschen Einheit. Schmidt sah sich als »Vorstandsvorsitzender der Bundesrepublik Deutschland«, versuchte, effizient zu verwalten, während Kohl mit seiner Vision einer »geistigmoralischen Wende« führen möchte. Das Spannungsverhältnis von Managen und Führen illustriert ein anschauliches Sprichwort: »Manager do the things right, leaders do the right things.«

Der Charakter des Verwalters

Ein Verwalter sieht ein Unternehmen ganz anders als die Führungspersönlichkeiten der ersten drei Zyklenstufen. Der Visionär betrachtete Leistung als Ergebnis individueller Schöpfung; der junge Wilde als Ergebnis entschlossenen Handelns; und der Entwickler und Erweiterer sah sie als Ergebnis von spezialisiertem Sachverstand und vereinter Bemühung. Verwalter an der Macht glauben, daß Ordnung und Systeme Leistung hervorbringen. Der Verwalter widmet möglicherweise mehr Zeit der Überlegung, wie alles gemacht werden soll, als dem Gedanken, welche Dinge warum getan werden müssen. Er bringt mehr Zeit über Akten und Finanzmodellen zu als bei Kunden. Sein Blick ist rückwärts gewandt; er stellt eher Berechnungen zu erreichten Ergebnissen an, als daß er eine Vorstellung dazu entwickelt, was er in Zukunft veranlassen will. Er reagiert eher und handelt weniger.

Warum soll solch bedächtiges Verhalten schädlich sein? Nicht nur auf militärischem Gebiet weiß man, daß die Entscheidung für eine verteidigende Haltung, der Entschluß, Gelände nur zu halten, schließlich zur Niederlage führen kann. Oder kann ein pures Verwaltungsmanagement auch dauerhafte Erfolge erzielen? Werfen wir einen Blick auf die Geschichte der US-Eisenbahn. Die Eisenbahnen waren der Inbegriff der modernen, amerikanischen Unternehmen. Sie erforderten bald eine feste Ordnung und ein feines System von Zeitplänen und Materialeinsatz, und das über riesige Strecken hinweg. Die Verwalter kamen auf den Plan. Diese Eisenbahnmanager waren es, die mit als erste das entwickelten, was wir als moderne Administrationsverfahren ansehen: die Tätigkeit einzelner, verstreut arbeitender Einheiten aufeinander abzustimmen, zu überprüfen und auszuwerten.

Die Wirkung eines Transportwesens auf die Kultur und den Handel eines Landes kann nicht überschätzt werden. Bis ins 19. Jahrhundert hinein hatte sich die Zuverlässigkeit und Geschwindigkeit von Transporten kaum verbessert. Reisen zu Fuß, mit einem Karren, zu Pferd oder mit einem Segelschiff blieben die einzigen Möglichkeiten, die zur Wahl standen. Ich bezweifle, ob die Durchschnittsgeschwindigkeit von Transporten während der zweitausend Jahre, die der Erfindung der Eisenbahn vorangingen, sich auch nur um einen Kilometer in der Stunde vergrößert hat. Die Dampfmaschine des Schotten James Watt veränderte den Handel und die Welt nachhaltig – und nirgendwo trat die Dampflokomotive schneller ihren unaufhaltsamen Siegeszug an als auf dem riesigen Gebiet der Vereinigten Staaten.

In den Vereinigten Staaten verbreitete sich die Eisenbahn rasch, nachdem erst einmal einheitliche Standards, Konstruktionsweisen, Begradigungen, Tunnel- und Brückenbau entwickelt worden waren. Die vielen Lokomotiven und Waggons, die endlosen Gleise, die Erfordernisse von Instandhaltung und Sicherheit, all das verlangte eine disziplinierte und reibungslose Zusammenarbeit. Verwaltung schlechthin.

Es war nicht ein einzelner junger Wilder, der mit Stahlgleisen das Gebiet der Vereinigten Staaten eroberte, es waren zahlreiche Männer, die als Eisenbahnpioniere in die Geschichte eingingen. Jeder von ihnen hatte seine eigene regionale Gesellschaft, und gemeinsam besiegten sie in wenigen Jahren alle anderen Transportmittel. In den vierziger Jahren des 19. Jahrhunderts wurden nur 600 Kilometer neue Schiffahrtskanäle gebaut, was die Gesamtlänge im Lande auf knapp 6000 Kilometer brachte. Im gleichen Jahrzehnt legten die neuen Eisenbahngesellschaften mehr als 9000 Kilometer Schienen, und im Jahr 1850 betrug die Gesamtlänge bereits 13 500 Kilometer. Um 1860 hatten die Eisenbahnen Kanäle und Flüsse als Hauptverkehrswege ersetzt.

Der Vorgang der Spezialisierung und Vereinheitlichung, der das Wachstum von Zivilisationen prägt, kann ebenso bei der Entwicklung der Eisenbahnen beobachtet werden. Im Anschluß an ihr schnelles Wachstum begannen die Bahnen, sich zu vereinen. Die verschiedenen Strecken entlang des Eriekanals und des Hudson wurden 1853 zur New-York-Central-Bahngesellschaft zusammengefaßt. Diese Zusammenlegung erforderte wiederum mehr Spezialistentum und mehr Verwaltung. Daniel C. McCallum von der Erie-Gesellschaft wurde zum General Superintendent der neuen Gesellschaft befördert und erhielt den Auftrag, eine reibungslos ablaufende Systematik zu erstellen. Als erstes erließ McCallum einige »allgemeine Grundsätze« der Verwaltung:

1. Eine klare Teilung der Zuständigkeiten.
2. Ausreichende Zuteilung von Macht, um die Ausführung der Aufgaben aus dem Zuständigkeitsbereich heraus zu ermöglichen.
3. Kontrolle, um festzustellen, ob derartige Verantwortung gewissenhaft ausgeübt wird.
4. Unverzüglicher Rapport über alle Pflichtversäumnisse, so daß Mißstände sofort beseitigt werden können.
5. Tägliche Vollzugsmeldungen von unten nach oben.
6. Das Zur-Rechenschaft-Ziehen der Übeltäter.

McCallums Verfahren funktionierte. 1854 berichtete das »American Railroad Journal«:

> Mit Hilfe eines Verfahrens, das jetzt vervollständigt wurde, kann der Superintendent zu jeder Stunde des Tages sagen, wo genau sich ein jeder Waggon und jede Lokomotive auf dem Streckennetz befindet und welche Aufgabe sie dort ausführen. Früher war in dieser Abteilung das äußerste Durcheinander an der Tagesordnung, derart, daß Waggons, die völlig in Ordnung waren, monatelang auf dem Rangiergleis standen. Dort wurde von ihnen überhaupt kein Gebrauch gemacht, und niemand wußte, wo diese Waggons hingehörten.

Wer will mit dem Erfolg streiten? Wer würde McCallum die volle Anerkennung versagen? Er verdient sie, weil er Verwaltungsrichtlinien schuf, die einen reibungslosen Handel und Transport über einen ganzen Kontinent hinweg ermöglichte. Wir sollten auch die Leistung aller Verwalter anerkennen, die für die Systematik sorgen, die wirtschaftliches Arbeiten in all unseren Firmen überhaupt erst möglich macht. Doch gleichzeitig sollten wir bemerken, daß jedes bloße Verwalten bereits den Keim des Verfalls in sich trägt. Es ist Aufgabe des Verwalters, Positionen zu sichern und zu halten, Abläufe sicher und reibungslos zu gestalten, Bequemlichkeit und Sicherheit zu schaffen. Alles wünschenswerte Ziele, das stimmt schon, aber Ziele, die auch zur Verknöcherung führen und Unternehmer in vermeintlicher Sicherheit wiegen. Genau diese Ziele haben sich als Feinde des Wachstums erwiesen, obwohl dieses Verwaltung zuvor überhaupt erst nötig werden ließ.

Die Verfahrensrichtlinien der Verwaltung, die den Eisenbahnen soviel Nutzen gebracht hatten, führten im Lauf der Zeit zu einer Versteifung des Fortschritts und einem Schwinden der Kreativität. Und die Bürokratie der Bahn sollte bald eine Antwort in Gestalt von Gewerkschaften erhalten. Die Gewerkschaften schufen ihrerseits eine Bürokratie von unten, die zu der von oben paßte, und die gesamte Eisenbahnkultur wurde so steif und leblos wie die Gleise selbst. Diese Unbeweglichkeit legte das Unternehmen auf Formen und Formeln fest, die sich bald als Bremsklotz erweisen sollten. Es ist die dieser Zyklusstufe eigene Unbeweglichkeit der Gedanken, die alle Mitarbeiter an schöpferischen Erwiderungen auf neue Herausforderungen hinderte.

Sie sind vielleicht ein Verwalter, falls ...

... Sie lieber im Büro sitzen und dem Außendienst wenig abgewinnen können;
... Sie zu Papier eine erotische Beziehung besitzen;
... Sie schnell ins Schwitzen kommen, wenn etwas nicht reibungslos läuft;
... Sie gerne auf Nummer Sicher gehen – beruflich wie privat;
... Sie penibel Ihr Zeitplansystem führen.

Verwalter in der Geschichte

In der Entwicklung der Zivilisation erkennt man das Zeitalter der Verwaltung am Übergang vom Aktiven zum Passiven. Der Schwerpunkt verschiebt sich von außen nach innen. Sowohl die römische Republik als auch das spätere römische Kaiserreich erlebten Zeiten der Ausdehnung, auf die Zeiten der Abkapselung folgten, die schließlich in den Untergang mündeten. Die römische Republik erlebte den Höhepunkt ihrer geistigen Entwicklung im 3. und 4. vorchristlichen Jahrhundert. Zu dieser Zeit waren die Versammlungen der Römer die demokratischste und lebendigste Regierungsform, die die Welt bis dahin gesehen hatte. Ein Zeitalter von Frieden und

Wohlstand brach an. Doch peu à peu führte die Ausrichtung der Römer auf das Innenleben der Republik zu einer Selbstgefälligkeit, die die Werte und Tugenden, auf die ihre demokratische Entwicklung aufbaute, als selbstverständlich ansah.

Zwei der wichtigsten und entscheidensten Feldzüge der römischen Geschichte machten den allmählichen Wandel der Denkweise deutlich. Der Eckstein dieser Zivilisation waren die römischen Legionen, und sie zeigen deutlich den kulturellen Wandel, der damals stattfand. Um 300 v. Chr. war Karthago das mächtigste Reich des Abendlandes. Es beherrschte, wie die meisten Mächte, Länder, die abgabepflichtig waren und die den Vormachtstaat nicht gerade ins Herz geschlossen hatten. Karthago verfügte über einen hohen Anteil an Sklaven, die dem Staat, für den sie arbeiteten, feindselig gegenüberstanden. Rom war jung und voller neuer Ideen. Die karthagische Kriegsflotte hatte zweihundert Jahre lang das Mittelmeer beherrscht, und ihre Generäle hielten die eigene Vorherrschaft auf See für naturgegeben. Das bei den Karthagern übliche Schlachtschiff war eine große Galeere mit fünf übereinanderliegenden Reihen von Ruderbänken. Diese Galeere konnte die Ruder von kleineren Schiffen rammen oder abbrechen. Als die Römer nach Süden vorzudringen begannen und deshalb im Krieg mit Karthago lagen, besaßen sie keine vergleichbaren Schlachtschiffe. Zwei Monate nach der ersten Seeschlacht mit Karthago baute Rom jedoch hundert Galeeren nach karthagischem Vorbild. Was noch wichtiger war: Die Römer hatten eine Möglichkeit entdeckt, an Bord der Schiffe ihres Feindes zu gelangen. Sie bauten auf ihren Schiffen lange Zugbrücken, die von einem Mast und einem Flaschenzug hochgehalten wurden. Weiterhin besetzten sie ihre Schiffe mit Soldaten. Als die Karthager die römischen Schiffe rammten oder sich seitlich näherten, wurde diese Brücke herabgelassen, und die römischen Soldaten schwärmten an Bord. Diese einfache Neuerung war ausreichend, das Blatt im Krieg des alten Reiches mit der jungen Republik zu wenden. Innerhalb weniger Jahre verleibte sich Rom das geschlagene Karthago ein.

Zwischen der Niederlage Karthagos und der Niederlage der römischen Legionen unter Crassus, 53 v. Chr. bei Carrhae, fand in der gesamten römischen Kultur ein Wandel größeren Ausmaßes statt.

Rom beschäftigte sich mehr mit seinem Innenleben – Gelddingen und persönlicher Bereicherung – als mit Machterweiterung und der Einung seiner Bevölkerung.
H. G. Wells stellt dies so dar:

> Nach dem Untergang Karthagos geriet die Phantasie der Römer außer Rand und Band durch die bis dahin nicht bekannten Möglichkeiten des Geldes. Geld war, wie die meisten anderen Erfindungen, der Menschheit »zugestoßen«, und die Menschen mußten erst noch die Wissenschaft vom Geld – und den moralischen Umgang damit – entwickeln, heute ist das nicht anders. Was war mit Rom geschehen? Es gibt unterschiedliche Antworten – Niedergang der Religion, Niedergang der Tugenden und ähnliches. Wir, die wir das Problem aus einem sehr breiten Blickwinkel betrachten, können sehen, daß Rom im Geldrausch lag. Geld hatte den Römern den festen Boden unter den Füßen weggezogen.

Andere Symptome befielen die römische Kultur, Symptome, die ebenfalls für alternde Kulturen kennzeichnend sind. Die Soldaten, einst normale Bürger, die aus Verpflichtung dem Staat gegenüber zeitweise diesen Dienst versahen, wurden Berufssoldaten, die bei den Armeen und den Unterworfenen angeworben wurden. Sie hielt eher die Entlohnung als ein gesellschaftliches Ziel zusammen. Bauern, die einst ihr eigenes Land pflügten, setzten für die Feldarbeit Sklaven ein. Im Senat saßen zunehmend Reiche oder jene, die den Reichen dienten. Das einfache Volk wurde allmählich an den Rand gedrückt. Einem Beobachter von außerhalb jedoch wäre die Republik erschienen, als ob ihre Stärke noch zunähme. Das Herrschaftsterritorium und die materiellen Besitztümer wuchsen zwar immer noch. Aber Einheitsgeist und Zusammenhalt verkümmerten. Im Jahr 53 v. Chr. führte Crassus, der als skrupelloser Geldverleiher und Kriegsgewinnler bekannt war, die römischen Legionen gegen die Skythen, einen Volksstamm von geübten Reitern. Die Skythen lockten die römischen Legionen in eine Wüstengegend, und zwei Kampftage lang versuchten die Römer, die glaubten, sie hätten mehr als jedes andere Volk die Kunst der Kriegsführung zur Vollkommenheit geführt, die sie umzingelnden Reiter anzugreifen. Die

Skythen, zu Pferd, konnten den römischen Soldaten, die zu Fuß kämpften, leicht ausweichen und die Reihen der Römer mit Pfeilen unter Dauerbeschuß nehmen. Zwanzigtausend Römer starben. Weitere zehntausend wanderten in die Sklaverei.

Entscheidend für die Niederlage des Crassus bei Carrhae war die Unfähigkeit des römischen Militärs zu einer schöpferischen Antwort auf einen neuen Umstand. Auge in Auge mit der überwältigenden skythischen Streitmacht, verließen sich die Römer, ohne groß nachzudenken, einfach auf ihre bewährten Methoden, obwohl doch ganz offensichtlich die Herausforderung von neuer Qualität war. Wachstum und Ausbreitung schreiten so lange voran, wie die Lenker angesichts neuer Herausforderungen schöpferisch bleiben. Wenn sie beginnen, sich auf gestern erfolgreiche Antworten zu verlassen, dann ist der Anfang vom Ende nah.

Selbst nach dieser Niederlage wuchs das Römische Reich noch und erreichte den Gipfel seiner räumlichen Ausdehnung unter Trajan (98 n. Chr.), nachdem dieser Armenien, Assyrien und Mesopotamien dem Reich einverleibt hatte. Der Höhepunkt lag jedoch schon hinter den Römern, von nun an ging's bergab.

Auf Trajan folgte Hadrian, den man am ehesten durch seinen Bau des Hadrianwalls in Großbritannien kennt. Dieser Wall wurde gebaut, um die gefürchteten »Barbaren« zurückzuhalten. Er ist ein Zeugnis für den Übergang von einer offensiven zu einer defensiven Haltung. Berichten zufolge war Hadrian von »vorsichtiger und sich widerrufender Veranlagung«, und er wurde bald durch einen anderen Verwaltungskaiser, Marcus Aurelius Antonius, ersetzt.

Der Historiker F. W. Farrar entwirft in H. G. Wells' »The Outline of History« das Bild eines sich für die Sache einsetzenden Verwalters:

> Marcus Aurelius sah sich selbst tatsächlich als der Diener aller. Die Registrierung der Bürger, der Schutz vor Gerichtsverhandlungen, die Anhebung der öffentlichen Moral, die Sorge für Minderjährige, der Abbau öffentlicher Ausgaben, die Einschränkung der Gladiatorenkämpfe, die Pflege von Straßen, die Wiedereinrichtung von Privilegien für Senatoren, die Ernennung ausschließlich würdiger Ratsherren, sogar die Regelung des Straßenverkehrs – diese und zahllose weitere Pflichten nahmen seine

Aufmerksamkeit vollständig in Anspruch. So arbeitete er trotz seiner nur mäßigen Gesundheit oft vom frühen Morgen bis lange nach Mitternacht. Seine Stellung erforderte oft seine Anwesenheit bei Kämpfen und Spielen, aber bei diesen Gelegenheiten beschäftigte er sich entweder mit Lesen, oder ihm wurde vorgelesen, auch mit der Niederschrift von Notizen. Er gehörte zu denen, die meinen, daß nichts übereilt getan werden sollte und daß es nur wenige Verbrechen gäbe, die schwerer wögen als das Verschwenden von Zeit.

Niemand stellt die Ernsthaftigkeit und die gute Administration von Marcus Aurelius in Frage. Er widmete sich ganz der Verbesserung der Ordnung im Kaiserreich, dem Dienst an seinem Volk. Neues vernachlässigte er.
Mit dem Tod von Marcus Aurelius ging die Zeit der Einigkeit und der erfolgsverwöhnten Regierungen im Römischen Reich zu Ende. Marcus Aurelius' eigener Sohn, Commodus, rutschte auf die Stufe der Bürokratie und des Zerfalls. Nun widmeten sich die Cäsaren kaum noch den Regierungen. Sie nahmen an aristokratischen Spielen teil und überließen die Bemühungen, das Reich zu beherrschen, einer Klasse von berufsmäßigen Bürokraten. Spitzbuben und Kriminelle gelangten an die Schalthebel der Macht. Zugleich hatten die römischen Soldaten das Nachsehen gegenüber einem einfachen und kraftvollen Volk – den »Barbaren«.

Verwalter im Wirtschaftsleben

Nach dem Erreichen einer bestimmten Größe in seinem Marktgebiet baut das Unternehmen das System, die Formen und die Mitarbeiter auf, die durch die Spezialisierung nötig werden. Zunehmend kommen die tonangebenden Manager nun aus den Reihen des Verwaltungspersonals. Es sind Manager der Zahlen und des Geldes, nicht die der Produkte und Dienstleistungen. Mehr und mehr richten sich deren Kräfte auf saubere Planung und Überwachung, weniger auf riskante Erkundungsfahrten in unbekannten Gewässern. Zunehmend wenden sie ihr Augenmerk nach innen, auf das Halten

eroberten Gebiets, auf die Aufrechterhaltung der Ordnung. Dekkungsbeitragsrechnungen schwirren durch Verwalterköpfe, und immer weniger kümmert sie die Entwicklung und Erweiterung des Geschäfts. Der Charme der Erbsenzähler erblüht. In den sechziger und siebziger Jahren unseres Jahrhunderts befanden sich die meisten großen Unternehmen im Entwicklungsabschnitt von Verwaltung oder Bürokratie. Das amerikanische Management hatte seinen Schwerpunkt verlagert: weg von der Verbesserung der Produkte hin zum Finanzmanagement. Das Management baute allein auf Vernunftdenken und dem, was sich daraus ableiten ließ, auf; vorausschauendes Denken wurde verdrängt.
Robert H. Hayes von der Harvard Business School gibt zu bedenken:

> Seitdem das Personal von Unternehmen sich wichtig fühlt und seitdem das Wissen über Strategien den Ton bei betriebswirtschaftlicher Ausbildung und Praxis angibt, haben unsere Fabriken in einem fort an Boden verloren gegenüber denen in anderen Ländern, wo der Strategie wesentlich weniger Bedeutung beigemessen wird und die »Professionalisierung« in der Geschäftsführung lange nicht so weit fortgeschritten ist. Unter bestimmten Umständen kann die Methodenlehre formaler, strategischer Planung die Wettbewerbsfähigkeit einer Firma schwächen. Noch schlimmer wirken sich die organisationsbezogenen Einstellungen und Beziehungen aus, die von dieser Methodenlehre unterstützt werden. Darüber hinaus treffen die Bedingungen, unter denen so etwas vor sich geht, heute auf einen Großteil der US-Industrie zu.

Auf dieser vierten Entwicklungsstufe, dem Zeitalter der Verwaltung, befindet sich das Unternehmen wahrscheinlich in Aktionärshand, und die Geldgeber können schnell einsteigen und leicht wieder aussteigen, wobei ihr Interesse der schnellen Mark gilt. Börsenfachleute spielen in stärkerem Maß bei den Entscheidungsfindungen des Unternehmens eine Rolle. Neue, zündende Ideen über die Zukunft des Unternehmens sind Außenstehenden, die an vorhersagbaren Gewinnerträgen und stetem Wachstum interessiert sind,

schwer schmackhaft zu machen. Sie wollen Sicherheit, und Sicherheit wird gewonnen, indem man Risiken vermeidet. Diese Vorrangigkeit läßt kaum die Möglichkeit für Zukunftsinvestitionen.
Visionen und Entschlossenheit zeugen die Zukunft, nicht Modellplanspiele, Deckungsbeitragsrechnungen oder Trendanalysen. Trends zu folgen bedeutet, nicht zu führen, sondern zu folgen – einem geistlosen und wenig vertrauenswürdigen Pfad zudem. Wirkliche Führung erzeugt die Trends der Zukunft. Der Wohlstand unserer Gesellschaft stammt von denen, die Trends nicht beachteten und entschlossen waren, durch Erneuerung und Hingabe an die Sache neue Trends ins Leben zu rufen. Praktisch kein Unternehmenserfolg ist das Ergebnis davon, einem Trend hinterhergelaufen zu sein, nicht im Fall von Federal Express, Cabbage Patch Dolls oder L. L. Bean. Nur wer gegen den Strom schwimmt, erreicht die Quelle.
Weil sie die »Zahlen« für wichtiger halten als die Kenntnis der Ware oder des Marktes, stellen Strategen und Verwaltungsmanager Pläne auf, die zur Folge haben, daß Manager über den Bereich ihrer sinnvollen Sachzuständigkeiten hinaus eingesetzt werden. David K. Hurst, Manager bei Russelsteel Inc., bietet eine lebendige Darstellung dieser Umstände. Russelsteel, ein kanadisches Unternehmen, das 1962 an die Börse ging, vertreibt Stahl und andere Industriegüter. Das Unternehmen hatte zu dieser Zeit fünf Niederlassungen und einen Umsatz von 14 Millionen Dollar. Der Unternehmensleiter war das einzige Mitglied, das noch aus der Gründerfamilie stammte. In den frühen sechziger Jahren wurde er vom Wachstumswahn gepackt. Er entschied, daß sein damaliger zweiter Mann, ein hartnäckiger Betriebsmanager, nicht derjenige war, der für genügend Wachstum sorgen könnte. So stellte er einen Harvard-Absolventen, der fünfzehn Jahre bei Procter & Gamble gewesen war, ein und forderte ihn auf, das Unternehmen auf Wachstumskurs zu trimmen. Hurst berichtet, wie sich Russelsteel unter dem neuen Manager änderte:

> Zunächst wurde alles viel förmlicher, mit schriftlichen Entwürfen und Plänen. Als nächstes wurde eine Trennung von Betriebseinheiten und Eigentümergesellschaft eingeführt – eine Trennung

von Managern und Geldgebern, eine Abkoppelung der Abteilungen von der Holding.
Dadurch entstanden in dem Unternehmen zwei Gruppen mit eindeutig verschiedenen Sichtweisen: die Betriebsmanager, die die Profit Center führten, und die »Geldgeber«, Holdingmanager, die im Namen der Aktionäre die Dachgesellschaft leiteten. Diese zweite Gruppe war eine Art von vermittelnden Geldanlegern, die im Namen der Anteilseigner Kapital in den Geschäftsbereich der Abteilungen steckte.

Zur gleichen Zeit verlegten der President und der Executive Vice-President ihre Büros weg von den Stahlbetrieben – als Zeichen ihres neuen Selbstverständnisses, demzufolge sie nun »unparteiische Kapitalanleger« waren. Werden erfahrene Führungskräfte vom Herzen des Betriebes abgezogen, so werden sie nicht nur »unparteiisch«, sie werden uninteressiert. Mergers & Acquisitions, um Leben in den Laden zu bringen, werden zur unwiderstehlichen Versuchung. Russelsteel verwickelte sich in zwanghaften Kaufrausch und erwarb letzten Endes 27 verschiedene Firmen, die in vierzig unterschiedlichen Branchen tätig waren. Viele Manager in Schlüsselstellungen der erworbenen Gesellschaften kündigten, als Russelsteel ihnen eigene Manager vor die Nase setzte, um »die nötige Organisation und Kontrolle zu gewährleisten«. Die vier ersten der von Russelsteel aufgekauften Unternehmen gingen wenige Jahre später bankrott. In einem Fall kündigten die Angestellten einer aufgekauften Firma und gründeten mit geliehenem Kapital ihre eigene Gesellschaft. Innerhalb weniger Jahre hatten sie die aufgekaufte Firma hinsichtlich Größe und Gewinnertrag überrundet. Russelsteel häufte Kauf auf Kauf, ohne die Neuerwerbungen zu einer echten Einheit zusammenzufügen. Niedergang bei Unternehmen und Zivilisationen kann durchaus heißen, daß sich Wachstum fortsetzt, die Einheitlichkeit aber mehr und mehr zerbröselt.
Der Kurs der Russelsteel-Aktie hatte sich während der M&A-Periode wacker gehalten. Als das Versprechen des ganz großen Wachstums wie eine Seifenblase zerplatzte, fiel der Kurs. Die Finanzlenker von Russelsteel waren schnell mit ihrem Latein am Ende. Russelsteel selbst wurde am Ende aufgekauft.

Hurst, der diese Zeiten miterlebt hat, weist genau auf das Problem hin:

> Nun ist der Leser vielleicht der Meinung, daß diese Unternehmenszusammenbrüche ein Zeichen für mangelnde Sachkenntnis der Unternehmensleitung sind, für nachlässiges Qualitätsmanagement und fehlgeleitete Strategie. Tatsächlich ist das normalerweise der Einwand der Befürworter von strategischen Planungen. »Der Entwurf ist in Ordnung«, sagen sie. »Alles, was Sie tun müssen, ist, ihn richtig anzuwenden.« Trotzdem, irgend etwas ist bei dem Entwurf nicht in Ordnung.

Wo liegt nun der Hase im Pfeffer? Die konzeptionelle Schwachbrüstigkeit entlarvt sich hier: Was ist überhaupt Sinn und Zweck allen Wirtschaftens? Was ist die Aufgabe des Managements?

Fragen, mit denen sich Verwalter nicht groß beschäftigen. Der Verwalter ist ein Erbsenzähler par excellence. Er sieht Budget, Prognose, Abweichung und Deckungsbeitrag. Er denkt in Mark und Pfennig. Geben die Verwalter erst einmal den Ton an, so glauben sie fälschlicherweise, das Geschäft auf eine Betrachtung von Zahlen beschränken zu können. Sie nehmen an, Vorhersagen könnten auf rein formale Weise gewonnen werden, auf der Grundlage der Leistungen von gestern.

Die Entwicklung neuer Produkte und Dienstleistungen, die Schaffung neuer Arbeitsplätze, die lebenswichtige Nähe zum Kunden – solche Kategorien sind den Verwaltern fremd. Traurig, daß die heutige Unternehmenskultur der Industrieländer so stark von Verwaltern geprägt wird.

Verwalter und Zahlenjongleure entfernen sich zunehmend von Produkt und Kunde. Das macht sie verwundbar, Fehlentscheidungen sind die bittere Konsequenz. Welches amerikanische oder europäische Großunternehmen hat nicht mit der Verwaltermentalität zu kämpfen? Schauen wir uns die Daimler-Benz AG an, die in letzter Zeit einige Schwächen gezeigt hat. Gottlieb Daimler und Karl Benz waren Pioniere des Automobilbaus, Tüftler und Produktnarren, die ganz klein anfingen. Nur 34 Arbeiter waren 1889 bei Daimler beschäftigt, heute sind es 338 000 Menschen, die für den Konzern arbeiten. Das beste Automobil der Welt zu bauen genügt den Managern in Untertürkheim nicht mehr. Die Devise in Richtung Hochtechnologiekonzern ist ausgegeben. Die Daimler-Benz-Tochter MTU (Motoren- und Turbinen-Union München GmbH) leistet Entwicklungsarbeit bei Flugtriebwerken, Dieselmotoren für Schiffe und Verbesserung von Nutzfahrzeugen. Die Dornier GmbH, an der Daimler-Benz mehrheitlich beteiligt ist, forscht in der Luft- und Raumfahrt, der Medizin und Umwelttechnik. Die Mehrheitsbeteiligung an der AEG Aktiengesellschaft in Frankfurt war da schon mehr umstritten. Vollends ins Feuer der Kritik gerieten die Daimler-Bosse durch die Fusion mit dem Rüstungshersteller MBB. Ob der leuchtende Mercedes-Stern durch die Kooperation nicht ein paar empfindliche Kratzer abbekomme, mußte sich Daimler- Vorstandschef Edzard Reuter fragen lassen. Der Mercedes-Stern auf einem Raketenbomber – eine Horrorvorstellung für Marketingstrategen, die wissen, daß sich Autos heute hauptsächlich über den Faktor »Image« verkaufen. Prompt büßte Daimler-Benz 1990 in der jährlichen Umfrage des »manager magazin« seinen Spitzenplatz im Imageprofil ein. Auch die ins Auge gefaßte Zusammenarbeit mit der japanischen Mitsubishi-Gruppe wird von der Fachpresse argwöhnisch betrachtet. Das breitgefächerte Mitsubishi-Konsortium mit seinen 160 Obergesellschaften erwirtschaftet nach Schätzungen des FTC-Kartellamtes in Tokio einen Umsatz von 675 Milliarden DM. Dies übertrifft den Daimler-Benz-Umsatz fast um das Zehnfache. Die Kooperation käme damit der Verlobung von Zwerg und Riese gleich.

Kritiker werfen Edzard Reuter und seinen Vorstandskollegen vor, beim emsigen Zukauf und bloßen Verwalten eines zu vergessen: innovative und zukunftsträchtige Autos zu bauen. Reuters Kollege, der BMW-Vorstandsvorsitzende Eberhard von Kuenheim, bewies da mehr Geschick und Weitblick. Mit der überaus erfolgreichen 5er- und 7er-Reihe startete er eine Produktoffensive, die Mercedes in arge Bedrängnis brachte. Rekordzahlen konnten auch die Kölner Ford-Manager verbuchen. Fords ehemaliger Vorstandschef Daniel Goeudevert – ein Mann, der für manch originellen Gedanken gut ist – setzte neue Maßstäbe in punkto Technik, Innovation und Umweltverträglichkeit.

Wie man mit einem Verwalter zurechtkommt

Wenn Sie für einen Verwalter arbeiten, ...

... bedenken Sie, er mag keine Rebellen. Anpassung ist Trumpf.

... verstehen Sie sein grundlegendes Bedürfnis nach Macht und Disziplin. Aber helfen Sie ihm zu erkennen, wann Sie diese Macht zu ersticken droht.

... versuchen Sie nicht, all seine schlechten Eigenschaften anzunehmen. Drehen Sie sich einen Zyklus zurück. Der Synergist sollte Ihr Vorbild sein.

... schenken Sie ihm ab und zu eine Briefmarke für seine Sammlung.

Wenn ein Verwalter für Sie arbeitet, ...

... dann stecken Sie ihn am besten in die Buchhaltung, das Controlling oder die Hausverwaltung.

... setzen Sie ihn an die Kundenfront. Das wird ihn etwas aus seinem Alltagstrott bringen.

... stellen Sie ihm einen Entwickler oder Erweiterer zur Seite. Das kann vielleicht etwas Schwung beim Verwalter herausfordern.

... lassen Sie ihn die Inventur machen.

Die Organisation des Verwalters

Wie wir gesehen haben, wird das Unternehmen wahrscheinlich während des Lebensabschnitts der Verwaltung rein mengenmäßig weiter wachsen. Aber das Wachstum ist nun von anderer Art. Während der drei ersten Zyklenstufen brachten neue Ideen neue Produkte oder Dienstleistungen hervor und schufen sich ihre Absatzmärkte. Die Eisenbahn setzte sich durch, weil sie eine neue Dienstleistung anbot. Neuer Wohlstand und neue Arbeitsplätze waren die

Folge. Das ist der Zweck des Wirtschaftens. Aber das Schaffen von Wohlstand ist ein riskantes Geschäft. Und je älter und reicher Menschen, Firmen oder Zivilisationen werden, desto weniger sind sie geneigt, ein Risiko einzugehen. Expansion während der Verwaltungszeit beruht wahrscheinlich auf Verdrängungswettbewerb oder Zukauf. Mal gelingt es, der Konkurrenz einige Marktanteile abzunehmen, ein andermal schaffen es Verwalter durch Senkung der Kosten und Preise, eine neue Absatzoffensive einzuläuten. Umsatzsteigerungen durch den Aufkauf anderer Firmen trüben etwas den Blick für die Realitäten. Der Abstieg hat begonnen.
Der Zyklus der Verwaltung ist auch das Zeitalter von Prunk und Protz. Firmen bauen siebzigstöckige Glaspaläste. Der Zentralcomputer ist vom Feinsten. Der Firmenjet düst zwischen New York, London und Nizza hin und her. Das Autorenteam Lob & Hudel schreibt eine Firmenbiographie.
Den Mitarbeitern scheint diese Zeit die gesundeste zu sein. Sie spüren den Niedergang, der schon eingesetzt hat, nicht. Streß und Trubel fehlen, und genau das ist die Gefahr dieses Zeitabschnitts. Eine Führungskraft, die solch ein »Dolce vita« zuläßt oder hervorruft, ist ihr Geld nicht wert.
Auch Zivilisationen erleben diesen Zustand der Trägheit. Und wenn das der Fall ist, haben sie mit der Zukunft abgeschlossen, wie Toynbee betont:

> Die ruhenden Zivilisationen haben eine so weitgehende Anpassung an ihre Umgebung erreicht, daß sie deren Farbe, Form und Rhythmus übernommen haben, anstatt der Umgebung ihren eigenen Stempel aufzudrücken. Das Gleichgewicht der Kräfte in ihrem Leben ist so fein, daß alle ihre Kräfte für die Anstrengung eingesetzt werden, die bereits erreichte Lage aufrechtzuerhalten. Nicht die geringste Spur von Tatendrang ist übriggeblieben, um den Verlauf des Weges vor ihnen oder das Aussehen der Klippe über ihnen mit einer Aussicht auf ein weiteres Vorankommen zu erkunden.

Der kluge Vorreiter im Verwaltungszeitalter weiß, daß es seine Aufgabe ist, seiner Organisation ein Gefühl des Vorwärtskommens zu vermitteln. Er muß den Blick des Unternehmens wieder auf Kunden und Konkurrenten richten.

Im Verwaltungszeitalter sollten Führungskräfte von Zeit zu Zeit die gesamte Organisation durcheinanderwürfeln – als Gegengift zur bequemen Nachlässigkeit. Zu diesem Zweck müßte das Augenmerk jedes Managers und Angestellten wieder neu auf den Kunden gelenkt werden. Gegen die Unbeweglichkeit der Organisation und der trägen Gemütsverfassung wird man nur durch wohldosierte Bemühungen etwas ausrichten können: Das aufgabenübergreifende Gespräch unter den Mitarbeitern muß gefördert werden, Hierarchien müssen möglichst aufgelockert werden, die Verantwortlichkeit auf den unteren Ebenen muß verstärkt, der Schwerpunkt auf den Kundenservice gelegt werden, und die alteingesessenen Manager dürfen nicht den direkten Draht zu ihren Mitarbeitern verlieren.

Die Firma »auf Vordermann« zu bringen und wieder durchzustarten muß an erster Stelle stehen. Die alten Hasen im Management sollten Grundsätze, Ziele und Grenzen neu formulieren und genaue Aussagen zur Kultur und zum Aufbau des Unternehmens tätigen. Arbeitsgruppen aus den Reihen der Angestellten können dann Organisationseinheiten planen, die den gerade erwähnten Vorstellungen entsprechen. Im Verwaltungszeitalter werden Belegschaft und Verwalter eine Größe erreicht haben, die diese Neueinschätzung nach einigen Jahren stets wieder nötig macht. Die Organisation hat die Stufe der Entwicklung und Erweiterung durchlebt und ist nun verhältnismäßig ruhig und fest. Die Bezahlung erfolgt nach einem starren Haustarif. Computer und grundlegende Informations- und Buchführungsverfahren haben ihren festen Platz erhalten. Es gibt einen Beurteilungskatalog zur Abschätzung erbrachter Leistung und genaue Richtlinien zur Weiterbildung im Management. Im Zeitalter der Verwaltung stehen Abläufe, Richtlinien und Direktiven sehr im Mittelpunkt des Denkens, teure Untersuchungen zur Organisation eingeschlossen, die von externen Unternehmensberatern durchgeführt werden. Es herrscht die Ansicht, durch Vervollkommnung jener Abläufe werde eine höhere Leistung und Wirtschaftlichkeit der Firma erreicht. Die festgelegte Ordnung und praktizierten Richtlinien werden wie ein Fetisch angebetet. Wenn es auch von Vorteil ist, Verfahren und Abläufe zu verbessern, so ist doch der Glaube an ihre Omnipotenz – gerade für Außenstehende – fast lächerlich. Je wichtiger die Abläufe in den Augen einer Führungskraft sind, um so mehr erwartet diese von den Leuten, daß sie sich den Formen und Verfahren anpassen. Dieses ist die Zeit, in der große Unternehmen Richtlinien abfassen, die festlegen, wie viele Quadratmeter Fläche einem Büro entsprechend dem Dienstrang zugestanden werden können und wie viele Zentimeter Stoff für das Blumenvasendeckchen verwendet werden dürfen. Organisationsrituale nennt man das wohl.

Rituale sind eine Form der Kontrolle. Sie machen das Leben vorhersagbar und systematisch. Sie sind in allen Kulturen nützlich als Mittel zum Ordnen der Gesellschaft, und sie verringern die Bedrohung durch Querulanten. Für Visionäre und junge Wilde ist es äußerst schwierig, wenn nicht unmöglich, sich einer so strikt gearteten Umgebung anzupassen und darin zu überleben. Jeden Januar müssen sie ihre Jahrespläne unterbreiten, jedes Vierteljahr ihre Ergebnisse, jeden Monat ihre Arbeitsziele. Je unbeweglicher solche Formen und Verfahren sind, desto mehr wird Kreativität gelähmt. Zur Aufrechterhaltung der Ordnung verlassen sich die Führungskräfte immer mehr auf ihre Assistenten und Zuarbeiter, die regelrechte Seilschaften bilden. Stabsabteilungen haben das Sagen. Die Entwickler und Erweiterer werden entzaubert; sie sind nicht mehr am Ruder und werden immer mehr vom Geschehen abgeschnitten. Und dann bekommt dieser Vorgang eine Dynamik à la Professor Parkinson: Die Verwalter stellen weitere Verwalter ein, eine Richtlinie zieht eine andere Richtlinie nach.

Mich hat der Chief Executive Officer einer Gesellschaft, die sich eindeutig auf ihrer Verwaltungsstufe befand, erstaunt. Er behauptet, ein großer Bewunderer der Lehren des Buchs »Auf der Suche nach Spitzenleistungen« zu sein, und vergrößerte die Zahl seiner Mitarbeiter auf über achthundert Leute, wobei er gleichzeitig Personal aus der technischen Abteilung, dem Vertrieb und der Produktion abbaute. Ob er die Botschaft von Tom Peters und Robert Waterman verstanden hat?

Ihr Unternehmen befindet sich im Zyklus der Verwaltung, wenn ...

...Ihre Manager viel Mühe darauf verwenden, Verfahrensweisen zu verbessern und von Ballast zu befreien;
...Sie in Ihrem Markt einen gesicherten Platz einnehmen;
...Sie sicher sind, daß die Kunden auch weiterhin bei Ihnen kaufen;
...die Büros Ihres Unternehmens vor Chrom und Lack nur so glänzen;
...Sie meinen, die Abteilung Forschung und Entwicklung sei allein für die Zukunft zuständig.

Herausforderungen und Aufgaben

Wettbewerbsvorteil durch hohe Qualität und niedrige Kosten

Wenn die Lebensstufe der Verwaltung beginnt, ist das Unternehmen erwachsen geworden. Das Produkt gilt jetzt ebenfalls als ausgereift. Früher hat das Unternehmen vielleicht neue Märkte geschaffen, die es durch Innovationen auch beherrschen konnte. Heute herrscht freier Wettbewerb und hoher Konkurrenzdruck, und der Kampf um Marktanteile wird auf dem Feld der Kosten und der Qualität geführt.

Geben die Verwalter den Ton an, so wird der Versuch, Kosten durch Kontrolle der Ausgaben zu verringern, Vorrang vor der Qualitätsverbesserung erhalten. Qualitätsmanagement und technische Neuerungen sind nicht gerade das Metier der Verwalter.

Die amerikanische Industrie hat in den letzten Jahren den Qualitätsaspekt ihrer Produkte schleifen lassen. Die Aufmerksamkeit richtete sich in erster Linie auf die Kostenminimierung und nicht auf die Produktqualität. Den Managern mangelte es an Verständnis dafür, wie diese beiden Ziele gleichzeitig verfolgt werden könnten. Das ist leicht zu verstehen. In den achtziger Jahren waren die meisten großen US-Unternehmen auf die schiefe Bahn geraten. Heute ist es nicht anders: Diplomierte Betriebswirte halten sich beim Einstieg in eine Firma meist vom Produktionswerk fern. Sie wollen sich lieber mit strategischer Planung und Finanzmanagement befassen. Warum nicht? Fast all ihre Professoren verdienen sich ein kräftiges Zubrot, indem sie Unternehmen bei deren strategischer Planung beraten. Unseligerweise wollen diese Studenten die Zukunft von etwas planen, was sie in all seiner Ambivalenz nicht verstehen. Sie glauben, strategische Planung und Finanzmanagement seien eigenständig, abgetrennt von der Herstellung eines Produkts oder dem Vertrieb. Das ist der große Wahn des Verwalters: Er hält den Ablauf für wichtiger als das Produkt.

Heutzutage kommen nur wenige Führungskräfte aus dem Herstellungsbereich, wenige haben sich die Nacht neben einer Maschine um die Ohren geschlagen und dem Rattern der Motoren zugehört. Und wer kennt schon die Probleme und Nöte der Arbeiter, die die dritte Schicht schieben? Steven C. Wheelwright, Professor der Betriebswirtschaft an der Universität Stanford, erklärte den Verlust von Arbeitsplätzen und Wettbewerbsfähigkeit im amerikanischen Halbleitergeschäft: »Die Konstruktionsingenieure in amerikanischen High-Tech-Firmen sind kleine Halbgötter, die Betriebsingenieure sind Bürger zweiter Klasse, und die Produktionsleiter sind noch darunter angesiedelt.«

Eine der großen Herausforderungen an die Führung auf dieser vierten Zyklusstufe ist, ein Gleichgewicht zwischen dem nötigen schöpferischen und technischen Sachverstand einerseits und der Kompetenz in Finanz- und Planungsfragen andererseits herzustellen. Wenn es eine Lehre gibt, die wir in den letzten Jahren in puncto Wettbewerbsvorteil gelernt haben, dann doch die, daß der geschickte Umgang mit Qualität und derjenige mit Kosten Ziele sind, die wechselseitig voneinander abhängen. Die Kluft zwischen amerikanischen und japanischen Unternehmen der Autoindustrie beweist das. In der amerikanischen Automobilindustrie standen Betriebsleiter und Ingenieure unter der Fuchtel der Finanzorganisation. Wellen von Kostendämpfungsprogrammen, Kürzungen, Einfrieren der Löhne und Neuorganisation sind über General Motors, Ford und Chrysler hinweggeschlagen.

Toyota andererseits legte den Schwerpunkt seiner Anstrengungen auf technische Qualität. Das Ergebnis kann man an einer einfachen

Zahl ablesen, an der Anzahl der Wagen, die pro Angestellter hergestellt werden. Ein Angestellter von General Motors produziert statistisch 11,7 Wagen im Jahr, der von Toyota 57,7. Die Lohnkosten pro Auto weisen eine ähnliche Relation auf – General Motors: 4 148 Dollar; Toyota: 466 Dollar. Und was Kundenzufriedenheit und Qualitätskontrolle angeht, da lag Toyota ebenfalls um Klassen besser als GM. Qualitätsverlust ist nicht einfach nur ein Ergebnis verlorengegangener technischer Kompetenz. Er entstammt auch dem Gefühl derer, die die Arbeit tun, weniger und weniger verantwortlich zu sein. Mehr als alles andere wird gerade die Qualität von der inneren Bindung der Menschen an die Sache beeinflußt. Was hier zählt, ist die Bindung der Mitarbeiter, durch deren Hände die Ware hergestellt wird. Auf dieser vierten Zyklusstufe liegen die Entscheidungen nicht mehr beim Angestellten und Vorarbeiter der Ebene, die den direktesten Umgang mit den Produkten hat. Mehrere Ebenen im Management und verschiedene Kontrollverfahren sind dazwischengeschaltet.
Unternehmen, die diese Lahmlegungen im Zyklus der Verwaltung erfolgreich überwinden, ermutigen und belohnen Arbeitsleistungen hinsichtlich Qualität und Masse. Qualitätszirkel und Kleingruppenarbeit sind ein Weg, schöpferisches Handeln anzuregen und zu lenken. Firmen wie Xerox, Milliken & Company, Honda of America, Dun & Bradstreet und Metropolitan Life fördern sehr stark Arbeitsgruppen und den Teamgedanken. Jeder Angestellte nimmt an der Verbesserung des Produktes beziehungsweise der Dienstleistungen teil. Diese Firmen kommen auf die ursprüngliche Beziehung zwischen dem einzelnen, seiner Arbeit und seinem Kunden zurück. Eine Beziehung, die es in den frühen Tagen des Unternehmens gab, als nur wenige Hierarchieebenen und Außenkontrollen lähmend wirkten. Die Teilnahme bei autarken Arbeitsgruppen, die sich selbst managen, läßt jeden Angestellten die Verpflichtung zur Leistung ebenso wie den Stolz über das Erreichte spüren.
Im Zyklus des Verwaltens steht die innere Anteilnahme an der Arbeit stets auf etwas schwankenden Füßen. Die Identifikation mit der Firma beschränkt sich auf Äußerlichkeiten. Symbole und Verfahren werden akzeptiert, die Unternehmensphilosophie und der Dienst am Kunden ist den meisten jedoch schnuppe.

Wachsen durch Kaufen

Die Strategie des Aufkaufens kann auf dieser Zyklusstufe von Vorteil sein, wenn die Firmenkultur der erworbenen Gesellschaft in die Gesamtorganisation harmonisch eingegliedert wird. Der Manager vom Schlage des Verwaltertyps denkt, er kaufe einen »Sachwert«. Sie erwerben keinen Sachwert, Sie erwerben eine Gruppe von Menschen, die eine Gruppe von Kunden bedient, und all diese Leute, auch Sie, müssen lernen zusammenzuarbeiten. Das mehr als dreißig Einzelfirmen umfassende Unternehmen Dun & Bradstreet hat sich durch Aufkäufe stark vergrößert. Bei diesem Unternehmen gibt es – wie Jack Murray entdeckt hat – eine gemeinsame Sprache, gemeinsames Werkzeug und gemeinsame Techniken sowie starke Synergieeffekte.

Murray's Plan Services Inc. erledigte für Gruppenversicherungsgesellschaften die Verwaltungsarbeit und die Abwicklung von Schadenersatzansprüchen. Diese Gesellschaft wurde von Dun & Bradstreet gekauft, als sie schnell wuchs und ein unternehmerisches Risiko darstellte. Murray ist heute Vice-President bei Dun & Bradstreet. Dieser zupackende Unternehmer, jetzt Führungskraft in einem vielgestaltigen Konzern, wird als Visionär und junger Wilder aus Veranlagung hochgeschätzt. Noch immer brechen Einfälle und Tatendrang leicht bei ihm hervor. Sowohl seine Persönlichkeit als auch die seiner Gesellschaft wurden erfolgreich in das 120 Jahre alte Unternehmen Dun & Bradstreet eingegliedert.

Continental Can Company traf es da nicht so gut. Continental Can war ein führender Hersteller von Containern, der genug Geld zur Erweiterung des Unternehmens besaß. Als in dem Unternehmen die Verwalter den Ton angaben, verlor es seine kreative Kraft und wendete sich Aufkäufen zu. Es erwarb Versicherungsgesellschaften, Firmen für Gartenprodukte, Gas- und Ölgesellschaften. Der Name wurde geändert und lautete nun The Continental Group. Wie in so vielen Fällen ergab die Summe dieser verschiedenartigen Geschäfte weniger als der Wert seiner Einzelteile. Hier trifft die sarkastische Formel 2 + 2 = 3 zu. Von Synergien keine Spur. Das Ergebnis: Continental selbst wurde aufgekauft; die Versicherungsgesellschaft, die Gartenprodukte, Gas und Öl wurden verkauft, und nur die gesunden und beständigen Cashkühe, nämlich die Herstellungs-

betriebe für Dosen und Container, blieben übrig. Ungeheure Kräfte und Mittel waren verbraucht worden, um am Ende da anzukommen, wo man begonnen hatte.
Peter F. Drucker, der große alte Mann der Managementliteratur, empfiehlt in »Die Chance des Unternehmers« fünf Regeln für erfolgreiche Aufkäufe. Alle laufen auf die Fähigkeit hinaus, Geschäfte und Kulturen des Käufers und des Gekauften einheitlich zusammenzufassen:

1. Eine Neuerwerbung wird nur dann Erfolg erringen, wenn die kaufende Firma genau durchdenkt, was sie zu dem Geschäft, das sie kauft, beitragen kann. Sie sollte sich nicht damit befassen, welche Vorteile die gekaufte Firma dem Käufer bieten kann, ganz gleich, wie verlockend die erwartete »Zusammenarbeit« auch aussehen mag.
2. Erfolgreiche Diversifikation durch Aufkauf erfordert, wie jede erfolgreiche Diversifikation, einen gemeinsamen Kern. Die beiden Unternehmen müssen entweder gemeinsame Märkte oder gemeinsame Technologien aufweisen . . . Ohne ein einheitliches Herzstück gelingt die Diversifikation nie. Finanzielle Bande allein reichen nicht.
3. Keine Akquisition wird mit Erfolg gesegnet sein, wenn die Menschen der Käuferfirma keine innere Beziehung zu Waren, Markt und Kunden der gekauften Firma besitzen. Jeder Aufkauf muß auch ein »gefühlsmäßiger Treffer« sein.
4. Schnellstmöglich, innerhalb des ersten Jahres, muß die Käuferfirma das Spitzenmanagement für die gekaufte Firma auf die Beine stellen (für den Fall, daß die alteingesessenen Manager sich entschließen, abtrünnig zu werden). Es ist ein Trugschluß, zu glauben, man könne ein Management »mitkaufen«.
5. Wichtig auch: Innerhalb des ersten Jahres nach einem Zusammenschluß sollten zahlreiche Mitarbeiter beider Häuser eine spürbare Beförderung erhalten, und zwar firmenüberschreitend – das heißt, jemand aus der einen Firma bekommt einen höheren Posten in dem anderen Unternehmen. Ziel dieser Rotation: die Mitarbeiter in beiden Gesellschaften zu überzeugen, daß der Zusammenschluß ihnen auch persönlich Chancen bietet.

Es ist ein Zeichen gesunden Urteilsvermögens, Geschäfte zu kaufen, die auf kluge Weise miteinander in Einklang zu bringen sind. Dies muß in einer Weise geschehen, die sowohl die Manager durch neue Vielfalt an Gedanken und Erfahrungen anregt, als auch echten Technologietransfer ermöglicht, der Innovationen voranbringt. Ob es in diesem Zusammenhang sinnvoll scheint, daß eine Nobelautomarke sich mit einem Rüstungsproduzenten zusammentut oder Verlagshäuser ins Flugverkehrgeschäft einsteigen, mag füglich bezweifelt werden. Wie soll hier ein inneres Band der Einheit, wie sollen Synergien geschaffen werden?

Der Niedergang von Kulturen setzt ein, wenn gesellschaftliche Einheit ihr Ende findet und wenn die Führungspersönlichkeiten sich von ihren Anhängern entfremden. Das gleiche gilt in Unternehmen.

Die Herausforderung, Einfallsreichtum anzuregen

Das wahre Geschäft des Unternehmens liegt in der Neuschöpfung. In der heutigen schnellebigen, stark wettbewerbsorientierten Geschäftswelt muß sich das Unternehmen ständig neu erfinden – seine Produkte, seine Dienstleistungen, die Vermarktung. Wir haben schon an früherer Stelle erkannt, daß das Unternehmen an diesem Punkt seines Lebenszyklus auf Herausforderungen von innen antworten muß. Die Herausforderung, neue Waren, Dienstleistungen und neue Verfahren der Absatzpolitik hervorzubringen ebenso wie die Kontrolle der Kosten und Qualität.

Diese Herausforderungen verlangen schöpferische Fähigkeiten. Aber unglücklicherweise fördert die Unternehmenskultur auf der vierten Zyklusstufe immer weniger schöpferisches Verhalten. Kreativität ist immer, ihrer Definition nach, aufrührerisch. Die Menschen, die normalerweise schöpferisch handeln, sind im Zeitalter der Verwaltung fehl am Platze. Der Verwalter wird der Kreativität ein kleines Eckbüro zuteilen und ihr einen Etat zugestehen, etwa in Höhe der Ausgaben für den Betriebsausflug. Kreativität, das ist nicht sein Bier. Der Verwalter gebraucht die Fähigkeiten des Verstandes, um ein Problem zu lösen, das mit dem Verstand nicht zu lösen ist. Seine Art, das Problem anzugehen, *ist* das Problem. Seine Aufgabe läge vielmehr darin, eine Kultur aufzubauen, die als Ganzes Kreativität fördert. Sie muß einen bestimmten Grad an Unordnung nicht nur dulden, sondern sollte eine Stimmung jugendlicher Begeisterung anfachen. Vor einer solchen Chaoskultur graust es den Verwalter. Es ist nicht die Kultur der Zahlen und Formeln, weil nicht das Hier und Jetzt im Vordergrund steht. Doch Kreativität heißt Zukunft.

Belohnen Sie kreative Einfälle und Neuerungen mit saftigen Gratifikationen. Die schöpferische Persönlichkeit blüht in einem Umfeld des Umbruchs, der Belohnung und der geringen Kontrolle auf. Der Kreative ist ein Teil des Spiels von Wagnis und Belohnung. Deshalb wird jedes schöpferische Talent stark in Versuchung geraten, sein eigenes Unternehmen aufzuziehen. Und genau an diesem Punkt erneuert sich der unternehmerische Lebenszyklus. Der Visionär springt im Verwalterzyklus ab und durchläuft mit einer eigenen Firma von Anfang an den unternehmerischen Lebenszyklus.

Verwaltersozialismus und Midlife-crisis

Der Gebrauch und die Verteilung von Kapital ändert sich auf dieser vierten Zyklusstufe. Auf den vorangegangenen Lebensstufen setzten die Aktionäre größere Erwartungen in Kapitalaufstockung und geringere Erwartungen in Dividendenausschüttung. Jetzt, wo die Firma gute Gewinne abwirft, werden die Aktiva langsamer anwachsen, und die Aktionäre erwarten höhere Dividenden. Die Unternehmensleitung aber wird eine Politik des wohlüberlegten Umgangs mit den Erwartungen der Aktionäre fahren. Sie wird weitaus niedrigere Dividenden auszahlen, als sie könnte. Es wird allmählich zur gewohnheitsmäßigen Strategie, das Kapital in der Firma zu halten, wo die Manager es für Aufkäufe anlegen können, anstatt es als Dividende an seine rechtmäßigen Besitzer auszuzahlen. Gehen Investitionen verloren, haben die Manager keinen Schaden; es sind die Aktionäre, die bei den Kaufentscheidungen keine Stimme besitzen, die verlieren. Dieser Sachverhalt wird allmählich die Aktionäre vom Unternehmen entfremden und letztlich den Kurs der Aktie nach unten drücken. Die Manager selbst, mittlerweile eine professionelle Kaste für sich, besitzen einen kleineren Anteil der Aktien des Unternehmens als die Manager der vorherigen Entwicklungsstufen. Dadurch besitzen sie an hohen Dividenden nur ein geringes Interesse.

Die Unternehmensleitung hat einen Blick für ihre eigenen Vorteile entwickelt, was eine Verteilung des Gewinns an die Aktionäre verhindert. Sie würde es zwar nicht zugeben, aber in ihren Augen sind die Aktionäre weit weg, uninteressiert, Amateure, die nicht wissen, was wirklich läuft. Damit treffen sie ein Werturteil, das letzten Endes im Entwicklungsabschnitt der grauen Eminenz den Aufstand bewirkt. Jetzt glauben die Verwalter, die Aktionäre seien mit einer ähnlichen Dividende wie in den Vorjahren zufrieden – trotz der nun hohen Gewinne. Auf dieser vierten Zyklusstufe bildet sich ein Verwaltersozialismus heraus, der der arroganten Annahme der Führungskräfte und des Vorstandes entspringt, sie allein hätten das Recht zu bestimmen, wie der Gewinn der Aktionäre zu verwenden sei.

Der Vorstand ist eine sich abnabelnde soziale Kaste. Er setzt sich aus angestellten Profis zusammen. Sie sind oft keine Eigentümer des Unternehmens und teilen daher nicht den Wunsch der Aktionäre auf hohe Dividenden. Sie sind daher auch bereit, den Verwaltern zu gestatten, das Geld der Aktionäre für Akquisitionen auszugeben. Auch wenn deren Sinn nicht immer einzusehen ist.

Dieser Verlust an innerer Beteiligung und die Anonymisierung des Kapitals erzeugt eine Spirale schwindender Kompetenz. Verwalter befürchten nun nicht mehr, im Kernstück ihres Geschäfts übers Ohr gehauen zu werden. Wenn sie versagen, wird das vom Umsatz und Gewinn der anderen Geschäftsbereiche übertüncht werden. Und je mehr sie sich mit verschiedenen Unternehmungen befassen, um so weniger brauchen sie im angestammten Kern des Geschäfts Sachkenntnis und Zuständigkeit zu beweisen. Ich nenne das den »Verwaltersozialismus«. Das Fehlen persönlicher Bindung an eine Aufgabe bewirkt, daß die Angst zu versagen nicht mehr besteht. Ohne die Angst vor Fehlschlägen aber schwindet die Hingabe an die Sache schnell. Die Abläufe gleichen den Handlungsmustern im Sozialismus: Das persönliche Risiko ist gering, die innere Anteilnahme noch darunter. Die Anonymisierung der Arbeit schreitet voran, und niemand wagt, eigene Akzente zu setzen.

Kennen Sie die »Langeweilefalle«? Kaum zu glauben, aber Führungskräfte gleichen frappant dem Rest der Menschheit. Sie fangen schnell an, sich zu langweilen, sind die ständige Wiederholung und

Routine in allem leid. Wenn ein Manager sich endlich zum Geschäftsführer oder Vorstandsvorsitzenden hochgearbeitet hat, würde er gerne Neuland erkunden. Er lechzt nach Veränderung. Midlife-crisis. Das »Soll-dies-schon-alles-gewesen-sein«-Syndrom. Männer im mittleren Lebensalter werden von der Vorstellung gepackt, etwas Neues zu finden. Da ist die wunderliche Anziehungskraft des Aufregenden und Neuen, der Veränderung um der Veränderung willen. Ein neues Unternehmen aufzuziehen wirkt wie ein psychologischer Jungbrunnen. Dieses Bedürfnis nach Verjüngung kann sich vielfältig ausdrücken: Eine Geliebte tritt ins Leben, ein Porsche, ein Boot – oder es wird halt ein Unternehmen aufgekauft. Viele Akquisitionen in den verschiedenen Wirtschaftsbereichen geschehen aus dem schlichten Grund, daß erfahrene, alteingesessene Führungskräfte neue Herausforderungen brauchen. Ich bezweifle ernsthaft, daß Sie auch nur eine Führungskraft finden, die dies zugibt. Sie versuchen einfach, der »Langeweilefalle« zu entkommen.

Aufbau einer kundenorientierten Verwaltung

Der Aufbau einer leistungsstarken Verwaltung, die nicht vom geschäftlichen Kern abgelöst ist, gehört zu den neuen internen Herausforderungen. Die beste Art, das zu erreichen: im Stabsmanagement das Prinzip der Ausrichtung auf den Kunden zu verankern. Manager aus Vertrieb, Verkauf und Produktion erledigen ihre Aufgaben am besten, wenn sie ein klares Verantwortungsgefühl dem Kunden gegenüber besitzen und mit diesem in ständigem Kontakt stehen. Genauso muß der Verwaltungsstab eine klare Ausrichtung auf den Kunden behalten. Dessen Kunde befindet sich allerdings im Inneren des Unternehmens: die Herstellungsabteilung, die Vertriebsorganisation oder die Geschäftsführung.

Führungskräfte sollten ihre Mitarbeiter bitten, eine genaue Beschreibung ihrer Kunden zu geben, um dann zu erklären, wie sie dem Kunden zuhören und auf seine Bedürfnisse eingehen wollen. »Alles für den Kunden« – diese Firmenphilosophie müssen Ihre Mitarbeiter noch im Schlaf nachbeten können.

Stufe 5

Der Bürokrat – Im Würgegriff der Kontrolleure

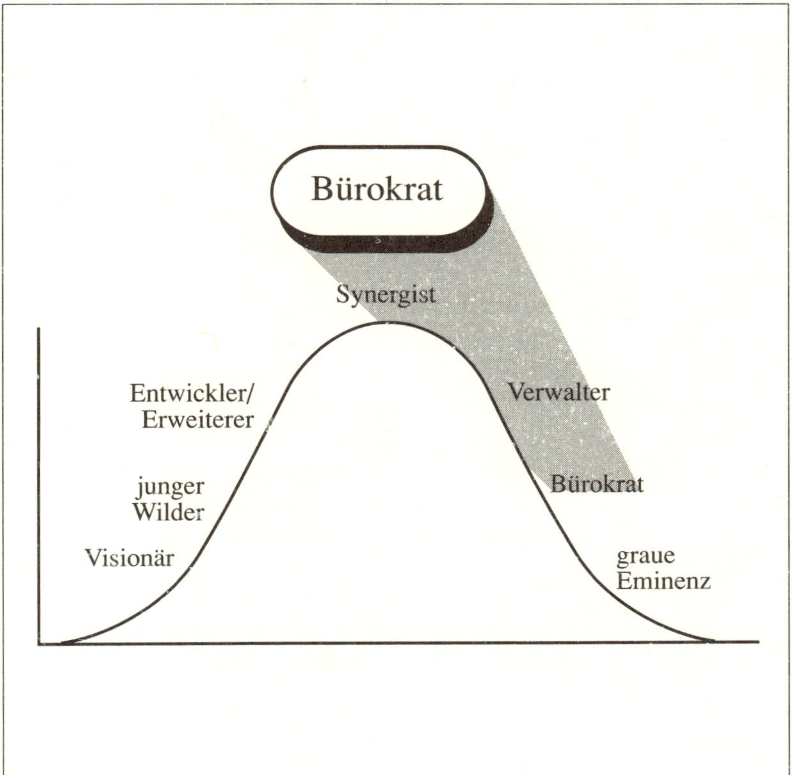

Der Dudelsackpfeifer, der seine Geschicklichkeit verloren hat,
kann die Füße der Menge nicht mehr zum Tanz beschwören;
und wenn er nun, in Wut und Schrecken, sich als Drilloffizier oder
Sklaventreiber zu geben versucht und durch körperliche Gewalt ein
Volk zu zwingen versucht, von dem er spürt, daß er es nicht mehr
durch seinen alten, magischen Zauber führen kann, dann vernichtet
er um so sicherer und um so schneller seine eigenen Absichten;
denn die Anhänger, die bloß erlahmt und zurückgefallen waren,
als die himmlische Musik langsam erstarb, werden durch eine
Berührung der Peitsche zu tätiger Rebellion gereizt werden.
Arnold Toynbee

Das Hauptmerkmal des bürokratischen Zeitalters ist der Verlust des gemeinschaftlichen Ziels, der zu einem Verlust der Einheit führt. Hierarchien und Interessengruppen gelingt es nicht, sich gegenseitig zu verstehen, und jeder kocht sein eigenes Süppchen. Die Führer sondern sich von ihren Anhängern ab. Die Arbeiterschaft fährt fort, ihre eigene Bürokratie zu entwickeln, um sich vor verständnisloser Führung zu schützen. Mitarbeiter und Führung entwickeln die Sensibilität eines Betonklotzes.
Die bürokratische Zyklusstufe führt das Zeitalter des Zweifels in seinem Schlepptau. Die Angestellten der bürokratischen Organisation fangen an zu zweifeln, ob ihre führenden Köpfe eine klare Vorstellung von Zukunft und Wohl der Firma besitzen. Sie beginnen zu zweifeln, ob es die Sache wert ist, ihre Karrieren in den Dienst gerade dieses Unternehmens zu stellen. Die Manager wiederum beginnen, ihre eigenen Strategien anzuzweifeln. Die Geschäftsführung fängt an, den Glauben an ihr Produkt zu verlieren. Sie sucht Heil in Luftschlössern. Noch verstehen sie nicht, daß das Problem nicht in der Firma liegt, sondern bei ihnen selbst.
Wie die Altenforschung zeigt, verfallen Pensionäre, die ihres Lebensziels verlustig gehen, sowohl geistig als auch körperlich. Auch das bürokratische Unternehmen ist dabei, Gesundheit und Ziel zu verlieren.
Im bürokratischen Zeitalter setzen die Mitarbeiter ihre schwindenden Kräfte nicht nur für den Kunden oder den Wettbewerb ein, sondern widmen ihre letzte Kraft internen Kämpfen. Je mehr Auf-

merksamkeit sie auf die inneren Mißstimmigkeiten verwenden, desto weniger können sie auf die Herausforderungen der Außenwelt schöpferisch antworten. Statt dessen fusionieren und kaufen die Bürokraten im M & A-Fieber wild und wahllos auf, so wie ein kränkelnder Greis meint, wenn er sich einen schicken Sportflitzer zulege, dann werde er schon wieder kraftstrotzend wie ein Twen.

Der Charakter des Bürokraten

Wenn wir uns einen Bürokraten vorstellen, denken wir bestimmt an einen langsamen, untätigen Schreibtischhengst, an einen miesepetrigen Zeitlupenbeamten. Aber es gibt noch eine andere, ebenso gefährliche Sorte: den angriffslustigen Bürokraten. Der spinnt ein zähes Netz der Kontrolle, das anfangs Kosten und Leerlauf aus einem Unternehmen herauspreßt, wenig später aber auch die Kreativität wie eine Zitrone ausquetscht. Das ist dann die schlimme Spezies der Bürokraten, die als junge Wilde oder Visionäre angefangen haben. Ein Bild kommt mir in den Sinn: Als Tiger gestartet und als Bettvorleger gelandet.

Der untätige Bürokrat, den man normalerweise in Stabsabteilungen oder Amtsstuben findet, ist weniger gefährlich, weil er tatenlos nur das Fortkommen anderer verlangsamt. Der angriffslustige Bürokrat mag vielleicht noch einen Funken jener Vision und Wildheit besitzen, die ihn ursprünglich antrieb. Haben nicht deshalb die Bürokraten Breschnew und Honecker ihr Volk jahrzehntelang an der Nase herumführen können, weil noch eine Winzigkeit jener Vision des Karl Marx oder des jungen Wilden Lenin glimmte?

Ein Blick in die Geschichte mag aufschlußreich sein: Das britische Weltreich war im wesentlichen deshalb erfolgreich, weil seine Verwalter, die britischen Beamten, über Sachkenntnis verfügten. Ganz gleich, wie man zur Kolonialherrschaft auch stehen mag, würde jede faire Untersuchung der britischen Herrschaft, beispielsweise in Indien, ergeben, daß die britischen Verwalter die Ordnung in ihrem Herrschaftsgebiet wirksam aufrechterhielten. England leitete seine Kolonie mit 1299 Beamten in Indien. Heute beschäftigt die indische Zentralregierung 3,3 Millionen Personen. Während der Kolonialzeit hätte man die Beamten beschuldigen können, eine Entwicklung des Landes nicht voranzutreiben. Heute ist dieses Beamtentum weitgehend dafür berüchtigt, jede Entwicklung zu hemmen. Das ist nicht erstaunlich. Allgemein gilt: Je stärker die Kontrolle durch Verwaltung, um so geringer die Neigung zu Entwicklung und Wachstum.

Vor einem Jahrhundert führte England als übliches Verfahren in Indien ein, daß Industrieunternehmen vor ihrer Gründung eine Genehmigung beantragen mußten. Diese Vorgehensweise wurde nach dem Fortgang der britischen Verwalter beibehalten. Bevor sich jemand heutzutage an irgendeinem industriellen Entwicklungsprojekt beteiligen kann, wird er vermutlich bis zu zwei Jahren warten müssen, bevor acht verschiedene Ausschüsse seinem Antrag stattgegeben haben. Bis vor kurzer Zeit erforderte eine Investition im industriellen Bereich im Umfang von 16 Millionen Dollar oder mehr die Zustimmung des Kabinetts. Die Angewohnheit der Überwachung, die von den Briten übernommen wurde, behindert die indische Industrie derart, daß die staatliche Stahlindustrie kostenmäßig den Stahl zum doppelten Weltmarktpreis herstellt und dazu ungefähr 30 Prozent mehr Angestellte benötigt als sonstwo auf der Welt.

Bürokratie bedeutet nicht nur eine hohe Anzahl von Leuten, Ausschüssen und Prüfungskommissionen. Sie ist eine Wertordnung mit eigenen Belohnungen, die ihre Mitglieder dazu treibt, jene Kontrollfesseln immer weiter anzuziehen. Wie ein Angehöriger der indischen Bürokratie unlängst zugab: »Ich habe kein Geld, ich bin nicht besonders klug, aber was ich tun kann, ist, J. R. D. Tata (einen führenden indischen Industriellen) zwanzig Minuten vor meinem Büro warten zu lassen.«

Vorstand und Geschäftsführung im Bürokratenzeitalter igeln sich ein. Das Wort »Herausforderung« haben sie aus ihrem Vokabular gelöscht. Viele Vorstandsmitglieder haben noch nie eine Werkshalle von innen gesehen oder ein Produkt an den Mann gebracht. Von solchen Dingen verstehen sie nichts, und es interessiert sie im Grunde auch nicht. Sie interessieren sich für den Aktienkurs, für Kurs-Gewinn-Verhältnisse, Cash-flow oder Dividendenausschüttung. Die Vorstandsmitglieder sind Zuschauer, die ins Stadion kommen, nachdem das Spiel vorbei ist. Sie sehen sich den Punktstand auf der Anzeigetafel an und raunen etwas Zustimmendes zur

Strategie des Trainers. Aber das Spiel als solches, den Zweikampf, die Arbeit, nehmen sie nicht wahr.

Den Niedergang und seine Ursache erkennen wir schnell, wenn man einmal das Verhalten der Geschäftsleitung von General Motors und Honda miteinander vergleicht. Bei General Motors werden Senior Executives von einem Chauffeur zur Arbeit gefahren; ihre Wagen stehen in geheizten Garagen und werden von Mechanikern des Unternehmens gewartet. All das stellt komischerweise sicher, daß die Führungskräfte nicht mit den Mängelerscheinungen ihrer eigenen Erzeugnisse belästigt werden.

Senior Manager bei Honda fahren ihre Wagen, die in ihrem eigenen Werk hergestellt wurden, selbst zur Arbeit. General Motors steckt Milliarden von Dollar in die Automatisierung, um bei der Herstellung Menschenhand überflüssig zu machen. Honda bleibt dabei, ein Manager, der nicht »vor Ort« arbeitet, könne keine Entscheidung treffen oder ein Problem lösen. Während alle Senior Manager von General Motors in abgeschotteten Büroklötzen sitzen, ist der Präsident von Honda of America in einem Großraumbüro untergebracht und hilft seinem Team beim Entwurf eines neuen Motors. Ihr Büro in Marysville, Ohio, befindet sich direkt im Herstellungswerk selbst. Der Unterschied hat nichts mit japanischen oder amerikanischen Managementstilen zu tun. Er ergibt sich ganz und gar aus der Zyklusstufe, auf der die beiden Unternehmen sich befinden.

Auf dieser fünften Stufe beschäftigen sich die Wirtschaftsbosse mehr und mehr mit den Symbolen ihrer eigenen Macht. Sie bauen noch höhere Gebäude, besitzen größere und prunkvollere Büros. Diese Symbole wollen ihnen sagen: »Du hast die Verantwortung. Du bist weise und wichtig. Du bist ein tüchtiger Führer.« Der Jahresbericht an die Aktionäre wird als Titelbild nicht die neue Fabrikhalle oder das neue Forschungslabor zeigen, sondern ein Foto des neuen Verwaltungsgebäudes. Vorstand und Aktionäre werden von Glitzer und Glamour geblendet sein. Vielleicht sollten sie einmal ein bißchen nachdenken: Je höher das Verwaltungsgebäude, desto niedriger die Gewinnmarge. Gerade in Großunternehmen fressen der teure Verwaltungsapparat und hohe Fixkosten die Gewinne schnell weg.

Die Moscheen des Islams wuchsen dann zum größten Prunk, als die

Ausbreitung des Glaubens ihren Höhepunkt bereits überschritten hatte. Die Pyramiden Ägyptens wurden zur Wahnvorstellung der Pharaonen erst dann, als sie vollends entfremdet von ihren Untertanen lebten und überzeugt waren, sie selbst seien Götter. Und das Pan-Am-Gebäude und der Sears Tower wurden, wie so viele andere Gebäude auch, zu einer Zeit gebaut, als die Unternehmen bereits ihre Lebenskraft einzubüßen begannen und den Geschäftsführungen mehr an Symbolik als an wirklichem Kundenservice gelegen war. Der Unternehmer als Symbolverwalter.

Sie sind vielleicht ein Bürokrat, falls . . .

. . . Sie den größten Teil Ihrer Zeit in Sitzungen verbringen und überprüfen, was geschehen ist oder hätte geschehen müssen;
. . . Sie in der letzten Woche nicht mit mindestens drei Kunden gesprochen haben;
. . . Sie – zumindest in dieser Frage – überzeugter Leninist sind: Vertrauen ist gut, Kontrolle ist besser;
. . . Sie kein Freund von Überraschungen sind;
. . . Sie glauben, alles fest im Griff zu haben;
. . . Sie jeden Tag zur gleichen Zeit ins Büro kommen und es pünktlich zur selben Stunde stets verlassen.

Der Bürokrat in der Geschichte

Genossen, wir bauen kein Land des Müßiggangs auf, wo Ströme von Milch und Honig fließen, sondern die am stärksten organisierte und fleißigste Gesellschaft in der menschlichen Geschichte. Und die Menschen, die in dieser Gesellschaft leben, werden die tüchtigsten, gewissenhaftesten, organisiertesten und politisch bewußtesten der Geschichte sein.
Leonid Breschnew, 1972

Solange die Bosse behaupten, sie bezahlten uns anständig, so lange behaupten wir, wir arbeiteten.
Bei sowjetischen Arbeitern üblicher Spruch, ungefähr zur gleichen Zeit.

Der Niedergang eines Unternehmens wird oft dadurch erklärt, daß man auf äußere Ereignisse wie stärkerer Wettbewerb, neue Technologien, veränderte wirtschaftliche Rahmenbedingungen oder eine gewandelte Marktlage verweist. Manche Historiker haben in ähnlicher Weise den Niedergang einer Kultur erklärt, indem sie auf Veränderungen von außen hinwiesen, etwa auf Erdbeben, Vulkanausbrüche, Seuchen, Begrenzungen der geographischen Ausbreitung oder Angriffe fremder Mächte. Arnold Toynbee überprüfte alle diese Hinweise und entlarvt solche Argumente als wenig plausibel. Völker, so Toynbee, zerstören sich von innen heraus, indem sie Vitalität und Dynamik verlieren. Toynbees Untersuchung fußt auf seiner Beurteilung des Untergangs von 21 großen und mächtigen Zivilisationen, einer sehr umfangreichen Datensammlung kulturellen Niedergangs. Seine Argumente sind es wert, noch einmal dargestellt zu werden.

Die Römer, große Baumeister von Straßen, Bewässerungsanlagen und anderer infrastruktureller Bauten, begannen diese Fertigkeit ab dem 5. Jahrhundert langsam zu verlieren. Die römischen Straßen beispielsweise verwahrlosten allmählich. Das lag aber nicht etwa an einer Mißachtung von Technik oder Organisation im Straßenbau. Es war vielmehr ein Symptom des inneren gesellschaftlichen Verfalls. Die Bürger Roms gaben ihr Geld mehr und mehr für Müßiggang und Luxus aus. Sie waren nicht bereit, zusätzliche Steuern für den öffentlichen Wohlstand zu zahlen. Straßen wurden als etwas Selbstverständliches hingenommen und keineswegs mehr als Herausforderung, die einen verantwortungsvollen und engagierten Bürger fordert.

Der Verfall der Straßen in und um New York City während der letzten Jahre mag in ähnlicher Weise nicht Ergebnis schwindenden technischen Könnens sein, sondern eine Folge mangelnden Bürgersinns. In der Geschichte wie auch in den Unternehmen wird man ein Versagen immer auf technische, physikalische oder materialbedingte Gründe schieben. Dem Anschein zum Trotz liegt der Grund zuallererst aber im Zustand der Gleichgültigkeit, der alle menschliche Unternehmenslust in den Schlaf wiegt.

Ein zweiter, möglicher Grund des Verfalls, der von Toynbee als Legende decouvriert wurde, ist die Unfähigkeit einer Zivilisation, sich flächenmäßig auszubreiten. Es scheint im Gegenteil so zu sein, daß geographische Ausbreitung, insbesondere wenn sie gewaltsam geschieht, häufig genau zu der Zeit stattfindet, wenn sich eine Gesellschaft im Inneren aufzulösen beginnt. Das Römische Reich besetzte die Britischen Inseln und Schottland, während die römische Gesellschaft schon im Zerfall begriffen war. Die Führer einer Gesellschaft unternehmen wahrscheinlich nur einen letzten, fast verzweifelten Versuch, den Anschein ihrer Macht, Stärke und Jugendlichkeit aufrechtzuerhalten, wenn sie besonders dramatische Eroberungen vornehmen.

Große und wohlhabende Unternehmen wenden sich auf vergleichbare Art nach außen, kaufen andere Firmen. Vielleicht ist dies auch hier nur der Versuch, den Anschein von Lebenswille und Power aufrechtzuerhalten, während sie die Kraft zum inneren Neuanfang verloren haben und in zunehmenden Maß von den Mißstimmigkeiten im Inneren zermürbt werden.

Eine dritte, mögliche Erklärung für den Niedergang einer Zivilisation: Sie wird von den Angriffen fremder Barbaren geschwächt. Toynbee weist allerdings auf zahlreiche Beispiele – etwa auf den Angriff der Christen durch die Moslems oder den Angriff der Mongolen auf Japan – , die zeigen, daß solche Bedrohungen durch fremde Mächte sich eher als Stärkung des Angegriffenen erweisen und selten ein Quell des Niedergangs sind. In all den Fällen, wo sich ein Angriff fremder Mächte als schicksalhaft erwies, befand sich die Gesellschaft bereits in einem fortgeschrittenen Zustand inneren Verfalls und war nicht in der Lage, gegen die äußere Herausforderung eine wirksame Entgegnung zu setzen.

Für Zivilisationen und Unternehmen wird es immer Rivalität von außen geben. Edward Gibbon schreibt in seinem Buch »Verfall und Untergang des Römischen Reiches« über den Niedergang Roms:

> Der Todesstoß wurde wenigstens 600 Jahre früher erteilt, und die Hand, die das tat, war die des Opfers selbst. Wir stehen immer noch vor der Frage, warum das Opfer von einem selbstmörderischen Wahn dieser Art zu dieser Zeit überwältigt wurde . . . wir sind zu dem Schluß gekommen, daß das Urteil Selbstmord und nicht Mord lautet.

Toynbee kommt zu dem Ergebnis, daß die einzige Erklärung, die für das Scheitern einer Kultur übrigbleibt, im Versagen der Gesellschaft zu sehen ist, Herausforderungen wirksam zu begegnen. In der Torheit, das Schicksal aus der eigenen Hand zu geben. Die meisten Historiker stimmen dem zu. H. G. Wells meint:

> Die zwei Jahrhunderte der Ordnung, von 27 v. Chr. bis 180 n. Chr., können zu den verpaßten Möglichkeiten der Menschheit gezählt werden. Es war eine Zeit des Ausgebens, nicht des Erschaffens, eine Zeit der Architektur und des Handels, in der die Reichen reicher wurden und die Armen ärmer und in der Seele und Geist des Menschen verfielen.
>
> Das römische Weltreich besaß in seiner besten Zeit eine bürokratische Verwaltung, die eine Zeitlang den Frieden in der Welt erhielt und es doch ganz und gar versäumte, ihn zu sichern. Der Schlüssel zu all seinem Versagen liegt im Fehlen jedes freien Geistes. Es achtete Wohlstand und sah auf die Wissenschaft herab. Es war ein ungebildetes und vorstellungsarmes Weltreich. Es sah nicht nach vorne.

Der Untergang ist stets ein Versagen in schöpferischer Führung, aber die Führer – sowohl von Kulturen wie auch von Unternehmen – sind ebensosehr Opfer wie Täter. Wegen der vielen Hierarchieschichten unter ihnen wird die Information, die sie erhalten, immer ungenauer und verzerrter. Die unantastbare Aura ihrer Machtfülle verführt ihre Untergebenen immer mehr dazu, sie mit einem Zerrbild der Wahrheit zu konfrontieren. Diese räumliche, geistige und seelische Trennung zwischen Führern und Geführten wächst unvermindert weiter. Und im Verlauf dieses Wachstums wird die Fähigkeit der Gesellschaft, ihre eigene Zukunft selbst zu bestimmen, allmählich ausgehöhlt.

Was die Bürokratie betrifft, so hinken wir der UdSSR um mehr als nur eine Sputniklänge hinterher. In Sachen Bürokratie erscheinen Amerikaner und Westeuropäer im Vergleich zu den Russen fast wie fromme Suppenmönche.

Michail Gorbatschow hat sich zum Ziel gesetzt, die Tatkraft des russischen Volkes aus den Ketten starrer Bürokratie zu befreien. Die

Lähmung der Wirtschaft, die durch die gesellschaftliche Ordnung und verknöcherte Verfahrensweisen in der Sowjetunion fest verankert sind, wirkt als stärkste Waffe gegen eigenen Wohlstand und Fortschritt.

Die Kultur der heutigen Sowjetunion ist der Abfolge der verschiedenen Lebensstufen ohne nennenswerte Abweichung gefolgt. Marx und Lenin waren Visionär und junger Wilder der sowjetischen Gesellschaftsordnung und werden mit derselben Ehrerbietung genannt wie in anderen Kulturen Religionspropheten. Sie waren die Männer, die die Ideen entwickelten, wobei Lenin bereits den Übergang ins Zeitalter des jungen Wilden vollzog. Wie andere Visionäre interessierte sich Marx nicht für die Gegenwart. Sein Auge richtete sich fest auf einen Zukunftsentwurf, der in weiter Ferne lag. Stalin hingegen war mit Haut und Haaren ein junger Wilder mit nicht zu leugnenden Anflügen von Wahnsinn, der die meisten Jungen-Wilden-Führer heimsucht, wenn ihre Macht keinerlei Kontrolle unterworfen wird. Viele Entwickler und Erweiterer erledigten mehr schlecht als recht ihren Auftrag, ohne größeren Ehrgeiz zu entwickeln. Wenn ein junger Wilder ohne jede Kontrolle zu lange an der Macht bleibt, prägen seine persönlichen Wesensmerkmale allmählich auch den Aufbau und die Ordnung der jeweiligen Gesellschaft und lassen die hochgradigste Form der Bürokratie entstehen.

Bürokraten legen großen Wert auf Planung und Pläne. Die Sowjets haben, wie unsere Großfirmen, viel Schweiß in strategisches Planen gesteckt. Hedrick Smith, Korrespondent der »New York Times«, arbeitete mehrere Jahre in Moskau. Mit seinem Buch »The Russians« legt er eine der umfassendsten Darstellungen sowjetischen Lebens vor:

> »Der Plan« wird von sowjetischen Marxisten als Schlüssel zur wissenschaftlichen Wirtschaftsführung von Arbeitskraft und Sachmitteln angeboten, als unfehlbare Hebelkraft, die bestmögliches Wachstum und steigende Produktivität bewirkt, als Mittel der Welt von morgen, das ein wohlgeordnetes Arbeiten der zweitmächtigsten Wirtschaft der Welt sichert. »Der Plan« ist beinahe das Hauptgesetz dieses Landes. »Planerfüllung« heißt die unaufhörliche Beschwörungsformel des sowjetischen Lebens. In

der Öffentlichkeit wird »Der Plan« mit beinahe mystischer Verehrung behandelt, als sei er mit einer übermenschlichen Gabe ausgestattet, die Mühen der Sterblichen auf eine höhere Ebene zu heben, sie von menschlichen Schwächen zu befreien.

Bürokraten, ob in der sowjetischen Verwaltung oder in westlichen Unternehmen, entwickeln einen fast religiösen Glauben an die Macht der Pläne.

Pläne können nützlich sein. Aber wie alle Verfahrensweisen der Verwaltung treffen sie nie den Kern der Dinge. Sie regen den Fluß schöpferischer Einfälle nicht an. Sie bringen keinen neuen Mikrochip hervor, keinen neuen BMW-Motor und spornen keinen Mitarbeiter zu einem Vierzehn-Stunden-Tag an. Wissenschaftliches Management wird von praktisch allen Bürokratien mit dem gleichen religiösen Eifer praktiziert; das Wesen dieser Wissenschaft (welch eine begriffliche Irreführung!) hängt ganz von der Kultur ab, die sie umgibt, doch die Auswirkung ist immer gleich: engmaschige Kontrolle, Zentralisierung der Macht, Verlust von Kreativität und unternehmerischer Lust.

Je bürokratischer die Gesellschaft, desto schärfer fällt die Trennung zwischen Kontrollierten und Kontrolleuren aus. Demokratie ist praktisch unmöglich, wenn man sich zur Erzielung wirtschaftlicher Leistung auf Kontrollverfahren verläßt. Demokratie erfordert Führungspersönlichkeiten, die in engem Kontakt mit ihren Anhängern stehen. Auf Kontrollen zurückzugreifen trennt Führer und Geführte.

Eine weitere Folgeerscheinung jeder bürokratischen Herrschaft ist der festgefügte Widerstand gegenüber Änderungen aller Art. Je stärker sich die Führungskaste abhebt, um so mehr gilt ihr Interesse dem Erhalt der bestehenden Ordnung, und um so größer ist der Widerstand gegenüber jeder Änderung. Michail Gorbatschow wird, um das sowjetische System ändern zu können, die Macht der Nomenklatura scharf beschränken müssen.

Reformen erfordern große Opfer und Anstrengungen. Fehlt Wettbewerb oder Revolte im Innern, erfährt die herrschende Klasse nicht genügend Druck, der sie zu ungeliebten Reformen zwingen könnte.

Unglücklicherweise trifft folgendes zu: Je fester die Bürokratie verankert ist, um so niedriger ist die Wahrscheinlichkeit eines friedlichen Wandels. Ursache jeder Revolution ist die ungleiche Verteilung von Macht, die Zerstörung des inneren Gleichgewichts. Wenn die Entfremdung allumfassend wird, steigen die Führer zu grauen Eminenzen auf, und den Untertanen bleibt nur eine Alternative: Revolution oder schnellstens das Weite zu suchen.

Der Bürokrat im Wirtschaftsleben

Harold Geneen, ehemaliger Chief Executive Officer bei ITT, war ein höchst angriffslustiger Bürokrat. Kein Manager ging jemals mehr im Gebiet der Wirtschaftsprüfung auf, liebte mehr ein Zahlenmanagement. Geneen verspürte keine Neigung für ein bestimmtes Produkt, einen Kunden oder eine Technologie. Auch war unwichtig, in welcher Branche er arbeitete. Er glaubte an Zahlen und seine Zahlenspiele. Er schuf ein Gefüge, das gut zu dem gnadenlosen Streben nach Kontrolle der Finanzen paßte. Und er legte die Daumenschrauben an. Aber zugleich machte er jedem Anflug eines schöpferischen Einfalls den Garaus.
Er führte zahlreiche Ankäufe durch, aber es mißlang ihm, die verschiedenen Unternehmenskulturen zu vereinheitlichen. Es ging nicht in seinen Kopf, daß Kontrolle nicht alles zuwege bringen konnte. Und mit seinem Scheitern bewies er, daß das Geschäftsleben nicht allein von Zahlen und Formeln lebt.
Im Jahr 1950 wollte Jones & Laughlin Steel Zucht und Ordnung in ihr Stahlunternehmen bringen. Harold Geneen, der bis dahin bei Bell & Howell gewesen war, wurde zum Aufbau des Finanzmanagements eingestellt. Jones & Laughlin war das Paradebeispiel für ein Unternehmen, das von Entwicklern und Erweiterern geleitet wurde. Diese hatten niemals ein Gefühl für die Notwendigkeit einer Verwaltung. Die gesamte Stahlindustrie war in einer ähnlichen Verfassung. Geneen sah, daß die Betriebsleiter bei Jones & Laughlin keinen blassen Schimmer von Kosten oder Umsätzen besaßen, daß sie den Wert des Inventars oder die Materialpreise nicht kannten. Das Hauptziel der Jones-&-Laughlin-Betriebsleiter im finanziellen

Bereich war, von den jährlichen Kapitalzuweisungen den größtmöglichen Brocken abzubekommen. Warum auch nicht, wenn keine Rechenschaft über die Erträge, die das eingesetzte Kapital abwarf, abgelegt werden mußte? Die Betriebsleiter beachteten die »Erbsenzähler« gar nicht. Bevor Geneen kam, galten die »Erbsenzähler« als kleine Büroangestellte, die bei Entscheidungen nicht groß mitzureden hatten. Geneen aber war ein Buchhalter anderen Schlags. Er war ein Verwalter mit der Persönlichkeit eines jungen Wilden. Er sollte das Verhältnis von Rechnungswesen und Linienmanagern für immer ändern, nicht nur bei Jones & Laughlin, sondern in weiten Teilen der amerikanischen Industrie.

Bei Jones & Laughlin Steel baute Geneen mit messianischem Eifer das Rechnungswesen auf. Er hatte dabei das Ziel vor Augen, die Firma durch das Instrument der Finanzkontrolle völlig umzukrempeln.

Geneen und seine Leute entwickelten das Kontrollprogramm für Hüttenbetriebskosten (MOCC), ein Standardprogramm für Betriebskosten, das die Art, in der die Stahlgesellschaft gemanagt wurde, völlig veränderte. Auf einmal waren die Betriebsleiter der Hütten für jeden Kostenposten selbst verantwortlich. So schreibt Robert Schoenberg in seiner »Geneen«-Biographie:

> Jetzt schwollen die Monatsberichte der Betriebsleiter von ein paar Seiten auf zentimeterdicke Bücher an, die mit Leistungsstatistiken vollgestopft waren. Bei den monatlichen Sitzungen erschienen die Betriebsleiter in Begleitung ihrer Buchhalter (die sofort höhergruppiert worden waren) und mit Leuten aus Vertrieb und Herstellung. Sie mußte wegen jeder Abweichung von Planvorgaben Rede und Antwort stehen und jede Abweichung vom Standard erklären. Was auch immer die Ursache sein mochte, das Betriebskostenkontrollprogramm warnte die Geschäftsführung vor voraussichtlichen Schwierigkeiten und wies auf den möglichen Bösewicht hin.

Harold Geneen, der Firmenaufseher, saß in den monatlichen Berichtssitzungen neben dem Präsident und zögerte nicht, den einst mächtigen Vertriebs- und Produktionsmanagern Fragen entgegenzuschleudern. Entdeckte er, daß ein Produkt höheren Gewinn abwarf, so verlangte er zu erfahren, warum die Vertriebsleute diese Richtung nicht verstärkt verfolgten.

Die Vertriebsmanager waren nicht gewohnt, sich von einem Buchhalter belehren zu lassen. Sie haßten es! Vertrieb und Produktion hatten bisher den Laden in Schwung gehalten und Buchhalter nur so gerade geduldet. Und jetzt diese Demütigung. John Timberlake, Vice-President im Vertrieb, platzte heraus: »Einen Schreiberling und abgehalfterten Esel kann ich nicht brauchen, der mir noch sagen will, wie ich meine Sache zu machen habe!«

Timberlake kam aus der Stahlbranche. Stahl war sein ganzes Interesse – und sein Leben – fünfzig Jahre lang gewesen. Der ausschlaggebende Grund für einen erfolgreichen Absatz der Ware waren persönliche Beziehungen, ein enges Verhältnis zwischen Käufern und Verkäufern. Geneen war in dieser Welt ein Eindringling, ein Eindringling, der zwar seine Zahlen verstand, aber nicht diejenigen, die den Stahl herstellten oder die Verkäufe abwickelten. »Stahl lag Geneen nicht mehr im Blut als irgendeine andere Branche, nicht in der Vergangenheit und auch nicht in Zukunft. Er würde niemals ein ›Stahlmann‹ werden oder ein leidenschaftliches Mitglied einer anderen Branche. Er war immer ein Mann der Erträge, ein Pfennigfuchser«, schreibt Schoenberg.

Anfangs konnte Geneens Vorgehensweise erfolgreich die Einnahmen und Rendite erhöhen. Zweifellos brauchte nicht nur Jones & Laughlin, sondern fast jeder Betrieb in der Stahlindustrie dringend mehr und planmäßigere Aufsicht in Finanzfragen. Die Industrie übernahm die Kostenkontrollmethode der Stahlbranche. In zunehmendem Maße waren die tonangebenden Manager nicht mehr Stahlleute, sondern Finanzleute. Wenn die kurzfristige Verbesserung der Stahlgewinne Geneens Kontrolle zugeschrieben werden kann, ist es nur gerecht zu fragen, was es mit den langfristigen Verlusten auf sich hat. Gibt es einen Zusammenhang zwischen dem Niedergang dieser Industrie und dem Austauschen von Männern, die den Stahl liebten, gegen solche, die Zahlen liebten? Hätten beide Gruppen in Ausgewogenheit zusammengearbeitet, wäre die Stahlindustrie vielleicht wettbewerbsfähig geblieben. Die technische Sachkenntnis der Produkte auf seiten der Entwickler und Er-

weiterer hätte vereint werden müssen mit der wirtschaftlichen Arbeitseffizienz und Aufsicht durch einen erfahrenen Verwalter.
Nach einer Zwischenstation als Executive Vice-President bei Raytheon wurde Geneen bei ITT Chief Executive. Hier hatte er völlig freie Hand, ein Management à la Geneen zu errichten. Er führte Knall auf Fall ein strenges System von Budgetierung und Kontrolle ein. Das, was er nicht kontrollieren konnte, wollte er nicht. In seinen ersten Jahren verkaufte er die 22 Prozent an der NEC (Nippon Electric Company), die im Besitz von ITT waren. Er verscherbelte die Anteile von ITT an der schwedischen Telefongesellschaft L. M. Ericsson, weil sie sich seiner Forderung nach vollständiger Offenlegung all ihrer Zahlen nicht beugen wollte. Jede faire Untersuchung ergäbe, daß allein diese beiden Firmenanteile, hätte er sie behalten, heute mehr wert wären als alle Neuerwerbungen von ITT zusammengenommen.
Der Wendepunkt in Geneens Verfahren, der die ITT-Manager in Rage versetzte, war, daß die Finanzprüfer ihre Berichte direkt der Unternehmensleitung vorlegten und nicht den Managern der Profit Center. Der dahinterstehende Gedanke war der, daß diese Finanzmanager als unparteiische Berater am Ort bleiben sollten und mit den Geschäftsleitern ihrer Einheit zusammenarbeiten sollten, andererseits aber frei wären, der Zentrale mit vollkommener Ehrlichkeit zu berichten. Das hörte sich gut an. Im Alltag aber streute die menschliche Natur Sand ins Getriebe. Finanzmanager gehörten nicht zur örtlichen Gruppe der Manager, sondern waren »Außenstehende«, »Spione«, die die Macht besaßen, peinlich prüfenden Besuch aus dem Unternehmensstab kommen zu lassen. Die Gesellschaft wurde allmählich von Geneens Stabsabteilungen völlig beherrscht.
ITT begann nun, über einen längeren Zeitraum hin, Unternehmen zu kaufen und zu verkaufen. So manches kam und verschwand klanglos wieder. Avis, Sheraton Hotels, Jabsco Pump, Bobbs-Merrill, Airport Parking Company of America, Modern Life Insurance, Hamilton Life, um nur einige zu nennen. Von 1965 bis 1967 tätigte Geneen vierzig Aufkäufe. ITT verbuchte jedes Jahr größere Einnahmen und dickere Gewinne. Alles schien in Butter. Geneen und seine Vorgehensweise ritten auf der Welle des Erfolges. Der Ge-

danke, durch Neuerwerbungen zu wachsen, erhielt durch Geneens offensichtlichen Erfolg in der gesamten amerikanischen Industrie starken Auftrieb. Aber der soziale Kitt fehlte, es gab keine gemeinsame innere Bindung an bestimmte Branchen, Industrien oder Märkte. LSI war eine der Neuanschaffungen ITTs, und der damit verbundene Alptraum führt die Schwierigkeiten vor Augen, die sich in vielen der aufgekauften Unternehmen zu entwickeln begannen. Bill Levitt war der Visionär und junge Wilde, der den Hausbau revolutionierte. Für die berühmte Siedlung Levittown war er verantwortlich gewesen. Bill Levitt entwickelte Bauteile im Fertighausverfahren. Auf diese Art entstanden Unterkünfte zu günstigen Preisen.
In der Entwicklung von Wohnunterkünften gab es keinen vorhersagbaren Einnahmestrom. Anders als im ITT-Telefongeschäft mit einem Stamm fester Kunden begann man hier stets wieder ganz von vorne, wenn ein Haus verkauft war. Jedes Jahr mußten neue Grundstücke und neue Kunden gefunden werden. Geneen war gewarnt worden, daß dies ein Geschäft mit Haken und Ösen war. Doch der Investmentbanker Felix Rohatyn überzeugte Geneen, LSI habe das Häusergeschäft auf ein einfaches Fabrikationsmuster zugeschnitten, das den anderen Unternehmungen von ITT durchaus gleiche. Einige Leute hegen den Verdacht, Bill Levitt habe gewußt, daß sein Geschäft die fetten Jahre bereits hinter sich hatte, als es von ITT gekauft wurde.
Kurz nach der Firmenübernahme wurde Levitt durch Dick Wasserman ersetzt, der als einer der besten Vollblutmanager bei ITT galt. Wasserman brachte eine ausgezeichnete Arbeitsgruppe mit nach LSI. Das Problem lag darin, daß man von ihnen erwartete, ein Geschäft auszuweiten, von dem sie nichts verstanden. Um diesen Wachstumserwartungen gerecht zu werden, begannen sie bald mit dem Aufkauf anderer Gesellschaften. LSI kaufte United Homes Corporation, ein Bauunternehmen aus Seattle, unmittelbar vor dem Zusammenbruch des Häusermarkts. Der Umsatz der United Homes Corporation fiel von 33 Millionen Dollar im Jahr 1969 auf 5 Millionen Dollar im Jahr 1972. Der vorherige Besitzer gab dann auch unumwunden zu, er wäre bankrott gewesen, wenn er das Geschäft nicht hätte abstoßen können. Danach stieg LSI bei Eigentumswohnungen und Apartments ein, gerade rechtzeitig mit dem

Einsetzen eines Angebotsüberhangs auf diesem Gebiet. Anschließend eröffneten sie eine Fabrik für Wohnmobile, genau abgestimmt auf die Schrumpfung, die in diesem Bereich eintrat.
Von Wasserman verlangte man Wachstum bei LSI, und er versuchte, das auf Geneens Weise zu erreichen. Sehen Sie sich die Zahlen an! Die Statistik weist einen Zeitraum von mehreren Jahren mit steigendem Wachstumstrend aus.
Aber die Statistik lügt! Sie zeigt nicht immer die ganze Wahrheit. Das einzige, was an einer Trendlinie sicher ist, sie wird auch einmal abwärts rutschen. Das ist nur eine Frage der Zeit. Um den Wendepunkt vorhersagen zu können, muß man sein Geschäft aus dem Effeff kennen. Man muß in dem Produkt und auf dem Markt heimisch sein. Wasserman und Geneen verstanden vom Wohnungsmarkt nichts und waren im Grunde auch nicht sonderlich daran interessiert.
1972 verlor LSI 600 000 Dollar. 1973 verlor es 28 Millionen. Bis 1975 betrug der Verlust insgesamt mehr als 100 Millionen. Eine Schätzung veranschlagte ihn sogar auf über 230 Millionen Dollar.
Ein Unternehmen zu führen bedeutet bei Lichte besehen den Zwang der Verständigung untereinander. Wenn Sie mit Weltraumtechnik zu tun haben, so gibt es dort eine Sprache, die diese Kultur symbolisiert. Haben Sie mit Kunst, Banken oder dem Baugeschäft zu tun, gilt das gleiche. Eines der Probleme bei ITT und anderen Holdings war, daß Verständigung in Geschwätz ausartete. Die Manager verstanden sich gegenseitig nicht. Ja, sie sprachen zwar die gleiche Sprache (Geneen bestand darauf, daß all seine europäischen Manager Englisch sprechen mußten; er hielt sogar die europäischen Treffen nach New Yorker Zeit ab), aber sie verstanden die Bedeutung hinter den Worten nicht. Jedes Unternehmen besitzt seine eigene Kultur, die sich in der Sprache zeigt und in den Bedeutungen hinter der Sprache. Es ist schwierig genug, die vielschichtigen Bedeutungen der Sprache auch nur in einem Geschäftsbereich zu beherrschen. Zwischen Dutzenden von unzusammenhängenden Geschäftsbereichen zu übersetzen scheint mir so gut wie unmöglich.
Der Untergang von Geneen und ITT beruht auf einem Versagen im sinnvollen Zusammenführen. Der Erfolgsmaßstab für einen geglückten Aufkauf ist, ob der Gesamtwert insgesamt größer ist als die

Summe aller Einzelteile. Bei ITT läßt sich dies nicht gerade sagen. Genau dieses Versagen läßt Unternehmen wie Exxon und ITT zu dem Geschäft zurückkehren, das sie auch kennen und beherrschen.
Insbesondere Staatsbetriebe fallen dem Bürokratiebazillus anheim. Wer einmal vor einem deutschen Postschalter Schlange stand, weiß, wovon ich rede. Die unwirsche Art, wie mancher Schalterbeamte seine Kunden abspeist, spricht Bände. Unter Service scheint man hier zu verstehen, daß der Kunde dem Beamten zu dienen habe – und nicht umgekehrt. Gerade in Monopolbetrieben wie der Deutschen Bundespost feiert die Bürokratie fröhliche Urstände. Wußten Sie beispielsweise, daß ein Postpaket, ehe es den Kunden erreicht, siebenmal angepackt und umgeladen werden muß? Die privaten Konkurrenten der Post kommen da mit dreimaligem Umladen aus.
Und auch im Hierarchiegebälk der Post knirscht es: Zwischen der Kundenfront und der Leitung bestehen nicht weniger als vierzehn Hierarchiestufen. Verbesserungen und Modernisierungen versikkern, die Post wird zum unbeweglichen Riesen. Und ein Riese kann bekanntlich keinen Cha-Cha-Cha tanzen. Moderne Managementmethoden, selbständiges Arbeiten, Leistungsorientierung – Fehlanzeige bei den meisten staatlichen Betrieben. »Wer außer mir«, so meint der Vorstandsvorsitzende der »gelben Post« Klaus Zumwinkel sarkastisch, »macht schon 1,5 Milliarden Mark Defizit im Jahr?«
Nur das lukrative Telefonmonopol bewahrt die Post vor einem noch größeren Desaster. 500 Jahre Post – das ist auch die Bilanz von planerischen Fehlentwicklungen und handwerklichem Mißmanagement. Da ist zum Beispiel der darniederliegende Postbankdienst. 22 Millionen Konten führt die Post, doch ist dies ein Zwergengeschäft. Auf zwei Dritteln dieser Konten liegen nicht mehr als 300 DM. Und Millionen Konten belaufen sich gar auf bloße 5 DM, Geschenksparbücher zur Neukundenakquisition, die einfach liegengelassen werden. Ein aktives Marketing, einen freundlichen Kundenservice oder Kontenbereinigung – darum scheint sich die Post wenig zu scheren. Die Kunden hat man, doch was macht die Post daraus? Statt aktiver Kundenpolitik bloßes bürokratisches Verwalten.
Das 230 000-Mann-Unternehmen Post wird zum Teil noch geführt wie in Gründerzeiten der Thurn und Taxis. Modernes Marketing,

Kostenmanagement oder EDV-Kundenverwaltung – in alldem hinkt die Post ihrer Zeit schlafmützig hinterher. Kein Wunder, daß die Post pro geliefertes Paket 5,70 DM zusetzt.
Übereinstimmend hält der *Verband der Postbenutzer* und eine Studie der Londoner »Financial Times« die Fernmeldegebühren in der Bundesrepublik für zu hoch. Sogar von Kartellabsprachen innerhalb der europäischen Telefongesellschaften geht die Rede. Gewinn erwirtschaftet ein Monopolbetrieb wie die Post eigentlich nur, weil es ihr historisch gelungen ist, Konkurrenz auszuschalten. Doch diese Zeiten scheinen vorbei: Private Kommunikationsunternehmen und Dienstleister überzeugen heute mit einem Angebot, das die Post preislich und vom Service her in den Schatten stellt. So arbeiten private Kurierdienste schneller und zuverlässiger als der alteingesessene Briefträger. Eilige Dokumente, Ersatzteile oder wichtige Druckunterlagen – mit dem privaten Kurier sind sie heute schneller beim Empfänger. Persönliche Überwachung und Ankunftsbestätigung im Service inbegriffen.
Während die Privaten zur Offensive blasen, beschäftigt sich der Bürokratiekoloß mit sich selbst: Die 35-Stunden-Woche wird von der Postgewerkschaft gefordert, wobei die Pausenzeit pro Arbeitsstunde auf zwölf Minuten ausgedehnt werden soll. Ob hier der Kunde nicht wieder das Nachsehen hat?

Wie man mit einem Bürokraten zurechtkommt

Wenn Sie für einen Bürokraten arbeiten, . . .

. . . fragen Sie ihn des öfteren nach dem »Warum« seiner Handlungen.

. . . dann verlangt Ihr Boß Ordnung und Anpassung. Unangepaßtheit beunruhigt ihn. Fallen Sie nicht aus dem Rahmen! Es ist wenig ersprießlich, für einen nervösen Chef zu arbeiten, insbesondere wenn Sie derjenige sind, der ihn nervös macht.

. . . drücken Sie ihm dieses Buch in die Hand.

Wenn ein Bürokrat für Sie arbeitet, . . .

. . . richtet er in einer Linienstellung mehr Unheil an als in Stabsabteilungen.

. . . achten Sie darauf, daß er die Mitarbeiter mit seiner Bürokratitis nicht ansteckt.

. . . wird er sich dauernd über andere beschweren, die sich gegen seine geheiligten Rituale vergehen. Lernen Sie zu sagen »Na und?«

. . . drücken Sie ihm seine Papiere in die Hand.

Die Organisation des Bürokraten

Wenn Menschen und Organisationen sich hauptsächlich mit Papieren beschäftigen, schwächt dies ihre Wahrnehmung und ihr Verständnis der Wirklichkeit. Entscheidungen auf der Grundlage von Papieren zu treffen fördert Unmenschlichkeit.
David E. Lilienthal

Die bürokratische Organisation wird von der Liebe zu ihrer eigenen Form verzehrt. Der Vorgang der Spezialisierung hat sich jetzt bis zu dem Punkt entwickelt, wo Untergruppen Untergruppen schaffen und alle Untersuchungen, Auswertungen und Pläne durchführen, die miteinander in keinem Zusammenhang stehen und von denen nur wenige überhaupt eine Wirkung besitzen. Meister Parkinson läßt grüßen. Der Bürokrat wird ständig alles anders ordnen, weil er nach formalen Lösungen für geistige Probleme sucht. Diese häufigen Änderungen in der Organisation werden Mitarbeiter hervorbringen, die sich ständig fragen, ob sie nach der nächsten Neuordnung noch einen Arbeitsplatz haben werden. In Zeiten, als die Firma noch wuchs, besaßen die Angestellten große Erwartungen, was die Zukunft betraf. In der Zeit des allmählichen Abstiegs sehen sie mit Angst in die Zukunft. Und Angst ist kein Blutsbruder der Kreativität.
Eine Abwärtsspirale wird in Bewegung gebracht. Sorgen über die

Zukunft blockieren die Kreativität, fehlende Kreativität führt zu unternehmerischen Mißerfolgen. Mißerfolge führen zu noch größerer Angst, und so bohrt sich die Abwärtsspirale immer weiter nach unten.
Auf dieser fünften Stufe ist die Organisation wichtiger geworden als der einzelne. Der einzelne dient jetzt der Organisation, wie jeder, der in einer Bürokratie gelebt hat, weiß. Es laufen fünf Vorgänge ab, die für diese Lebensstufe kennzeichnend sind: die Zentralisierung der Macht, die Rückkehr zur Kommandokultur, Roboterisierung der Menschen, die Ausuferung der Spezialisierung und die Entstehung von Gegenordnungen.

Die Zentralisierung der Macht

Jetzt haben die zentralen Stabsabteilungen das Sagen. Sie bestimmen alles und jedes: wie man sich am Telefon zu melden hat bis wie man seine Kaffeepause verbringen soll. Eine Untersuchung derjenigen US-Unternehmen, die sich durch innere Gestaltung erfolgreich vergrößert haben – Johnson & Johnson, 3M, Procter & Gamble –, bringt ans Tageslicht, daß ihr Erfolgsgeheimnis der Abbau jeder Zentralisierung war. Bei 3M zum Beispiel können Verkäufer neue Produkte und Anwendungen gestalten. Sie werden »Sieger« und »Helden« des Geschäfts durch ihre Kreativität. Obwohl es bei 3M eine große Zentralorganisation für Forschung und Entwicklung gibt, stammen mehr neue Produkte von Verkäufern und Produktmanagern, die auf Kundenwünsche achten und neue Antworten auf die Bedürfnisse ihrer Kunden entwickeln.
Ein Abbau der Zentralisierung erlaubt den Beteiligten, ihr Schicksal selbst in die Hand zu nehmen. Die vorteilhaften Eigenschaften des Visionärs und jungen Wilden, nämlich Vorstellungsvermögen und entschlossene Tatkraft, bleiben erhalten.
Aber auf dieser Zyklusstufe wird die Führungskraft auf starken Widerstand gegen einen wirklichen Abbau der Zentralisierung stoßen. Die ihr übergeordneten Führungskräfte im Stab und in den Schlüsselpositionen denken nicht im Traum daran, die Aufsicht aus der Hand zu geben. Sie trauen den ihnen unterstellten Managern grundsätzlich nicht und werden versuchen, jede Dezentralisierung zu unterlaufen.

Die Rückkehr zur Kommandokultur

In den Tagen des jungen Wilden war der Stil, in dem Entscheidungen getroffen wurden, überwiegend der des Befehlens. In den Zeiten des Entwicklers und Erweiterers sowie des Verwalters war der vorherrschende Stil ein beratender, gelegentlich einer, der von gemeinsamer Abstimmung geprägt war.

In den absteigenden Zyklen der Bürokratie und grauen Eminenz erteilen die Wirtschaftsführer mehr und mehr Kommandos, um Einwilligung und Handlungen zu erzielen. Abstimmung ist nicht möglich, wenn ein gemeinsames Bild der Zukunft fehlt. Die Angst, die die Kontrollverfahren erzeugt haben, zerstört die eigene Unternehmenslust, und dann muß man den einzelnen zu seinem (Un)glück zwingen.

Roboterisierung der Menschen

Verwaltung schafft Regel und Rituale. Ein Übermaß an Verwaltung bewirkt vernunftloses, maschinenhaftes Verhalten.

Die Eigenschaft, sich wie ein Roboter zu verhalten, im Frühkapitalismus von Fabrikarbeitern erwartet, wird jetzt auch zum Attribut des Managers. Da Kontrollen und Befehlsgewalt Angst vergrößern, tun die Angestellten zunehmend, »was man ihnen gesagt hat«, vermeiden Risiken und fragen nicht nach dem »Warum?«. Dieses Verhalten wird wohl kaum dazu beitragen, daß Unternehmen auch in Zukunft im Geschäft bleiben.

Selbst Topmanager werden zu passiven Befehlsempfängern, die wie schlecht geölte Roboter durch die Vorstandsetagen wackeln. Zombiemanagement.

Die Ausuferung der Spezialisierung

Die Spezialisierung führte zu Sachverständigkeit und Leistungsfähigkeit, aber Hand in Hand mit der Spezialisierung ändern sich das Interesse und der Antrieb der Leute. Ziele werden nicht mehr aus der gemeinsamen Vision hergeleitet, Ziele bauen jetzt in zunehmendem Maße darauf auf, die Leiter des eigenen, engen Fachgebiets emporzuklettern. Je mehr einer in einem Spezialgebiet zum »Fachmann« wird, um so unentbehrlicher ist er und um so weniger können andere seine »fachmännischen« Entscheidungen in Zweifel

ziehen. Verantwortlichkeit bezieht sich nun nicht auf das Ganze, sondern auf den Ausschnitt, und alle Ausschnitte sind immer weniger miteinander verbunden und nur mehr Eingeweihten verständlich. Herrschaftswissen nennt man dies wohl.
Die Griechen besaßen ein Wort für das gesellschaftliche Vergehen, sich aus der Gesellschaft zu dem Zweck zurückzuziehen, Herrschaftswissen zu erwerben. Aus diesem griechischen Wort haben wir das Wort »Idiot« abgeleitet. Der »Idiot« war eine überlegene Persönlichkeit, die sich zurückzog und alleine lebte, anstatt seine Begabung in den Dienst des Gemeinwohls zu stellen. Jetzt verstehen Sie sicher, warum wir heute so viele »Idioten« in den Chefsesseln bürokratischer Organisationen finden.

Entstehung von Gegenordnungen

Das seelische Bedürfnis nach Zugehörigkeit und Macht wird erfüllt werden, und wenn dies nicht in der bestehenden Organisation geschieht, dann passiert es durch die Schaffung einer Gegenordnung. Gewerkschaften erfüllen ein ähnliches seelisches Bedürfnis wie jenen Trieb, den viele unternehmerische Menschen dazu treibt, sich selbständig zu machen.
Mitarbeiter wollen das Gefühl besitzen, Herr der Lage zu sein. Um dieses Bedürfnis zu befriedigen, werden Gewerkschaften ins Leben gerufen, wenn die Unternehmer ihren Mitarbeitern das Gefühl geben, machtlos zu sein.
Es wird auf dieser fünften Zyklusstufe sein, daß sie in zunehmendem Maß ihre Macht in der Auflehnung gegen das bürokratische Management zeigen. Übelster Streit folgt auf dem Fuße. Das Versäumnis, in den Mitarbeitern Partner, Freunde und vertrauenswürdige Verbündete zu sehen, führt zu Unruhe und Aufsässigkeit.

Ihr Unternehmen befindet sich im Zyklus der Bürokratie, wenn . . .

. . . Ihr Unternehmen mehr durch Aufkäufe als durch Schöpfung neuer Produkte wächst;
. . . Ihr Unternehmen sich in den letzten drei Jahren mehr als einmal eine neue Struktur verpassen ließ;
. . . Angestellte und Geschäftsleitung in gleicher Weise glauben, wenig tun zu können, um das Schicksal des Unternehmens in die Hand zu nehmen;
. . . Manager und Angestellte gern über »die guten alten Zeiten« reden, als alles noch aufregend war und Spaß machte;
. . . ein Tag wie der andere ist;
. . . Ihnen der Schreck in die Glieder fährt, sobald sich ein Kunde blicken läßt.

Herausforderungen und Aufgaben

Auf dieser Stufe ist die Hauptaufgabe der Organisation, die Unternehmenskultur zu erneuern, die Fessel der Bürokratie abzuschütteln und die schöpferischen Fähigkeiten des einzelnen freizusetzen, die vom Gewicht der Kontrollen niedergedrückt wurden.

Wiedergeburt durch neue Führung

Die Zerschlagung der Unternehmenszusammenballung durch Raiders, Aufkäufer oder »leveraged buy-out«, den kreditfinanzierten Aufkauf des Unternehmens oder von Unternehmensteilen durch die eigenen Manager, tragen dazu bei, die Bürokratie abzubauen und den Biß der Manager zu schärfen.
Das Unternehmen Sybron war auf seinem Weg schon weit vorangekommen. Sybron, das ursprünglich Ritter Pfaudler Corporation geheißen hatte, befaßte sich mit Verfahrenstechnik, Chemikalien und zahnärztlichen Instrumenten. Die Umsätze erreichten 1980 ihren Höhepunkt. Der Chief Executive Herbert W. Jarvis hatte dem Un-

ternehmen seinen Stempel aufgedrückt und sich nach und nach aus den Niederungen der Abteilungen wie auch der Hauptverwaltung gelöst. Als der Börsenkurs in die Knie ging, verfiel er auf die typische Antwort des Bürokraten und änderte den Aufbau der Firma, ohne dabei Produkte oder Kunden im Auge zu behalten.
Die Abteilungsleiter verfielen in Enttäuschung, Desinteresse und Entfremdung, denn die laufenden Kosten des aufgeblähten Unternehmensstabs sowie Kosten, die durch Fehlkäufe entstanden waren, wurden ihnen aufgehalst.
Brian Bremer, ein Hauptabteilungsleiter, sagte, Sybrons Führungskräfte seien »mehr daran interessiert gewesen, Urlaub zu nehmen, sich neue Autos anzuschaffen und ihre Büros zu renovieren, als die schwierigen Entscheidungen anzupacken«. Jarvis und vier weitere Manager des Unternehmens versuchten, Sybron mit Hilfe eines kreditfinanzierten Aufkaufs in ein Privatunternehmen umzuwandeln, aber ihre eigenen, ihnen unterstellten Manager überboten sie. Sie waren der Ansicht, die Übernahme stelle für sie keinen Vorteil dar, und schlossen sich mit dem Übernahmespezialisten Forstmann Little zusammen. Einer der Hauptabteilungsleiter – Frank H. Jellinek jr. von der Erie Scientific Company – machte ein Angebot, das sich letzten Endes durchsetzen sollte. Jellinek und seine Familie hatten Erie 1969 an Sybron bei einem Aktienkurs von damals ungefähr 40 Dollar verkauft, der dann aber auf 12 Dollar gefallen war. Sybron, so sagt er, war »ein einziger Witz. Es hatte grobe Fehler in der Geschäftsführung gegeben.« Jellinek hatte sich eng an die Produkte, Dienstleistungen und Kunden gehalten, die er kannte. Er konnte sogar einen seiner wichtigen Zulieferer, die Corning Glass Works, überzeugen, so daß sie sich an dem Ausverkauf beteiligten.
Als Forstmann Little Sybron übernahm, kürte sie Kenneth F. Yontz zum Präsidenten. Yontz war Executive Vice-President bei Allen Bradley gewesen. Er verkaufte in Windeseile elf Sybron-Abteilungen und schaffte damit das nötige Bargeld heran, um Sybrons Schulden fast ganz abzutragen. (Der Wert eines Unternehmens erhöht sich, wenn defizitäre Abteilungen abgestoßen werden.) Nur sechs Abteilungen blieben über, und Yontz richtete sein Augenmerk nun darauf, deren Wert zu vergrößern.

Er setzte seine Absicht in die Tat um, indem er der Unternehmensbürokratie den Garaus machte: Der Stab wurde von 145 Leuten auf sieben zurechtgestutzt. Anstatt seine Zeit mit Sitzungen zu vertun, auf denen kaum verständliche Strategien entwickelt wurden, verbrachte Yontz sie in den Abteilungen, wo er deren Managern half, eigene Strategien zu entwickeln. In alten Tagen mußte der Manager einer Abteilung vier oder fünf Unterschriften für eine größere Geldausgabe einholen. Unter der neuen Struktur erhielt ein Hauptabteilungsleiter in 24 Stunden die Genehmigung für eine Neuanschaffung von Geräten in Höhe von 600 000 Dollar. Jetzt hatten die Abteilungen das Gefühl, echte Partner ihrer Geschäftsführung und ihrer neuen Besitzer zu sein.
Die Auswirkungen? 1986 schnellte der Betriebsgewinn auf 54,7 Millionen Dollar bei einem Umsatz von 499,3 Millionen Dollar empor, die entsprechenden Zahlen lauteten 1985 27,3 Millionen Dollar bei einem Umsatz von 529,7 Millionen Dollar.

Kreativität innerhalb des Unternehmens erneuern

Von Peter F. Drucker erfahren wir, daß ein Unternehmen zwei wichtige Säulen besitzt: Produktinnovation und Marketing. Das eine ist ohne das andere sinnlos. Es liegt im Wesen der Bürokratie, schöpferischen Elan zu ersticken. Jeder kluge Unternehmer muß der Kreativität erneut Beine machen. Hierzu sollten sie am besten auf die Kluft hinweisen, die zwischen dem besteht, was heute ist, und dem, was morgen schon sein könnte. Die Mitarbeiter der Firma müssen, eine klare Vorstellung von der Zukunft besitzen. Der brennende Wunsch, ein bestimmtes Ziel zu erreichen, ist die beste Art, bürokratische Korsetts aufzuschnüren.

Neue Herausforderung – neue Antwort

Ein Scheitern im Schöpferischen bedeutet auch ein Scheitern, auf Menschen verschiedener Neigungen einzugehen und ihnen Wertschätzung entgegenzubringen. Visionäre und junge Wilde sind einzigartig und unangepaßt. Ihre Überlebensaussichten in diesem bürokratischen Zeitalter sind bescheiden. Sie sind Schöpfer, Antipoden von Bürokraten. Schöpferisch sein heißt erkennen, daß neue Herausforderungen nach neuen Antworten verlangen.

Honda zeigt uns einen Weg, wie dies zu erreichen ist. Einer der wichtigsten Grundsätze von Hondas Unternehmensphilosophie heißt: »Immer auf jugendliche Weise vorankommen.« Warum jugendlich? Für junge Menschen ist es kennzeichnend, Dinge auszuprobieren, die sich vom Althergebrachten unterscheiden, vielleicht sogar deren Gegenteil sind. Wenn man »immer auf jugendliche Weise vorangeht«, erkundet man neue Pfade und findet oft bessere Wege.

Vermeiden Sie Wohlbehagen

Bequemlichkeit ist der Feind aller Kreativität. Die bürokratische Organisation erweckt den Anschein, sicher zu sein. Sie verfügt über riesige Vermögen, Gebäude, Belegschaften, Ruhestandsversorgung und Sondervergütungen. Doch Dolce vita macht auch träge. Nur neue Herausforderungen können Kreativität und Dynamik zu neuem Leben erwecken.

Hier hilft nur Notlagenpsychologie. Das »Es-ist-fünf-vor-zwölf«-Bewußtsein muß der Belegschaft in Fleisch und Blut übergehen. Der Boß muß das Gefühl der Dringlichkeit wecken, das den Puls schneller schlagen läßt. Schöpferische Fähigkeiten, ob in der Entwicklung eines neuen Produktes oder in der Tagesarbeit selbst, werden verstärkt durch das anregende Gefühl, nach etwas zu streben, was wichtig ist, nach etwas, was Stolz und Selbstwertgefühl als Lohn bereithält.

Die Verhärtung von Institutionen aufbrechen

Bürokratische Firmen müssen Rechenschaft neu gestalten, um sicherzustellen, daß die größtmögliche Anzahl von Leuten sich für die Geschicke der Organisation verantwortlich fühlt. Die Überwachung durch einen zentralen Stab behindert die Rechenschaftspflicht und bewirkt, daß Entscheidungen vom einen auf den anderen geschoben werden. Kürzlich beriet ich ein Ingenieurbüro, das für Planung und Errichtung von Bauwerken im Wert von mehreren Millionen Dollar verantwortlich war. Die Ingenieure hatten allesamt an hervorragenden Universitäten studiert. Es war ihnen allerdings nicht gestattet, ihre Unterschrift unter Dokumente, welcher Art auch immer, zu setzen. Alle Briefe, die die Firma verließen, mußten von einem Manager unterschrieben werden, der zwei oder drei Ebenen höher angesiedelt war. Ein Gegengift zur Bürokratie: Entscheidungen nach unten verlagern!

Damit die Unternehmenskultur sich erneuert, wird sie sich einem sorgfältig erstellten Fitneßprogramm unterziehen müssen. Aufbau, Arbeitsweise, Fähigkeiten, Umgangston und Sinnbilder müssen neu bestimmt werden. Der Unternehmenschef muß sowohl als Visionär wie auch als junger Wilder handeln, er muß den Zukunftsentwurf und die Wertvorstellungen erneuern, zugleich aber entschlossen zupacken, um neue Formen zu schaffen.

Der Vorgang ständigen Neuentwerfens und permanenten Hinterfragens wird die Aufmerksamkeit der Manager auf das Wichtige und Grundsätzliche lenken. Darunter verstehe ich die genaue Bestimmung der Zielgruppe, die Orientierung an deren Nutzen, einen weitgehenden Abbau rangmäßiger Schichtung im Unternehmen sowie eine Verlagerung der Entscheidungsbefugnis auf die jeweils niedrigstmögliche Ebene. Das wird der Selbstzufriedenheit und Überheblichkeit einen Riegel vorschieben. Es wird die Überzeugung wecken, daß es die Aufgabe der Geschäftsführung ist, ständig den Wandel zu lenken und nach besseren Leistungen zu streben.

Die Erneuerung des Gemeinschaftsgefühls

Der letzte Hinweis auf den kommenden Zusammenbruch einer Zivilisation ist der Ausbruch innerer Uneinigkeit, ein Bürgerkrieg im Unternehmen. Das Zerfallen der Gemeinschaft, in der Gesellschaft oder im Unternehmen, kann man auf einer senkrechten und einer waagerechten Ebene betrachten. Den Zerfall in waagerechter Sicht findet man in Kulturen, die in immer mehr und immer kleinere Staaten aufgesplittert sind. Sie stehen im Wettbewerb miteinander, was die Kräfte der Gesellschaft verbraucht und ihre Verwundbarkeit gegenüber Angriffen von außen erhöht. Die Kraft der Lenker von ITT, U.S. Steel oder Bethlehem Steel wurde in den absteigenden Jahren mehr gegen Gegner im Inneren eingesetzt als gegen externe Konkurrenten.

Den Zerfall einer Kultur, auf der senkrechten Achse beobachtet, macht sich an der zunehmenden Herausbildung von Kasten und Einzelinteressen fest. Diese Bildung von Schichten bewirkt eine stärker werdende psychologische Trennung von Führern und Geführten. Die römische Gesellschaft war eindeutig zerbröselt in Bürger, Plebejer und viele weitere Gruppen eroberter Völker, die von Rom beherrscht wurden, aber keine Aussicht auf gesellschaftlichen Aufstieg besaßen.

Eine Spaltung des Weltbildes, unterschiedlich bei Führern und Geführten, begleitet den Zusammenbruch. Die Antwort darauf wird sich in einem Unternehmen nicht unbedingt in Gestalt einer gewalttätigen Meuterei finden. Vielmehr verlassen fähige Mitarbeiter einfach die Firma und gehen dahin, wo ihre Fähigkeiten besser genutzt werden.

Hand in Hand mit dem immer mehr auseinanderbrechenden Weltbild wird ein Verfall des Vertrauens einhergehen. Mit dem Zusammenbruch jeder Kommunikation zwischen den Kasten wird es immer schwieriger, Vertrauen zu wecken, und Vertrauen ist die Grundlage, auf der die Beziehung zwischen Führern und Geführten aufbaut.

In mehreren großen Industrieunternehmen habe ich Führungskräfte kämpfen sehen, um dieses Vertrauen zurückzugewinnen. Sie gaben ernste Erklärungen ab, besuchten die Werkshallen und versuchten, ihre Sorgen mitzuteilen. Manchmal haben diese Bemühungen Erfolg. Den Bruch des Weltbildes konnte jedoch kein Gedankenaustausch wettmachen. Der bürokratische Führer lebt tatsächlich in einer anderen Welt und nimmt anderes wahr. Der Versuch eines ehrlichen Meinungsaustauschs wird sehr bald von Entscheidungen untergraben, die belegen, daß sich die bürokratische Sichtweise sehr stark von der seiner Mitarbeiter unterscheidet. Wandel, nicht nur Worte, ist gefragt. Der Vorsitzende Mao schickte alle Regierungsbeamte ein Jahr lang zur Feldarbeit. Stellen Sie sich vor, alle Regierungsangestellten aus Washington würden ausgeschickt, um auf Feldern, in Schulen, Fabriken und Krankenhäusern zu arbeiten. H. Ross Perot schlug vor, die Büros aller Führungskräfte bei General Motors zu schließen und sie in die Fabriken zu schicken, wo sie sich unter die wirklichen Malocher mischen müßten. So dumm ist der Kern dieser Ideen nicht: die Entfremdung der Kasten zu stoppen, eine Entfremdung, die schließlich Aufruhr und Aufstand heraufbeschwört.

Manager müssen ein Gespür entwickeln für die Entstehung von Entfremdung und Kastenverhalten. Beim dicken Firmenwagen fängt es an, und bei separaten Kantinen für das Topmanagement und die »einfache« Belegschaft hört es auf. Die Revolte wird dann nicht lange auf sich warten lassen.

Stufe 6

Die graue Eminenz – Entfremdung und Revolte

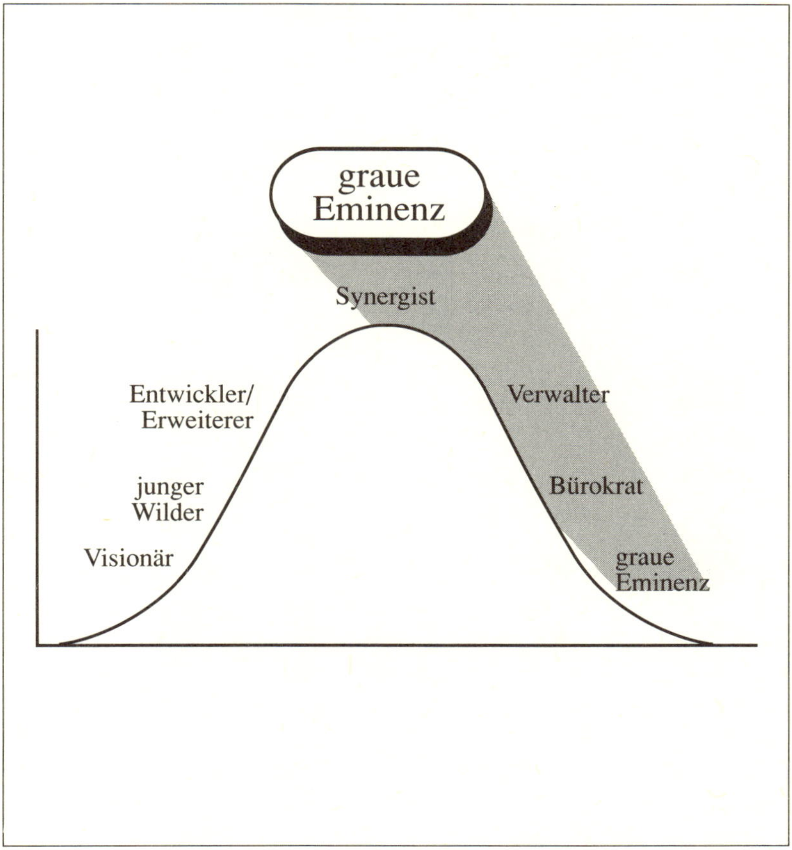

Ich meine, eine kleine Rebellion hier und da ist eine gute Sache und in der politischen Welt so notwendig wie Stürme in der Natur.
Thomas Jefferson

Das Management erhält seine Macht aus seiner Rechtmäßigkeit, doch im Zeitalter der grauen Eminenz ist von Legitimität nicht viel zu spüren. Sie ist verlorengegangen, weil die Unternehmer ihre eigentlichen Aufgaben nicht mehr erfüllen: zu führen, ein Bild der Zukunft zu entwerfen, gesellschaftlichen Sinn und Einheit zu stiften. Peter Drucker meint in seinem fabelhaften Werk »Die Chance des Unternehmers«:

> Macht muß legitim sein. Sonst ist sie nur Kraft ohne Befugnisse, nur Gewalt, aber nie Recht. Macht muß, um legitim zu sein, außerhalb ihrer selbst begründet sein, muß in etwas Erhabenerem gründen, das als echte Wertvorstellung angenommen, wenn nicht gar als absoluter Wert von denen akzeptiert wird, die dieser Macht unterworfen sind. Ist Macht aber Selbstzweck, wird sie zur Gewaltherrschaft, die sowohl unrechtmäßig als auch tyrannisch ist.

Und genau das geschieht im Zeitalter der grauen Eminenz. In jüngster Vergangenheit hat es in der amerikanischen Unternehmenswelt zahlreiche graue Eminenzen gegeben. Der Aufstand der Aktionäre bei Beatrice Foods und Continental Group zeigt, was geschieht, wenn ein Graues-Eminenz-Management den Bezug zu seinen Aktienbesitzern verliert.

Und in der Tat, überall, wo es zur Rebellion kommt, findet sich auch eine graue Eminenz. Sehen Sie sich amerikanische Automobilfirmen an, und Sie werden graue Eminenzen finden, die ihren eigenen Selbsttäuschungen folgen und wenig den Nutzen ihrer spärlich werdenden Kundschaft im Auge haben. Sehen Sie sich United States Steel oder Bethlehem Steel an, und Sie werden graue Eminenzen finden, die so entrückt von ihren Mitarbeitern sind, daß sie deren Schrei nach Würde und Führung nicht hören. Sehen Sie sich Beech-Nut Foods an, und Sie werden graue Eminenzen finden, denen geringe Schwankungen in Gewinn-und-Verlust-Rechnungen mehr zu Herz gehen als die Bedürfnisse der Kinder, für die sie ihre Ware produzieren. Auch wenn Sie einen Blick auf deutsche Firmen wie co op, Volksfürsorge, Gerling oder Nixdorf werfen, werden Sie viel Graues-Eminenz-Management wiederfinden. In punkto Innovation und Managementqualität, um nur zwei Defizitfelder zu nennen, verhalten sich solche Häuser wie unbewegliche Elefanten mit meist derselben Konsequenz: Rebellen, sei's Kunde oder Mitarbeiter, ante portas.

Legitimität sehe ich auch als komplizierten psychologischen Prozeß. Die Wahrnehmungen wichtiger beteiligter Personen und Gruppen sind es, die zählen. In einer jeden Beziehung muß es ein Gleichgewicht der Kräfte geben, ein wechselseitiges Sichernstnehmen und Sichachten. Diese Art der Beziehung bricht zusammen, sobald das Management nur im Sinne seiner eigenen Interessen und gegen die der Geführten handelt. Dann wird Rebellion die unvermeidbare Folge sein.

Der Zerfall einer Kultur kann entweder als innere Revolution oder als Angriff feindlicher Mächte auftreten. Beide Fälle haben die gleiche Ursache: den Verlust von Einheit, der aufgrund von entfremdeter Führung und verlorener Rechtmäßigkeit entstand.

Graue Eminenzen werden sich in einer stark auf Wettbewerb ausgerichteten Umgebung nicht lange halten, und so trifft man sie in Unternehmen, die im Kraftfeld des Wettbewerbs stehen, nicht oft an. Man macht Eminenzen häufiger in Staatsbetrieben oder Monopolunternehmen aus, generell in Firmen, die die harten Regeln des Wettbewerbs für sich außer Kraft gesetzt haben. Der Wettbewerb braucht schöpferische Fähigkeiten, das Eingehen auf den Kunden und erfinderisches Wetteifern. Graue Eminenzen und ihre Unternehmen können in Umgebungen, in denen Wettbewerb herrscht, nicht überleben.

Der Charakter der grauen Eminenz

In unserem Sinne ist die graue Eminenz eine Art verkappter Aristokrat. Websters Wörterbuch definiert »Aristokratie« als »Herrschaft einer Minderheit, die Sonderrechte besitzt und üblicherweise über ererbten Reichtum verfügt; eine herrschende Klasse mit Sonderrechten; Oberschicht«.

Der Aristokrat erscheint als sehr kultiviert und folgt strengen gesellschaftlichen Verhaltensvorschriften. Aber er produziert keine Güter oder Dienstleistungen; als Ergebnis seiner Arbeit entsteht kein neuer Reichtum. Er hat den Reichtum geerbt, den frühere Generationen leistungsfähiger Manager und Arbeiter hervorgebracht haben. Er erbte das Unternehmen mit seinem großen Vermögen, seinen Waren, seinem Personal und Markt. Er wird seine Zeit damit verbringen, die Guthaben neu zu ordnen, damit zu spekulieren und sie zu verwalten, aber er wird kaum neues Guthaben hervorbringen. Das können nur schöpferische Führungspersönlichkeiten.

Robert Foman leitete das Unternehmen E. F. Hutton längere Zeit während seines Aufstiegs und in der ganzen Zeit seines Abstiegs. In Fomans Verhalten und im Untergang E. F. Huttons kann man fast alle grundlegenden Fehler des Charakters und der Kultur erkennen, die für eine graue Eminenz bezeichnend sind.

Foman, der dem Bereich Unternehmensfinanzen im gesamten Bereich der Westküste der Vereinigten Staaten vorstand, wurde 1970 Chief Executive. Zu dieser Zeit verfügte die Investmentbank E. F. Hutton über Einnahmen in Höhe von 85 Millionen Dollar und über 1 275 Account Executives. Zwei Jahre später brachte Foman das Unternehmen an die Börse, und von 1972 bis 1982 verdreifachte sich sein Marktanteil beinahe. Im gleichen Zeitraum kamen 2 225 Account Executives hinzu, und die Einnahmen schossen in eine Höhe von 1,1 Milliarden Dollar. Aus der Saat dieses raschen Erfolgs keimte dann genau die Eitelkeit, die einen Untergang, der an Dramatik nichts zu wünschen übrigließ, heraufbeschwor.

Ein von der Öffentlichkeit nicht zu übersehender Beweis des Niedergangs zeigte sich 1985. Die Firma wurde angeklagt, Telegramme und Briefe veruntreut zu haben, was bedeutete, daß Machenschaften mit ungedeckten Wechseln in Höhe von 4 Millionen Dollar im

Gang gewesen waren. Foman plädierte auf schuldig für das ganze Unternehmen, um eine formelle Anklage bestimmter Vorstandsmitglieder zu umgehen. Das führte letzten Endes zu Huttons Übernahme durch Shearson-American Express und damit zum Ende des Unternehmens. Was wirklich dahinterstand, die Ursache von allem, liegt im Verhalten und der Persönlichkeitsstruktur von Foman begründet.
Hinter dem Management im Stil des Hauses Hutton steckte wahrhaftig nicht viel. So berichtete es das Magazin »Fortune« im Februar 1988:

> Er verbannte Planung, Organisation und Etats aus seinem Herrschaftsgebiet, als ob er ein Feudalherr sei. Wen immer er wollte, wurde eingestellt und befördert, enge Freunde eingeschlossen. Er überprüfte persönlich die Gehälter und Sondervergütungen von über 1 000 Angestellten.

Ein Angestellter berichtete:

> Sein ganzes Leben lang hielt er hof, indem er alle großen und kleinen Entscheidungen selber traf. Wenn es dann unaufhaltsam Freitag abend, sechs Uhr, wurde, rollte eine Träne seine Wange herab. Denn er wußte nicht, was er bis Montag bloß machen sollte. Wenn er nicht über seiner Arbeit saß, dann war er der einsamste Mensch, den es gab.

Die Firma Hutton durchlief nie die Entwicklungsstufe der Verwaltung. Von der dritten Stufe – Entwicklung und Erweiterung – sprang sie direkt zur grauen Eminenz. Obwohl Foman seiner Ausbildung nach ein Verwalter war, richtete er nie Kontrollen der Verwaltung und Ablaufregeln ein. Andere Investmentbanken, wie etwa Merrill Lynch, begannen zu dieser Zeit, solche Verfahren zu entwickeln. Huttons Führungskräfte konnten besser einen Handel unter Dach und Fach bringen als Unternehmensabläufe organisieren. Hutton wußte nicht, welche Broker Gewinne und welche Verluste einfuhren. Hutton zahlte nicht nur höhere Kommissionen als andere Firmen, es überprüfte auch die Ausgaben nicht. Ein Broker brachte es

1986 auf sage und schreibe 900 000 Dollar an Reise- und Hotelkosten. Die Unfähigkeit, die Person von ihrer beruflichen Position, den Mann von der Macht, zu trennen, ist ein Kennzeichen jeder grauen Eminenz. Robert Fomans Persönlichkeit und Bedürfnisse wurden mit den geschäftlichen Entscheidungen durcheinandergewirbelt. Er gibt zu, daß er »hübsche junge Mädchen« mochte, und er stellte seine Gespielinnen ein und ging mit einer Reihe von Hutton-Mitarbeiterinnen ins Bett. Ein Vorstandsmitglied sagte, Foman »betrachtete die Mädels als Kriegsbeute«. Im Magazin »M« konnte man ihn sehen, wie er die Arme um zwei Mädchen gelegt hatte, die jung genug waren, seine Enkelinnen zu sein. Dazu befragt, antwortete er: »Sie sind dekorativ, nett anzusehen, sie haben viel Sinn für Humor. Ich verstehe nicht, warum die Leute sich aufregen. Ich kann auch nichts daran ändern, wenn man mich mit jungen Mädchen in der Zeitung ablichtet.« Und als Zeichen seiner Geldbesessenheit steckte er 100 Millionen Dollar in ein neues Bürohochhaus, als die Gesellschaft Verluste machte. Im Hause wurde es bald »Fomans letzte Erektion« getauft.
1986 verlor die Firma 90 Millionen Dollar, gab aber unglaubliche 30 Millionen Dollar aus, um ihre besten Börsenmakler und deren Frauen auf voll bezahlte Reisen zu schicken. Zwei unternehmenseigene Jets standen bereit, um Foman zu Firmenapartments in Paris, London oder San Francisco zu fliegen. Und als der Knall endlich kam, genehmigte sich Huttons Vorstand noch flott 2,5 Millionen Dollar als Ruhestandsvergütung. Peter Ueberroth, ein Vorstandsmitglied, sackte allein eine Million Dollar ein, davon 500 000 Dollar für die Führung von Verhandlungen zum Verkauf der Firma, eine Aufgabe, bei der er zuvor kläglich versagt hatte. Die meisten Mitarbeiter wurden bei der letzten Beuteverteilung vergessen. Den meisten erlaubte man nicht, ihre Hutton-Aktien, die man für sie in Verwahrung hatte, zu verkaufen, und so bekamen die Mitarbeiter nichts anderes als ihre Arbeitslosigkeitsbescheinigungen.
Das Schlußkapitel dieser Saga stand in Einklang mit der Unternehmenskultur. Ein leitender Angestellter sagte: »Die Leute hier waren der Meinung, wenn sie etwas abstauben konnten, dann sollten sie das auch tun.« Diese Überzeugung fand man auch unter den Adligen und am Hof der französischen Könige vor der Revolution.

Anders allerdings als in der Französischen Revolution kamen die Aristokraten und grauen Eminenzen von E. F. Hutton nicht auf die Guillotine. Auf sie wartete statt dessen ein besonders weicher Fall mit vergoldeten Fallschirmen.
Es liegt im Wesen der grauen Eminenz, ernsthaft anzunehmen, daß seine gesellschaftliche Position ihm das Recht auf unbeschränkte Genußsucht erlaubt. Zugleich streitet er Verantwortlichkeit völlig ab und versagt ganz und gar dabei, für diejenigen unter ihm Mitgefühl zu entwickeln. Foman war der Meinung, aller Luxus und alle persönlichen Vergnügungen ständen ihm zu, wenn sein Unternehmen sie bezahlen konnte. Als aber die Aktionäre in einem Jahr 90 Millionen Dollar verloren und ein einstmals gesundes Unternehmen vor die Hunde ging, da konnte der Führer sagen: »Habe ich die Firma im Stich gelassen? Habe ich die Angestellten im Stich gelassen? Nein, der Ansicht bin ich nicht.« Das ist die Verleugnung der Wirklichkeit, die Aushöhlung der Werte, die Überheblichkeit und der Verlust des Einfühlungsvermögens, das die graue Eminenz kennzeichnet! Und es ist die Ordnung im ganzen, das Fehlen von Überprüfung und Gleichgewicht, das Versagen von Belohnung und Bestrafung, das ein Davonkommen der verbrecherischen grauen Eminenz möglich macht. Dieser hat immerhin den Aktionär, den Angestellten, die Kunden und die Öffentlichkeit hinters Licht geführt und betrogen. Alle sozialen Revolutionen, die Amerikanische, Französische und die Russische Revolution, waren das Ergebnis solcher mißratener gesellschaftlichen Ordnungen.

Hat Gott all das vergessen, was ich für ihn getan habe?
Louis XIV.

Graue Eminenz ist weniger eine Person, mehr ein Gefühlszustand. Ein schöpferischer Führer, der durch seine Bemühungen zu neuem Wohlstand beiträgt, fühlt sich denen, die neben oder unter ihm arbeiten, verwandt. Die graue Eminenz hingegen war zu lange von den Menschen unter ihm getrennt und hat jede Sympathie gegenüber dem Mann auf der Straße verloren. Woodrow Wilson war der Meinung:

Ich glaube nicht, daß irgend jemand führen kann, der nicht, bewußt oder unbewußt, unter dem Einfluß von Sympathie gegenüber denen, die er führt, handelt. Diese Menschenwärme ist eine Einsicht – und zwar eine Einsicht des Herzens, keine des Verstandes.

Das Augenmerk der Führungspersönlichkeit, sein Antrieb, hat sich nun verlagert – er will nicht im Dienst anderer stehen, er will nur noch sich selbst dienen. In der Spätzeit einer Kultur werden die Herrscher darauf versessen, zügellosem Luxus zu frönen. Diese Besessenheit rührt größtenteils aus dem Verlust der Befriedigung her, die man normalerweise durch sinnvolle Arbeit gewinnt. Viele Arbeiten belohnen und machen zufrieden, sei es das Sägen und Feilen an einem Stück Holz, aus dem ein Möbelstück wird, sei es das Entwerfen, Ausprobieren und Beobachten eines Apparates, in den plötzlich Leben zu kommen scheint, sei es die Unterhaltung mit einem Kunden, dessen Bedürfnis zu erfüllen man sich bemüht. All diese kleinen Freuden gibt es für die graue Eminenz nicht mehr. Er bezieht seine Belohnung aus sichtbarem Reichtum. Die Ironie liegt darin, daß die graue Eminenz damit keine größere Befriedigung als ein arbeitender Mensch erlangt. Der Vorarbeiter, dessen Gruppe einen Produktionsrekord aufstellt, erreicht ohne Zweifel einen höheren Grad der Zufriedenheit als die graue Eminenz, die sich den neuen Gulfstream IV oder eine protzige Limousine kauft oder zum Weekend nach Acapulco jettet. Die graue Eminenz hat einfach den Umgang mit der Arbeit verloren, er hat die erfüllte Zufriedenheit vergessen, die aus einer gut getanen Arbeit erwächst.
Vor kurzem fuhr ich wegen einer Vortragsverpflichtung nach Boston. Die Veranstaltung wurde im Marquis-de-Lafayette-Hotel durchgeführt, das wie ein Herrensitz großen Stils ausgestattet ist. Große Kronleuchter, glänzendes Messing, schwere Teppiche, wertvolle Gemälde – alle Merkmale von Qualität und Reichtum waren da. Unglücklicherweise war der Service ein Schlag ins Gesicht. Ich kam abends um 21.30 Uhr mit einer bestätigten Reservierung an und traf auf andere Leute, auch mit bestätigten Reservierungen, die schon vor mir auf ihre Zimmer warteten. Nachdem ich zehn Minuten an der Rezeption geharrt hatte, teilte man mir mit, daß ich min-

destens eine Stunde warten müßte, weil die Zimmermädchen die Räume noch immer putzten. Das war leider, wie ich später erfuhr, kein Einzelfall. Am nächsten Tag war ich froh, in einem einfachen und bescheidenen Holiday Inn am Flughafen Hartford zu wohnen, wo das junge Personal seine Gäste mit freundlicher Begeisterung begrüßte, jedem einen roten Apfel anbot und für schnellen und wirksamen Service sorgte.

Gefahr droht unserer Gesellschaft nicht von denen da unten,
sondern von denen da oben.
Reichtum ohne Gesetz ist gefährlicher als Armut ohne Gesetz.
Henry Ward Beecher, 1873

Das Verbrechen besteht auf dieser Lebensstufe darin, daß die graue Eminenz Geldmittel in ihrem Sinne abzweigt, die zur Aufrechterhaltung einer guten Wettbewerbsposition erforderlich gewesen wären. Die Umlenkung von Geldmitteln aus Forschung und Entwicklung und zur Aufbesserung der Eigenkapitaldecke auf wahnwitzige Neuerwerbungen und den Bau feinster Bürogebäude sind die Verbrechen der grauen Eminenz. Den Mitarbeitern oder Aktionären bei Beatrice, Bendix oder Revlon die Geldmittel vorzuenthalten ist nicht entschuldbarer als das Verhalten selbstherrlicher Diktatoren vom Schlage eines Ferdinand Marcos, die auf Schweizer Bankkonten Geld anhäufen, das sie ihrer unterernährten Bevölkerung auf den Philippinen oder anderswo ausgequetscht haben.
Es gibt sicher kein Beispiel für das Werk grauer Eminenzen, das einen wütender machen könnte als das der Führungskräfte bei Beatrice. Der Chairman, gerade einmal sieben Monate im Amt, führte für seine Gesellschaft Übernahmeverhandlungen. Ein Gegenstand dieses Handels war es auch, daß er einen »goldenen Fallschirm«, sprich Abfindung, im Wert einiger Millionen Dollar erhalten sollte. Ähnlich großzügige Abmachungen wurden für seinen Hofstaat aus den ihn umgebenden leitenden Angestellten getroffen. Diese Führungskraft schuf, produzierte, verbesserte, verkaufte oder managte nicht ein einziges Produkt. Alle Güter wurden von anderen entworfen, hergestellt und verkauft. Aber all diese anderen sollten keinen

Vorteil davon erhalten, daß der Chairman das Betriebsvermögen jemand anderem übergab. Dieses hinterhältige Verhalten bewirkte eine weitere Enttäuschung der Mitarbeiter in den Betrieben, die spürten, daß man sie im Stich gelassen und nur benutzt hatte.
Der Wohlstand einer Gesellschaft wird bestimmt durch Anzahl und Qualität von Gütern und Dienstleistungen, die pro Kopf zum Gebrauch zur Verfügung stehen. Es ist die Aufgabe der Wirtschaft, diese Waren und Dienstleistungen zu erzeugen, und nur zu diesen Zwecken werden Vermögenswerte rechtmäßig eingesetzt. Man kann einen Dollar in der Produktforschung oder in einem Lotterielos anlegen. Es stimmt, daß Leute bei einer Lotterieverwaltung Arbeitsplätze finden, und es stimmt, daß irgendwer im Endergebnis viel Geld gewinnt. Aber das Guthaben einer Gesellschaft vergrößert sich durch Lotto in keiner Weise. Es wird vielmehr geschmälert dadurch, daß menschliche Arbeitskraft und Kapital umgelenkt werden und nicht mehr den Tätigkeiten zufließen, die neue Güter und Dienstleistungen hervorbringen. Das Versagen der grauen Eminenzen besteht, zu einem bestimmten Anteil jedenfalls, darin, das Kapital in einer Weise einzusetzen, die den Wohlstand der Gesellschaft nicht mehr vergrößert. In den schöpferischen Zeiten der Unternehmensentwicklung setzten die führenden Köpfe das Kapital ein, um Marketing- und Produktneuerungen zu schaffen. Jetzt wird das Kapital für Risikounternehmungen eingesetzt, die außerhalb des ursprünglichen Geschäftsziels liegen. Die Ansicht der grauen Eminenz, sie habe das Recht, anderer Leute Geld in jeder Weise, die ihr passend zu sein scheint, zu verwenden, macht eine der vielen Formen der Überheblichkeit aus, die diese Kultur peinigen.
Das Thema ist nicht neu: Finden Sie es richtig, daß einer höheren Klasse das Recht eingeräumt wird, ohne Rechenschaftspflicht Entscheidungen zu treffen, oder trauen Sie dem »einfachen Volk« zu, das Richtige zu tun? Thomas Jefferson beobachtete in der Gesellschaft zwei Ansichten:

Menschen sind ihrer Veranlagung nach in zwei Lager geteilt:

- diejenigen, die dem Volk mißtrauen und sich vor ihm fürchten und ihm alle Macht entziehen wollen, um sie in die Hand der höheren Schichten zu legen;

- diejenigen, die sich dem Volk zugehörig fühlen, ihm vertrauen, es mögen und es für äußerst ehrlich und zuverlässig halten.

In jedem Land gibt es diese zwei Parteien; und in jedem Land, in dem die Parteien frei im Denken, Reden und Schreiben sind, werden sie sich zu erkennen geben.

In einem Grauen-Eminenz-Land oder Grauen-Eminenz-Unternehmen hat das erste Lager über das zweite die Oberhand gewonnen.

Sie sind vielleicht eine graue Eminenz, falls . . .

. . . Sie eine Firma leiten, die schon seit vielen Jahren neue Produkte oder Dienstleistungen ohne Erfolg entwickelt und auf den Markt bringt und deren einzige Wachstumserwartung bei Neuerwerbungen liegt;

. . . Sie den größten Teil Ihrer Zeit mit Finanzierung, strategischer Planung und der Neuordnung der Organisation zubringen und nicht mit denen, die das Produkt oder die Dienstleistung hervorbringen oder verkaufen;

. . . in Ihren Büros teure Kunstwerke hängen und Sie noch nicht einmal den Namen des Malers kennen;

. . . falls Sie viel Zeit auf Partys verbringen, aus geschäftlichen Gründen, versteht sich;

. . . Sie glauben, nur Sie und ein kleiner Kreis von Ratgebern seien in der Lage, die Strategie des Unternehmens wirklich zu begreifen.

Die graue Eminenz in der Geschichte

Der Untergang der Azteken und ihres Führers Montezuma II., herbeigeführt durch eine weniger entwickelte Kultur, ist für Jahrhunderte ein Anlaß des Erstaunens gewesen. Er macht in schöner Weise deutlich, wie Führer im absteigenden Teil der Lebenskurve sich selbst besiegen.

Die Kultur der Azteken war in vielerlei Weise der ihrer europäischen Eroberer überlegen. Die Azteken waren in den Künsten, den Wissenschaften und der Landwirtschaft sehr weit fortgeschritten. Sie hatten eine filigrane Architektur und eine ausgefeilte Hierarchie gesellschaftlicher Schichten und beherrschten erfolgreich eroberte Provinzen. Sie verfügten des weiteren über eine große, erprobte Armee, gegen die Hernán Cortés mit nur sechshundert Soldaten aufmarschierte.
In den Jahren des Verfalls wird in jeder Kultur die Religion pervertiert. Die Pracht von angebeteten Vorbildern, Tempeln und Fernsehstudios wird wichtiger als der geistige Kern, dem sie dienen sollten. Die Azteken bauten riesige und prächtige Tempel, aber ihre Art des Gottesdienstes verlangte äußerst grausame Arten von Menschenopfern, bei denen täglich Hunderte von Menschen zu Tode kamen. Eigenen Berichten der Azteken zufolge war der Schöpfergott Quetzalcoatl, die »Gefiederte Schlange«, aus der Höhe seiner Glorie gesunken. Der Sonnengott Tezcatlipoc und der Regengott Tlaloc waren jetzt an der Macht und verlangten nach dem Blut der Menschenopfer.
Die Azteken hielten sich selbst für das »Volk der Sonne«. Es war ihre Pflicht, Krieg zu führen, um die Sonne mit ihrer Nahrung zu versorgen. Das Überleben des Universums hing von den Opfern an Blut und Herzen für die Sonne ab, eine Überzeugung, die die Azteken auf alle Gottheiten in ihren Tempeln ausdehnten. Das Menschenopfer wurde zum wichtigsten Bestandteil ihres Rituals. Tod durch Opferung galt als sicherer Weg, ein glückliches ewiges Leben zu gewinnen. Er wurde daher mit Gleichmut ertragen oder sogar willentlich gesucht. Und in eine solche Welt hinein marschierte Cortés.
Als Cortés am 18. Februar 1519 an der Küste Mexikos landete, verfügte er über elf Schiffe, 508 Soldaten, ungefähr hundert Seeleute und – was vielleicht am wichtigsten war – sechzehn Pferde. Cortés hatte Erfolg, weil er vollbringen wollte, was bisher noch keinem spanischen Eroberer gelungen war. Von seinen Streitkräften verlangte er Disziplin. Mit einem dramatischen Streich erlangte er mehr Disziplin, als alle Regeln oder Befehle hätten erreichen können. Er steckte seine Schiffe in Brand und schaltete damit jede Mög-

lichkeit eines Rückzugs aus. Nicht gerade die Handlungsweise eines Verwalters!

Montezuma versuchte zunächst, den Eindringling zu besänftigen. Hierzu sandte er Geschenke und einen Brief, in dem er Cortés beschwor zurückzukehren. Cortés jedoch marschierte weiter in Namen des Kreuzes und mit Priestern. Hier haben wir die klare Gegenüberstellung eines Volkes, das nach seiner eigenen Überlieferung seinen Gott verloren hatte, mit einem anderen, das bereit war, für den seinen zu sterben.

Montezuma berief seinen Rat ein, war aber nicht imstande, eine Übereinstimmung zu erzielen, wie man nun vorgehen sollte. Er zögerte, ohne die Zustimmung des Rats etwas zu unternehmen. Die Spanier, zahlenmäßig mindestens im Verhältnis von eins zu hundert unterlegen, marschierten in die Stadt ein, ohne auf Widerstand zu stoßen. Sie forderten Gold und Edelsteine und zeigten völlige Verachtung für die Religion der Azteken, und immer noch blieb Montezuma untätig. Letzten Endes führte sein Bruder einen Aufstand an. In dieser Schlacht riefen die Spanier Montezuma an, einen Waffenstillstand zu erklären, und in dieser Situation wurde Montezuma von seinem eigenen Volk zu Tode gesteinigt.

Cortés' Sieg war weniger ein großer militärischer Triumph als vielmehr die Geschichte der Entfremdung und des Zerfalls einer eroberten Gesellschaft. Er gleicht darin dem Sieg der Hunnen und Westgoten über die Römer oder dem Sieg der Moslems über Spanien. Bei den Azteken haben wir die Geschichte einer Kultur der grauen Eminenz vor uns, in der die Führer ihrem eigenen Volk fremd geworden waren und ihnen die Fähigkeit, entschlossen zu handeln, fehlte.

Es fällt nicht schwer zu behaupten, daß der Siegeszug der angriffslustigen, jungen und wilden Auto-, Stahl- und Elektronikhersteller aus dem Fernen Osten gegen General Motors, General Electric und U.S. Steel nicht so sehr einen glanzvollen Sieg darstellt, sondern vielmehr eine unvermeidliche Folge von Graue-Eminenz-Management beim Attackierten war.

Die graue Eminenz im Wirtschaftsleben

Lupenreine Graue-Eminenz-Unternehmen sind selten, aber es gibt oft den Hang in ihre Richtung. Die M & A-Welle der letzten Jahre legt davon beredtes Zeugnis ab. Eine genaue Untersuchung der Unternehmen, bei denen sich feindliche Übernahmen ereigneten, zeigt, daß sie weder einen gesellschaftlichen Zweck erfüllten noch einen klaren Zukunftsentwurf besaßen. Ihre Vermögenswerte werden unterschätzt, weil sie den Aktionären nicht die Dividende auszahlen, die das Kerngeschäft erzeugt. Die Geschäftsleiter haben sich der Angewohnheit versklavt, die Vermögenswerte zu vergrößern. Sie haben die Einkünfte für Neuerwerbungen ausgegeben, die sie dann in unschöpferischer Weise managen, und die Aktie purzelt noch weiter in den Keller.

Was heutzutage in den Firmen in diesem Land vor sich geht,
ist verrückt. Es ist so wie in einem Wohlfahrtsstaat für Unternehmen.
Wir unterstützen Geschäftsleitungen, die nichts hervorbringen.
Nein, in Wirklichkeit ist es noch schlimmer. Wir bezahlen diese
Drohnen nicht nur dafür, daß sie nichts hervorbringen,
sondern wir bezahlen sie dafür, die Arbeit zu verderben.
Carl Icahn, Unternehmensaufkäufer

Die Continental Group, Inc., früher Continental Can Company, verlor ihr Kerngeschäft der Dosenherstellung für Getränke und Lebensmittel aus dem Auge. Sie kaufte Versicherungen und Firmen aus den Bereichen Energieversorgung und Bodenschätze, an denen die Geschäftsführung kein besonderes Interesse besaß und von denen sie auch nicht viel verstand. Die Geschäftsleitung maß ihren Erfolg einzig an der Größe des Unternehmens, nicht an seinem Nettowert. Das Unternehmen war ein Dukatenesel gewesen, aber eine Unternehmensberatungsgesellschaft bestätigte, was die führenden Köpfe des Geschäfts schon geargwöhnt hatten: Das Geschäft mit Dosen und Verpackungen war, obwohl es vernünftige Einnahmen brachte, keine Branche mit guten Wachstumsaussichten. Die Berater empfahlen das klassische Rezept des Portfoliomanagements –

die Einnahmen in neue Risikounternehmen zu stecken, die höhere Einnahmen und Wachstum bringen sollten. So betrat die Continental Group neues Gelände und kaufte ein Gasunternehmen in Florida, genau zu jenem Zeitpunkt, als Energiewerte sich am teuersten verkauften. Dann kauften sie Life of Virginia. Die Neuerwerbungen vergrößerten das Unternehmen, aber sie vergrößerten auch die Schulden. Und eine echte Wertsteigerung bei den Aktien wurde durch diesen Vorgang nicht erreicht.
Und was passierte mit dem Verhältnis zwischen Führungskräften und den Werksleitern draußen in den Fabriken in Walla Walla, Washington, und fünfzig anderen Werken? Dazu ein Werksleiter:

> Es ist kein Geheimnis, daß die Führung dieses Unternehmens sich des Worts »Dose« schämt. Wir waren einmal die Dosenfirma! Wir waren stolz darauf. Wir waren, verdammt noch mal, die beste Dosenfirma der Welt! Früher stand ich morgens stolz auf und ging stolz zur Arbeit, weil wir in dem Geschäft die Besten waren. Und wir hier im Werk wußten das, und die da oben in der Firmenzentrale wußten das auch. Heute müssen Sie den Jahresbericht der Firma schon sehr genau ansehen, um das Dosengeschäft überhaupt erwähnt zu finden. Die Führungskräfte kommen nie ins Werk. Sie bringen ihre Zeit in dem schicken, neuen Bürogebäude in Stanford zu und unterhalten sich mit Anlageberatern und Bankleuten. Unseren Stolz haben wir verloren. Das kann man fühlen.

Die Mitarbeiter von Continental Group ärgerten sich über ihre Unternehmensführung. Es gab anonyme Briefe an Führungskräfte, in denen sich das Gefühl des Verlassenseins Luft machte. Junge und begabte Manager gingen der Firma verloren. Aber die Unternehmensführer gingen auf all das nicht ein, weil sie sich selbst mit vorgeschobenen, verstandesmäßigen Gründen beruhigen konnten. Demnach konnten die Mitarbeiter auf den unteren Ebenen die hehre Strategie nicht verstehen, nämlich die Notwendigkeit, Vermögenswerte umzugruppieren. Sie konnten sich selbst sagen, daß »Geschäft nun einmal eine harte Sache ist und man eben Dinge tun muß, die den Leuten nicht gefallen. Man kann nicht weich sein.« Solche

Selbstbeweihräucherung und Selbsttäuschung reißt jedoch einen riesigen Graben zwischen Führung und Mitarbeiterschaft. Die graue Eminenz des modernen Unternehmens treibt sich selbst seelisch und verstandesmäßig in die Vereinsamung, weil sie falschen Vorstellungen über das Wesen der Firma und über ihre eigene Aufgabe anhängt. Sie glaubt, der draußen vor seinen Fenstern tobende Pöbel, der Pöbel, der einst seine Anhängerschaft bildete, habe keine übergeordnete Sicht der Dinge. Daher hat er es auch nicht nötig, auf die Beschwerden des Pöbels einzugehen. Wenn sich jemand erst einmal weigert, auf das einzugehen, was die seiner Verantwortung Unterstellten vorzubringen haben, kann sein Untergang nicht mehr aufgehalten werden.
Das geschah dann auch bei Continental Can. Die erfolglosen Neuaufkäufe ließen den Kurs der Aktie tiefer und tiefer rutschen, und die Firma wurde zur Zielscheibe für Aufkäufer. Nach der Übernahme wurden erfahrene Führungskräfte entlassen und die Aufkäufe schnell abgestoßen. Heute ist die Continental Can Company wieder »Die Dosenfirma«. Sie verwendet ihre Gewinne jetzt nicht mehr, um bei neuen, sexy Geschäften einzusteigen. Sie verdient jetzt einfach Geld und dient ihren Kunden.
Vielleicht weil sie ihr Vermögen geerbt haben, sind graue Eminenzen gefühlsmäßig nicht mit ihm verbunden. Sie sind keine »Dosenleute« oder »Stahlleute« oder »Ölleute«. Sie beanspruchen, professionelle Manager zu sein, aber ihr Anspruch hat weder Hand noch Fuß. Junge Wilde sind professionelle Manager, so grausam und hart sie vielleicht auch erscheinen mögen. Sie sind professionell, wenn sie den Führungsstil an den Tag legen, der ihre Firma vorwärtsbringt. Entwickler und Erweiterer, die spezialisierte Sachkenntnisse in der Herstellung und im Vertrieb entwickeln, sind auch professionelle Manager. Und richtigen Verwaltern, die geordnete Abläufe entstehen lassen, kann man Professionalität auch nicht absprechen. Die graue Eminenz jedoch ist ganz und gar kein Profi, er ist lediglich Thronwächter.
Über die letzten zwanzig Jahre haben wir in unseren bekannten Hochschulen für Wirtschaftswissenschaften eine Graue-Eminenz-Kultur erzeugt. Die Spitzenleute unter den Betriebswirten kommen in die Unternehmen mit einer Vorbereitung nicht auf tätige Arbeit,

sondern darauf, ihren hochbezahlten Platz als *Trainee-on-the-graue-Eminenz* einzunehmen. Vor einigen Jahren besuchte ich die Wharton Business School, um eine Befragung unter Betriebswirten, die gerade ihr MBA machten, durchzuführen. Zwanglos unterhielt ich mich mit einer Gruppe von sechs oder sieben dieser Leute und bat sie, mir ihre Vorstellung von einem guten Arbeitsplatz mitzuteilen. Jeder nannte eine Stelle entweder im Finanzmanagement oder in der strategischen Planung. Ich fragte, ob jemand in Herstellung, Vertrieb oder Marketing arbeiten wolle. Ein Naserümpfen erntete ich. Sie reagierten, als ob ich sie beleidigt hätte. Beleidigt, weil ich in Betracht zog, sie würden sich herablassen und tatsächlich in der Herstellung oder im Vertrieb malochen. Unsere Wirtschaftshochschulen haben Studenten mit sonderbar verzerrten Ansichten hervorgebracht. Das Herz des Geschäfts ist Herstellung und Verkauf, nicht das Finanzmanagement oder die strategische Planung.

Geschichte wiederholt sich nicht, wohl aber der Zeitgeist im allgemeinen. In Unternehmen wie auch in Zivilisationen geht der Auflösung der Gesellschaft eine Zeit voraus, in der Wohlstand durch den Umgang mit Papier, das mit Vermögen zu tun hat, erreicht wird und nicht durch das Hervorbringen neuer Vermögenswerte. So schrieb kürzlich der Autor Adam Smith in »Esquire«:

> Im Börsenviertel wird heutzutage mit Papierstücken Geld gemacht – Termingeschäfte, Anrechtsscheine, steuerliche Schlupflöcher, Verschiebungen ganzer Unternehmensabteilungen von einer Seite der Bilanz auf eine andere. Eine solche Tätigkeit braucht keine zusätzlichen Lockmittel hervorzubringen. In den zwanziger Jahren unseres Jahrhunderts wurden solche Spielchen mit Beteiligungsgesellschaften und öffentlichen Versorgungsunternehmen gespielt. Man errichtete Pyramiden aus Gesellschaften, die Gesellschaften besaßen, und Champagner floß sprudelnd, bis die Party irgendwann vorüber war.

Die jüngste Geschichte der deutschen Skandalfirma co op kann auch als mustergültiges Beispiel für Graues-Eminenz-Management gelten. Der Handelsriese in Gewerkschaftshand ließ mehr und mehr die Zügel schleifen. Längst hatten die Wettbewerber die genossenschaftliche co op in Sachen Preis, Service und Rentabilität

überrundet. Doch statt sich um die Wettbewerbsfähigkeit seines Unternehmens zu kümmern, ritt der co-op-Vorstandsvorsitzende Bernd Otto sein Steckenpferd: die Aktiengesellschaft immer mehr und immer undurchsichtiger zu verschachteln. Otto, einst als Wunderkind der Genossenschaftswirtschaft gepriesen, fand fernab jeder Verkaufstheke und jedes Warenlagers keinen, der seinen Schachtelkonstruktionen Einhalt gebot. Zwistigkeiten wurden in diesem Ränke- und Eminenzenspiel nach freundschaftlicher Gewerkschaftsart sauber unter den Tisch gekehrt. Kontrolle – null. Verantwortlichkeit – null Komma null. Der Crash folgte stehenden Fußes. Die co-op-Aktie plumpste ins Bodenlose, das Unternehmen stand vor dem Ruin, Otto büchste ins Arbeiterparadies Südafrika aus. Der co-op-Verlust betrug 250 Millionen DM im Jahr 1989 und der neue Chef, Franz Wolf, sucht händeringend im In- und Ausland nach Partnern, die das marode Unternehmen sanieren.
Vor dem Fall Roms, vor dem Zusammenbruch der Börse 1929 und vor dem co-op-Crash und anderer großer Unternehmen befaßten sich die ranghöchsten Führungskräfte in erster Linie nicht mit der Qualität in der Herstellung, nicht mit einfallsreichem Verkaufen, nicht mit der Entwicklung neuer Produkte, sondern mit allzu schlauen, finanziellen Tricksereien.

Wie man mit einer grauen Eminenz zurechtkommt

Wenn Sie für eine graue Eminenz arbeiten, . . .

. . . hauen Sie ab, so schnell wie möglich. Wenn ein Unternehmen vom Grauen-Eminenz-Bazillus befallen ist, sind seine Tage ohnehin gezählt.

. . . wenn Sie nicht kündigen können, beten Sie. Hoffen Sie, daß der Spuk bald vorüber ist und mit einem neuen Chef wieder voll durchgestartet werden kann.

. . . dann stecken Sie dem »Spiegel« die eine oder andere interne Information, um die Öffentlichkeit über das volle Ausmaß der Mißwirtschaft ins Bild zu setzen.

Wenn eine graue Eminenz für Sie arbeitet, ...

... schmeißen Sie sie raus!

... fragen Sie sich, warum Sie sie bloß eingestellt haben. Sie sind mir vielleicht ein Menschenkenner!

Die Organisation der grauen Eminenz

Auf der bürokratischen Entwicklungsstufe galt die Organisation des Unternehmens als Schlüssel zu seinem Erfolg. Der Bürokrat beschäftigte pausenlos Fachleute damit, neue Ordnungen und Verfahren zu entwerfen, die den Verfall von Wachstum und Wohlstand bremsen sollen. Auf der Stufe der grauen Eminenz haben die Manager die Hoffnung aufgegeben, daß irgendeine Neuordnung die Lebenskraft des Unternehmens erneuern könnte. In den Zeiten von Verwaltung und Bürokratie ist das Unternehmen eine verhältnismäßig sichere Trutzburg. Jetzt ist das einzige Mittel, das den Führern bleibt, um eine winzige Gewinnspanne zu erhalten, ein rigides Kostenmanagement, und das setzen sie rachedurstig in die Tat um. Weil sie keine Ideen für neue Produkte oder Dienstleistungen gebären, setzen sie den einzigen Hebel, den sie kennen, in Gang. Dies ist die Zeit, in der die Köpfe von Abteilungsleitern durch prachtvoll ausgestattete Flure rollen.

Die Angst ist zum vorherrschenden Machtinstrument geworden. Manager und Angestellte suchen Sicherheit. Ein unternehmerisches Risiko einzugehen ist fast unmöglich geworden in einer Organisation, in der jeder sich Sorgen macht, seinen Arbeitsplatz zu verlieren. Angst bewirkt Anpassung und Resignation, nicht Unternehmungslust und Risikofreude. Diese unruhige Seelenlage bringt das Unternehmen weiter voran in Richtung auf sein jüngstes Gericht. Manager der unteren und mittleren Ebenen haben im Zeitalter der grauen Eminenz die Vorstellung aufgegeben, Risiken einzugehen, um damit Wettbewerbsvorteile aufzubauen. Sie gehen auf Nummer Sicher. Sie bauen ihre Beziehungen zu denen auf den hö-

heren Ebenen der Macht aus, indem sie deren Entscheidungen und Bewertungen, so gut sie können, nachahmen. Das hilft ihnen vielleicht beim Überleben, doch nur um Stunden. Das dicke Ende kommt bestimmt.
Wenn das alles so ist, wen zieht die bürokratische oder Graue-Eminenz-Organisation an? Wagemutige junge Unternehmer? Natürlich nicht. Es sind diejenigen, die die Bequemlichkeit der Sicherheit und des ständigen Aufstiegs suchen. Jene, die in der dünnen Höhenluft vom Egoschwindel befallen werden und sich selbst für die Größten halten. Sie werden die bestehende Mißkultur verstärken und sich angenehm in Selbstzufriedenheit und Ritual einfügen. Die Nieten werden angezogen, und die Schöpferischen werden ausgegrenzt.
Charles A. Beard (1874 – 1948) antwortete auf die Frage, ob er die Lehren aus der Geschichte in einem kleinen Buch zusammenfassen könne, das sei in vier Sätzen möglich. Hier seine vier treffenden Aphorismen:

1. Wen die Götter vernichten wollen, den machen sie erst durch Macht verrückt.
2. Gottes Mühlen mahlen langsam, mahlen aber alles klitzeklein.
3. Die Biene befruchtet die Blume, die sie beraubt.
4. Ist es dunkel genug, dann kannst du die Sterne sehen.

Der Hauptgrund des Scheiterns ist die gesellschaftliche Auflösung im Inneren. Aufsplitterungen sowohl der senkrechten wie auch der waagrechten Ebene haben in den späten Jahren um sich gegriffen. Die »Klassen« der Führungskräfte, des Mittelmanagements, der Manager der unteren Ebene und der Arbeiter unterscheiden sich nun scharf voneinander. Auf fehlende Einheit folgt schnell die innere Kriegführung der Klassen untereinander. Bethlehem Steel und U.S. Steel gingen beide nur zum Teil deshalb in die Knie, weil sie es versäumten, Geld in neue Technologien zu stecken. Die eigentliche Ursache waren Streiks, bei denen es nicht um Geld ging, die vielmehr durch das völlige Scheitern der Verständigung und einen völligen Vertrauensbruch zwischen den Angestellten und ihrer Geschäftsleitung ausgelöst wurden.

Ihr Unternehmen befindet sich im Zyklus der grauen Eminenz, wenn . . .

. . . es eine völlige Trennung hinsichtlich Wahrnehmung, Erwartung und Verständigung gibt zwischen den Mitarbeitern, die produzieren und verkaufen, und denen, die den Anspruch erheben, die Führer des Unternehmens zu sein;

. . . ein großer Teil der Zeit und Kraft auf innere Kriegführung verwendet wird, Scharmützel zwischen oben und unten als auch innerhalb der Abteilungen den Elan zermürben;

. . . es strenge Disziplin gibt, die Kosten auf Teufel komm raus zu senken, die Löhne niedrig zu halten, und wenn die »Oberen« andauernd vor dem Ernst der Lage warnen, ihre eigene Vergütung jedoch steigt und steigt;

. . . Ihre Firma auf den letzten Loch eine hübsche Melodie pfeift.

Herausforderungen und Aufgaben

Die Herausforderung und Aufgabe heißt jetzt Aufstand. Ein verständiger Wandel im Sinne einer allmählichen, friedlichen Entwicklung ist jetzt äußerst unwahrscheinlich geworden. Die Führung torkelt trunken vor Macht und hat weder Augen, um zu sehen, noch Ohren, um zu hören.

Die Unabhängigkeitserklärung der Vereinigten Staaten, eines der besten Schriftstücke, die je verfaßt wurden, bietet einen plausiblen Grund für eine Revolution gegen graue Eminenzen. Die Gründerväter erkannten und erlebten die Unfähigkeit grauer Eminenzen zu einer Kursänderung. Sie wußten, daß es keinen gerechten Weg gab und nur der Aufstand blieb. Viele, die sich selbst für die stärksten Verfechter des »American way« halten, verstehen ihn am wenigsten. Sie haben zu häufig Angst vor Veränderungen, dabei war es doch der Vorgang der Veränderung, der dieses Land erschuf.

> Um diese Rechte zu sichern, werden unter den Menschen Regierungen eingesetzt, die ihre Macht aus der Zustimmung der Regierten ableiten; so daß immer, wenn irgendeine Art von Regierung diese Zwecke schädigt, es das Recht des Volkes ist, sie zu ändern oder abzusetzen und eine neue Regierung einzusetzen. Deren Fundament baut auf solchen Grundsätzen auf, und deren Macht wird auf solche Weise geordnet, wie sie dem Volk am geeignetsten erscheinen wird, um Sicherheit und Glück zu bewirken. Tatsächlich wird die Besonnenheit gebieten, daß Regierungen, die schon seit langem bestehen, nicht wegen unbedeutender und vorübergehender Gründe geändert werden sollten . . . Wenn aber eine lange Kette von Mißbrauch und unberechtigten Eingriffen, die unverändert das gleiche Ziel verfolgen, den Plan zum Vorschein kommen läßt, das Volk in eine absolute Gewaltherrschaft zurückzuführen, so ist es sein Recht, so ist es seine Pflicht, eine solche Regierung abzuschütteln und für neue Wächter seiner zukünftigen Sicherheit zu sorgen . . . Die Geschichte des gegenwärtigen Königs von Großbritannien ist eine Geschichte wiederholter Beleidigungen und unberechtigter Eingriffe, die alle zum unmittelbaren Ziel die Errichtung einer absoluten Tyrannei über diese Staaten haben.

Die Unabhängigkeitserklärung zählt die Mißgriffe auf und erinnert an die »demütigen« Bemühungen der Untertanen, diese Kümmernisse zu beseitigen, und an das Versäumnis des Königs, darauf einzugehen.

Kann man Unternehmen und die dabei Beteiligten mit Regierungen und ihren Untertanen vergleichen? Letzten Endes hängt das Recht, ein Geschäft zu führen, vom Willen aller Beteiligten ab, dem der Kunden, Angestellten und Aktienbesitzer, so wie das Recht zu regieren vom Willen der Regierten abhängig ist. Der Grundsatz, daß Autorität ihre Macht von der breiten Masse herleitet, ist sowohl für freies Unternehmertum als auch für freie Regierungen von höchster Bedeutung. So wie das Volk gegen eine schlechte Regierung angehen mag, so sind auch die in einem Unternehmen Beteiligten zu ihrem eigenen Aufstand in der Lage.

Der Aufstand der Angestellten

Zerfallen Zivilisationen, dann werden die Massen immer aufsässiger. Das Unternehmen bekam wahrscheinlich auf der Stufe der Verwaltung oder der Bürokratie seinen Betriebsrat. Da nämlich verschob sich der Schwerpunkt, den ranghöhere Manager setzten, von der tätigen Arbeit selbst auf Ordnungen und Strategien, die mit der Arbeit verknüpft scheinen. Die Arbeiter nehmen diesen Wandel wahr und werden entfremdet.

Als die Unternehmensführer ihr Ziel klar vor Augen hatten, waren sie der Arbeit noch ganz nahe, und die Arbeiter gingen mit Freude und Interesse ans Werk. Sie arbeiteten gerne, weil man ihnen Achtung entgegenbrachte und sie etwas taten, was als wichtig angesehen wurde. Jetzt betrachtet man sie auf einmal als Kostenposten, als etwas höchst Unangenehmes jedenfalls. Arbeitsfreude und Einfallsreichtum der Mitarbeiter sind à fonds perdu, und beide wird man nicht durch geringfügige Änderungen der Kontroll- und Belohnungsverfahren wiedergewinnen.

Es hat etwas Unnatürliches und Widerliches an sich,
wenn eine Regierung tausend Meilen weit weg ist. Eine ganze
Regierung nach unserer freien Wahl, geleitet von Menschen,
die wir lieben, die wir verehren und auf die wir vertrauen können,
strömt einen Zauber aus, für den Menschen kämpfen werden.
John Adams, 1776

Zuerst werden die Mitarbeiter mit den Füßen rebellieren. Kürzlich beriet ich ein großes Unternehmen, bei dem die führenden Gestalten das Interesse am Herzstück des Geschäfts verloren hatten und eine Neuordnung einleiteten. In bescheidenem Umfang waren Neuordnungen sicherlich notwendig gewesen, hier wurden sie aber Stück für Stück durchgeführt, insgesamt über eine Zeitspanne von drei Jahren. Jeweils nach ein paar Monaten wurden wieder neue Änderungen angekündigt, beim Personal, der Organisation, in der Strategie. Die Angestellten und Manager wurden derart lustlos, daß sie im wahrsten Sinne des Wortes ein Drittel ihrer Zeit rumsaßen und über die Bedeutung jeder Änderung redeten und versuchten,

zukünftige Änderungen vorherzusagen. Einige der fähigsten und ehrgeizigsten Manager kündigten enttäuscht.
Es ist einfach nicht möglich, den finanziellen Wert begabter Leute zu berechnen. Mit Sicherheit können wir davon ausgehen, daß fähige Mitarbeiter das wichtigste Kapital einer Firma bilden. Und es ist unabänderlich wahr, daß sie die ersten sind, die aus Enttäuschung gehen. Es sind die besten Schriftsteller, Tänzer und Wissenschaftler, die aus der Sowjetunion flohen, um in eine Kultur zu gelangen, die ihre schöpferischen Fähigkeiten unterstützt. Genauso werden auch die Besten aus dem Graue-Eminenz-Unternehmen fliehen.
Der Aufstand kann allerdings auch anders aussehen. Leute ziehen sich innerlich aus der Arbeit zurück. Diejenigen, die stumpfsinnige Arbeiten erledigen, werden oft die gierigsten Sportfans, eben weil ihre Kräfte vielfältiger eingesetzt werden möchten. Die Firmen mit den gleichgültigsten Angestellten sind diejenigen, deren Führer der Arbeit ihrer Angestellten am gleichgültigsten gegenüberstehen. Bei welchem Betrieb ist diese »innere Emigration« nicht anzutreffen?
Schließlich rebellieren die Angestellten in der offensichtlichsten Art: unmittelbarer Widerstand in Gestalt von Streiks und Arbeitsverweigerung. »Dienst nach Vorschrift«, »Bummelei« oder wie auch immer man den Arbeitsethos mit angezogener Handbremse nennen mag. Der Arbeiter und Angestellte kapituliert mit der letzten Waffe, die ihm bleibt – seiner Arbeitskraft.

Der Aufstand der Kunden

In neuerer Zeit hat die Cadillac-Abteilung von General Motors wenig anderes getan, als Marktanteile an Mercedes-Benz, BMW, Jaguar und sogar an Hondas Acura zu verlieren, in der gewinnträchtigsten Sparte der Automobilindustrie. Aus der Sicht einer hohen Führungskraft bei Cadillac war die Ursache des Problems, daß Cadillacs zu sehr wie andere Wagen von General Motors aussähen. Er kündigte an, sie würden bei ihren neuen Wagen Änderungen an Stoßstange und Kotflügel vornehmen, um ihnen ein vornehmeres Aussehen zu verleihen. Das, glaubte er, würde ihrem Marktanteil auf die Sprünge helfen. Aber diese Führungskraft versteht die Gründe der Käufer von Wagen der oberen Preiskategorie nicht. Der Fahrer eines Mercedes-Benz, BMW oder Jaguar wünscht über-

legene Technik und bezahlt hierfür. Das Aussehen allein ist es nicht. Er ist auf Qualität aus. Die Führungskräfte von General Motors haben das Gespür für das Denken ihrer Kunden verloren.
Graue Eminenzen versuchen bezeichnenderweise, den Wettbewerb zu beschränken, da sie ihre eigene Verwundbarkeit spüren. Zu einer gesünderen Zeit hatte sich der Angriff durch äußere Wettbewerber als Anregung erwiesen. Nun sind die dadurch entstehenden Risiken unannehmbar. Es ist wahrscheinlicher, daß die graue Eminenz sich aus dem Gefecht zurückzieht, als daß sie die Niederlage im Wettbewerb riskiert. Die Strategie vieler großer Unternehmen, ihre Geschäfte auf den Bereich zu beschränken, in dem sie eine beherrschende Marktstellung einnehmen, garantiert und verficht eine Kultur, die keine Risiken auf sich nimmt und wenig Unternehmergeist ausstrahlt.
Viele große Firmen sind in die Falle ihrer eigenen Vormachtstellung getappt. Überheblich nahmen sie an, ihre beherrschende Stellung auf dem Markt beschere ihnen einen entscheidenden Vorteil. Er stellte sich eher als ihr größter Nachteil heraus. Alte Lebensmittelketten, die von sich dachten, sie wüßten, wie man einen Supermarkt richtig aufzieht, wurden von flinken Konkurrenten überholt. Das Howard Johnson's, ehedem das beherrschende Restaurant an großen Durchgangsstraßen, wurde von einer Horde junger Wilder überrundet, die von diesem Geschäft eine ganz und gar andere Vorstellung hatte. IBM, obwohl eindeutig noch nicht grau und eminenzenhaft, steht vielleicht am Rande des gleichen Abgrunds.
Graue Eminenzen haben die Produktion, das Marketing und den Vertrieb vollständig aus ihren Händen gegeben. Der Kunde ist ihnen im Grunde schnuppe. Sie sind derartig von dem in der Vergangenheit Erreichten überzeugt, daß sie nicht bemerken, wenn sie für ein Phantom produzieren. Der Kunde jedenfalls ist weg.

Der Aufstand der Aktionäre

In großen, öffentlich gehandelten Unternehmen stellt die Fähigkeit der Aktionäre zu rebellieren den wesentlichen Grund dafür dar, daß die Leistungsfähigkeit der freien Marktwirtschaft erhalten bleibt. Aktionäre rebellieren zuerst, indem sie sich zurückziehen, was den Kurs der Aktie sinken läßt. Das Recht, seine Anteile an einen Höherbietenden zu verkaufen, ist der einzige Schutz, den die Inhaber gegenüber denen haben, die ihre Stellung mißbrauchen, indem sie die Geldmittel der Aktionäre in falsche Richtungen leiten.

Sir James Goldsmith, der mehrere Gesellschaften übernommen hat, betrachtet das Bündnis zwischen amerikanischem Unternehmertum, den Führern der Arbeiterschaft und den Bürokraten in der Regierung als die Entsprechung zum englischen Klassensystem und zur französischen Bürokratie. Beide gesellschaftlichen Einrichtungen verabscheut er, weil sie die schöpferischen Möglichkeiten der Menschen abtöten. Goldsmith versuchte letztlich ohne Erfolg, Goodyear aufzukaufen. Seine Absicht sei dabei die gewesen, Goodyear dazu zu bringen, sich wieder verstärkt dem Reifengeschäft, dem Kern des Unternehmens, zuzuwenden, und seine nicht zusammenpassenden sonstigen Anteile an Gesellschaften zu verkaufen. Er war der Ansicht, er könne Goodyear wieder zu einer unternehmerischen Gesellschaft machen, die einen Entwurf ihrer Zukunft besitzt, die Schwerpunkte bildet und sich sehen lassen kann.

Die Wirtschaft der Vereinigten Staaten wird aus der gegenwärtigen Neuordnung der Unternehmen jetzt Nutzen ziehen. Die meisten Veränderungen nämlich bestehen aus dem Abstoßen unpassender Geschäfte und dem Aufkauf von solchen, die harmonisch eingefügt werden können. Exxons Kauf von Firmen, die nicht zu seinem Energiegeschäft paßten (Büroausstattung, Reliance Electric), waren nicht nur schlechte Geldanlagen, sondern lenkten die Aufmerksamkeit der Geschäftsführung von ihrer vorrangigen Verantwortung ab. Diese Firmen haben sie jetzt verkauft. Goodyear trennt sich von seinem Luft- und Raumfahrtgeschäft und anderen schwer eingliederbaren Bereichen. Die Bewegung geht jetzt nicht mehr in Richtung Größe um der Größe willen. Das Geschäft wird weniger eng verwebt und deshalb einfacher zu leiten.

Neueste Untersuchungen zu Firmenzusammenschlüssen sprechen gegen deren Wert, sowohl was die Aktionäre als auch was die Wirtschaft betrifft. Eine Untersuchung von Dennis C. Mueller von der Universität Maryland und Ellen B. Magenheim vom Swarthmore College befaßte sich mit 78 Aufkäufen im Zeitraum von 1976 bis 1981. Dabei wurde ein durchschnittlicher Marktwertverlust von 16

Prozent im Verlauf von drei Jahren festgestellt. F. Michael Scherer vom Swarthmore College untersuchte Zusammenschlüsse in der Industrie und fand heraus, daß das zusammengefaßte Unternehmen letztlich ungefähr 40 Prozent des Marktanteils verlor, den die beiden Gesellschaften getrennt besessen hatten. Er fand weiterhin heraus, daß ein Zusammenschluß üblicherweise für die nächsten acht Jahre sinkende Gewinne zur Folge hatte.

Aus allen Untersuchungen geht klar hervor, daß Zusammenschlüsse und Aufkäufe verschiedenartiger Geschäfte selten einen Wertzuwachs mit sich bringen. Was allerdings den Aktionären und der Wirtschaft einen Vorteil verschafft, ist die Konzentration auf das Wesentliche und auf den Engpaß seiner Zielgruppe. Wie das Licht eines Brennglases sollte sich eine Firma auf das konzentrieren, was sie wirklich kann. Sie sollte die eigene Stärke mit dem Engpaß beim Kunden kombinieren. Die komplizierte Verschachtelung von Aktiengesellschaften, der machttrunkene Zukauf immer neuer Gesellschaften, wird sich schwerlich auszahlen. Das große Parlament der Aktienbesitzer durchschaut schnell solch blinden Aktionismus. Das Kursthermometer zeichnet tagtäglich seine Fieberkurve neu.

Stufe 7

Der Synergist – Ausgewogenheit – der Stein der Weisen

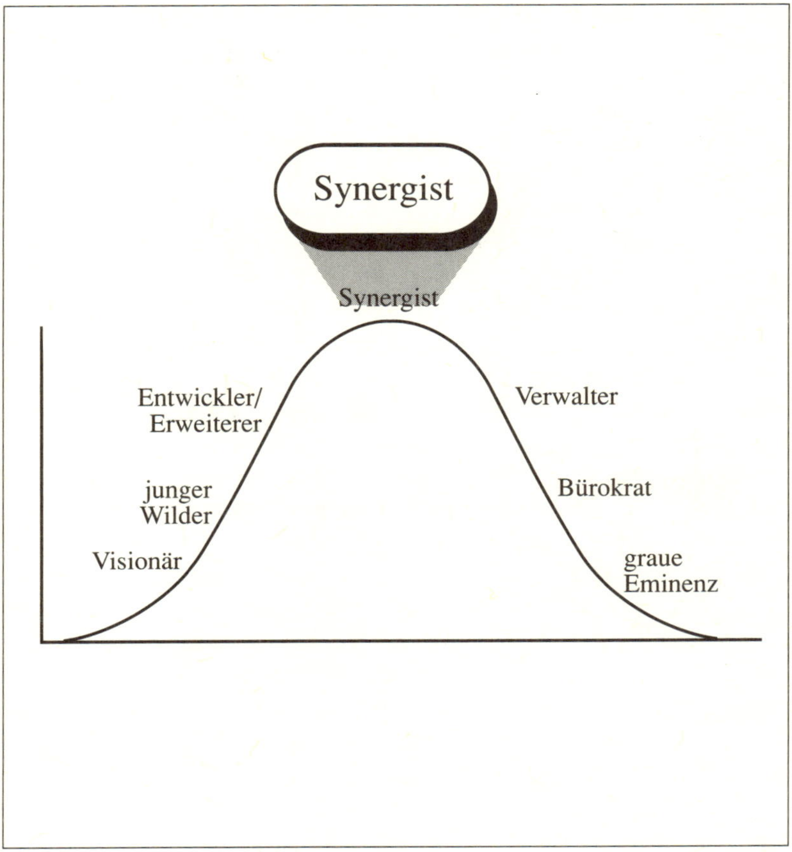

Aus dem Aufeinanderprall verschiedener Meinungen springt der Funke der Wahrheit hervor.
Baha'u'llah, persischer Prophet

Der Niedergang ist nicht unausweichlich – nur wahrscheinlich. Es ist die Herausforderung an uns, den natürlichen Ablauf von Aufstieg und Fall zu durchbrechen, indem wir die Mischung von Führungsqualitäten finden, die es erlaubt, die menschlichen Kräfte gleichermaßen auf eine Zusammenarbeit im Inneren wie auch auf den Wettbewerb draußen zu richten. Wenn wir sie finden, wird das Unternehmen nicht untergehen, es wird aufblühen.

Der Synergist ist eine Führungspersönlichkeit, die ihrer eigenen, eingeschränkten Neigung zu einem der Führungsstile entfliehen konnte. Er verkörpert jetzt all die verschiedenen Stile, die für das Unternehmen auf seinem Weg durch die Lebensstufen notwendig sind. Die bestgeführten reifen Unternehmen sind ausgewogen. Die Wesensmerkmale des Visionärs, des jungen Wilden, des Entwicklers, des Erweiterers und Verwalters findet man in ihnen im Gleichgewicht und einer gut abgewogenen Mischung. Aber, und das zählt am meisten, der Synergist ist jemand, der Gemeinschaftlichkeit und Einheit erzeugen kann.

Das Prinzip von Yin und Yang wirkt in allen Bereichen des Lebens. Es gibt Zeiten, in denen man der einen Eigenschaft den Vorzug vor der anderen geben muß, und es gibt Zeiten, in denen ein Gleichgewicht der zwei gegensätzlichen Kräfte gesucht werden muß. Der Synergist ist das Zünglein an der Waage; mal fügt er dem einen Ende ein Gewicht hinzu, mal dem anderen. Er ist immer mit feinem Gespür aufmerksam, immer gleicht er aus, um die Kräfte im Gleichgewicht zu halten. Dieses Auspendeln des Gleichgewichts ist es, was die Lebendigkeit und Robustheit des blühenden Unternehmens erhält. Sie werden erhalten, weil der Synergist dem Druck der widerstreitenden Kräfte widerstehen kann. Er erkennt, daß der Hebel vielleicht nur ein kleines bißchen anders angesetzt werden muß, selbst wenn draußen am einen Ende des Hebels jemand lauthals brüllt, er sei gerade dabei, das Zeitliche zu segnen. Der Synergist vereint auf dieser Zyklusstufe vielleicht die Vorzüge des Ostens und des Westens und unterliegt der begrenzten Sichtweise nicht mehr, die die Ausrichtung auf nur eine der beiden Kulturen zwangsläufig auch bedeutet. Wo können wir ein Beispiel von solch einer ausgewogenen Mischung finden – ein großes, erfolgreiches, wachsendes, schöpferisches Unternehmen mit ausgeprägtem Zusammenhalt der Gemeinschaft und dabei nationale Grenzen überschreitend? Wir können es in Marysville, Ohio, finden.

Honda of America Manufacturing Inc. sollte in keiner Weise mit einem traditionellen, japanischen Unternehmen verwechselt werden, in dem »japanisches Management« vorherrscht. Sogar in Japan gilt Honda seit langem als Einzelgänger. Und ganz bestimmt kann man den Betrieb in Marysville nicht unter traditionellem amerikanischen Management einordnen. Er beschäftigt ungefähr siebentausend amerikanische »Mitstreiter« (und wächst weiterhin schnell), wobei seine Manager ungefähr zur Hälfte Amerikaner und Japaner sind.

Nimmt man den Markterfolg als Maßstab für die Kultur eines Unternehmens und für die Fähigkeit seiner Führung, so ist Honda zweifellos ein Erfolg. Im Bericht von J. D. Powers & Associates über die Zufriedenheit der Kunden war 1988 der Honda Acura auf dem ersten Platz; der in Marysville hergestellte Honda Accord auf dem zweiten; Mercedes-Benz auf dem dritten. Unter den importierten Wagen waren, der Zeitschrift »Motor Trend« zufolge, die drei besten des Jahres allesamt Honda Civics, darunter der viertürige, in Marysville hergestellte Civic. Im vergangen Jahr hat Honda seine Produktion in den USA beinahe verdoppelt, und seine Wagen enthalten mehr amerikanische Einzelteile (annähernd 70 Prozent) als viele Modelle von Ford, General Motors und Chrysler.

Honda ist mehr als vierzig Jahre alt. Doch es besitzt alle Vorzüge, die wir in unserem Unternehmen der Ausgewogenheit zu finden hoffen. Davon konnte ich mich bei einem Besuch des Werks über-

zeugen. Warum ist Honda so gut? Die Antwort ist ebenso einfach wie vielschichtig.
Die Führungskräfte und Manager bei Honda sprechen oft über ihre Philosophie, die Werte und Vorstellungen, auf denen der Alltag und seine Entscheidungen aufbaut. Schon bevor man das Gebäude betritt, zeigt sich diese Philosophie. Als wir zum Werk fuhren, bemerkte ich Reihen von neugepflanzten Bäumen. Man sagte mir, daß sie von neu eingestellten Mitarbeitern gepflanzt worden seien. Jeder neue Mitarbeiter pflanzt einen Baum, »so können sie gemeinsam mit der Firma wachsen«. Alle »Associates«, alle Mitstreiter oder Partner (der Ausdruck wird für alle Angestellten gebraucht), kennen die Unternehmensphilosophie. Sie sehen sie jeden Tag in hundert verschiedenen Gewändern. Sie hören sie tagein, tagaus von ihren Führungskräften. Es gibt keine Widersprüche.
Der Präsident von Honda of America ist Shoichiro Irimajiri, von seinen Mitstreitern Mr. Iri genannt. An einem früheren Punkt seiner Karriere war Mr. Iri für die Leitung der erfolgreichen Honda-Rennen verantwortlich, für den Entwurf von Motoren und für die Leitung der Produktionsstätten in Japan. Oft spricht er vom »Geist des Rennens«, den fünf Grundsätze ausmachen:

1. Suche die Herausforderung!
2. Sei rechtzeitig bereit!
3. Gruppenarbeit!
4. Schnelles Handeln!
5. Alles für den Sieger!

Was aber möglicherweise die Honda-Philosophie besser erhellt, ist eine Geschichte, die er über eines seiner frühen Rennen erzählt. Beim British Grand Prix 1965 versagte der Motor eines Formeleins-Rennwagens, den Mr. Iri entworfen hatte. Er wurde auseinandergenommen und von Mr. Honda persönlich untersucht. Er fand heraus, daß ein fehlerhafter Kolben das Problem verursacht hatte, und verlangte zu erfahren, wer den entworfen hatte.
»Ich«, sagte Shoichiro Irimajiri.
Mr. Honda prüfte dann die technischen Einzelheiten des Kolbens. »Sie! Dumm!« brüllte Honda. »Kein Wunder, daß der Kolben in Brand gerät. Sie haben die Stärke verändert.«

Als der junge Irimajiri versuchte, seine Änderung mit einigen Daten von früheren Motoren zu verteidigen, brüllte ihn Mr. Honda nieder: »Ich hasse die Leute von der Hochschule! Sie gebrauchen nur ihren Kopf. Denken Sie wirklich, Sie könnten mit überflüssigen Daten aus alten, leistungsschwachen Motoren etwas anfangen? Ich habe jahrzehntelang Kolben gemacht und angefaßt. Ich bin mir völlig darüber im klaren, wie entscheidend hier ein halber Millimeter ist. Ein Unternehmen braucht Leute wie Sie, die nur ihren Kopf benutzen, nicht. Warum haben Sie sich nicht, bevor sie diese Ausführung machten, die Meinungen der erfahrenen Leute im Laden angehört? Wenn Sie meinen, ein Hochschulstudium sei schon alles, liegen Sie völlig falsch. Sie werden für Honda nutzlos sein, bis Sie hier noch viele weitere Jahre hinter sich gebracht haben werden. Sie werden zur Maschinenfabrikation gehen«, ordnete Mr. Honda an, »und sich dort bei jedem entschuldigen, dafür, daß Sie die Arbeit der Leute da vergeudet haben.« Mr. Honda folgte ihm durch die Halle, um sicher zu sein, daß er seine Anweisung befolgte.
Mr. Iri lernte seine Lektion. Er hatte nicht nur als Ingenieur Erfolg, und als solcher entwarf er mehrere erfolgreiche Rennmotoren, sondern er wurde Präsident von Honda of America, des ersten japanischen Unternehmens, das Wagen nach Japan zurückexportierte. Shoichiro Irimajiri hört immer noch auf die erfahrenen Leute im Laden, und er vergeudet ihre Arbeit nicht. Er hat spezialisierten Sachverstand zu schätzen gelernt und vermeidet die Entfremdungen, die vielschichtig aufgebaute Hierarchien mit sich bringen.
Bei Honda verbringen Management und Ingenieure den größten Teil ihrer Zeit in der Fabrik, auf Tuchfühlung mit ihren Mitarbeitern, dem Produkt und dem Arbeitsvorgang. Beim Management alten Stils gibt es die Trennung zwischen der »Geschäftsführung« und der »Produktion«. Diese Grenze kann man bei Honda beim besten Willen nicht finden. Die Manager arbeiten im buchstäblichen Sinn. Sie untersuchen, messen, werten aus – nicht die Leute, sondern die Ware. Niemand scheint seine Aufgabe als Kontrolle oder Überprüfung der Arbeit von Untergebenen zu verstehen. Sie sind sehr streng, was Leistung betrifft, aber nicht zu Menschen. Viele weniger erfolgreiche Unternehmen sind streng mit den Leuten, aber lasch, was Leistung angeht.

Überall gibt die Honda-Philosophie den Ausschlag. In Aufbau, Arbeitsweise, Fähigkeiten, Umgangston und Sinnbildern zeigt sich die Philosophie der Ausgewogenheit und kann jeden Tag von jedem Angestellten erlebt werden. Lassen Sie uns das einmal eins nach dem anderen betrachten.

Aufbau:

Bei Honda ist jeder Mitglied einer Arbeitsgruppe. Sie setzt sich aus fünfzehn bis zwanzig Mitstreitern zusammen, die an einem gemeinsamen Gebiet arbeiten. Die Arbeitsgruppe ist die erste Ebene der Organisation, und sie trifft sich jeden Morgen um 6.30 Uhr. Die Arbeit des Tages wird besprochen, und Rückmeldung zur Qualität der Arbeit des Vortages wird gegeben. Alle Schwierigkeiten, Veränderungen oder Anliegen werden bei diesem Treffen zur Sprache gebracht.

Als ich mir die Werkshalle für Motorräder in Marysville ansah, machte ich beim laufenden Fließband halt und sah einmal zu. Währenddessen bekam ein Angestellter Schwierigkeiten beim Zusammensetzen von Gestell und Motor. Er hatte das Band angehalten. Er und ein anderer Mitstreiter bemühten sich wie wild, das Gestell an seinen richtigen Platz zu bekommen. Es dauerte ungefähr zwanzig Sekunden, dann lief das Band wieder. Ich fragte, wo der Leiter der Gruppe sei. Es stellt sich heraus, daß er der Mitstreiter war, der bei dem klemmenden Gestell mit angepackt hatte. Der Leiter der Arbeitsgruppe und der Koordinator der Produktion (der dem Abteilungsleiter entspricht) arbeiten am Band, lächeln, scherzen und arbeiten hart und schnell mit ihren Kollegen und Mitstreitern.

Es gibt nirgends ein privates Büro für Leiter von Arbeitsgruppen oder Produktionskoordinatoren. Sie sind am Ort des Geschehens, sehen das Produkt, nehmen es in die Hand, gewinnen Erfahrung und lösen Probleme. Sie sind ein Teil der Arbeitsgruppe. Sie können sofort handeln wie die Leute in den Boxen bei Mr. Irimajiris »Geist des Rennens«.

So wie Angestellte in Gruppen arbeiten, ist es auch bei den Managern. Problemlösung mit Hilfe von Gruppen wird auf jeder Ebene der Organisation betrieben. Der Aufbau der Organisation wie auch die räumliche Anordnung der Büros und Schreibtische macht die

Problemlösung in Gruppen zu einem Vorgang, der selbstverständlich erscheint und dauernd geschieht.
Eine Beteiligung am Vorgang der ständigen Verbesserung wird durch Qualitätszirkel geregelt. NH-Zirkel (NH steht für »nun Honda, neues Honda, nächstens Honda«) gleichen den Zirkeln vieler anderer Gesellschaften. Bei Honda allerdings sind sie nur ein Teil eines allumfassenden Vorgangs der Beteiligung, den man hier VIP nennt (Voluntary Involvement Program; Programm zur freiwilligen Beteiligung). VIP umfaßt ein Verfahren für Vorschläge sowie Auszeichnungen für Qualität und Sicherheit. 20 Prozent der Mitarbeiter nehmen an den Zirkeln teil. Als ich mit einigen Mitarbeitern von NH-Zirkeln sprach, beeindruckte mich ihr Gefühl der Verantwortlichkeit dafür, daß angenommene Verbesserungsvorschläge auch in die Tat umgesetzt werden. Sie waren auch der Meinung, ihre Zirkel seien anders als die in anderen Unternehmen, weil selbst kleine Verbesserungen sehr hoch bewertet werden. Sie sagten, Hondas Erfolg sei ein Ergebnis davon, daß ständig kleine Verbesserungen gefunden würden und man nicht nur nach dem großen Wurf suchte.

Arbeitsweise:
Ich hatte schon erwartet, in Marysville eine Beteiligung der Mitarbeiter vorzufinden. Trotzdem war ich über das Ausmaß der Sorgfalt überrascht, die man für die Belohnungs- und Belobigungsverfahren aufwendete. Dauernd gibt es Rückmeldung und spürbare Boni für alle nur möglichen Formen von außergewöhnlicher Leistung.
Das NH-Zirkel-Programm, das Vorschlagsverfahren, die Auszeichnungen für Qualität und Sicherheit, all das wird durch ein Punktsystem miteinander verknüpft. Die Mitarbeiter können durch ihre Teilnahme an den Verbesserungsverfahren einen Honda Civic (2 500 Punkte) oder einen Accord (5 000 Punkte) verdienen mit zusätzlichen zwei Wochen bezahlten Urlaubs einschließlich Flugtikkets nach beliebigen Zielen in der Welt plus Taschengeld.
Zusätzlich zu Stundenlohn oder Gehalt werden alle Mitarbeiter am Gewinn beteiligt. Das ist eine Neuerung von Honda of America und gehört in Japan nicht zu den üblichen Verfahren. 10 Prozent des Gesamtgewinns werden unter den Angestellten geteilt, und zwar anteilig auf der Grundlage ihrer sonstigen Bezahlung. Geringe Arbeits-

abwesenheit führt zu weiteren Boni. Die durchschnittliche Vergütung für geringe Abwesenheitszeiten betrug 1986 832 Dollar. Der durchschnittliche Betrag der Gewinnbeteiligung belief sich auf immerhin 2 688 Dollar. Ergebnisanalysen und Rückmeldung sind ein wichtiger Bestandteil des Umgangs mit Leistung im Management. In jedem Großraumbüro und in jedem der vielen Konferenzräume sind die Wände mit Tabellen und graphischen Darstellungen bedeckt, die Auskunft geben über verschiedene Leistungen im Bereich der Qualität und der Produktivität. Häufig findet man neben den Tabellen Listen mit Ursachen oder Lösungen für Probleme. Diagramme von Autoteilen oder Produktionsmaschinen trifft man ebenfalls oft an, hier verweisen Pfeile auf die Problemquellen. Offensichtlich alle Manager bei Honda sind mit den Leistungsdaten des Werks vertraut.

Eine weitere Vorgehensweise der Geschäftsleitung, die mir erwähnenswert scheint, ist das Verfahren bei Disziplinierung. Es gibt einige gesunde Verfahren alten Stils mit Ermahnung, Verwarnung und Abmahnung.

Der neuartige Teil des Verfahrens besteht allerdings in der Überprüfung durch Gleichgestellte. Sie wird für Mitarbeiter durchgeführt, die wegen schlechter Führung entlassen werden. Legt ein Mitarbeiter gegen eine Entlassung Berufung ein, dann wird ein Überprüfungsausschuß von Gleichgestellten gebildet. Ihm gehören sechs oder acht Mitarbeiter der Produktion an, die nach dem Zufallsprinzip ausgewählt werden, sowie ein ranghoher Manager, der auch nur eine Stimme besitzt. Der Ausschuß hört sich den Fall an und entscheidet dann, den Beschluß der Geschäftsleitung anzunehmen oder ihn zu verwerfen. In neun von zehn Fällen wird die Entscheidung von den Mitarbeitern aufrechterhalten.

Fähigkeiten:

Sieht man sich das Endprodukt an, so besteht kein Zweifel, daß Honda über sehr fähige Ingenieure und gut geschultes Personal verfügt. Da ich auch schon andere Autohersteller beraten habe, kam ein wesentlicher Grund hierfür bald ans Tageslicht. Honda ist ein Ingenieurunternehmen. Das Personal, das am meisten geschätzt wird, sind Ingenieure und Leute mit technischem Sachverstand. In vielen anderen Unternehmen sind es die Finanzmanager und Managementprofis, die in hohem Ansehen stehen. Hondas Geschäft ist die Herstellung hervorragender Autos. Das Geschäft vieler anderer Unternehmen besteht im Geldverdienen und erst in zweiter Linie in der Herstellung von Produkten. Honda verdient Geld und hat die Kasten bürokratischen Managements nicht nötig, weil es sich mit Leidenschaft seiner Technologie und seinen Produkten widmet. Am Fließband wird ständig die Weiterentwicklung der Fertigkeiten verfolgt. Die Mitarbeiter wechseln aus einem Tätigkeitsfeld in ein anderes, um ihre Fähigkeiten zu erweitern und ihre Vielseitigkeit zu vergrößern. Vielseitigkeit und die Bildung von Fähigkeiten auf einer breiten Grundlage sind hehre Grundsätze, die niemand in Zweifel zieht.

Hondas Fließbandherstellung fußt auf dem Just-in-time-Prinzip. Im Werk wird nur für die Produktion von ein oder zwei Tagen ausreichend Inventar gehalten. Alle Zulieferer wissen, daß sie die Teile in hundertprozentiger Qualität und in kleinen Mengen liefern müssen, »gerade rechtzeitig« für die Produktion des nächsten Tages, oder das Werk schließt. Das macht eine enge Beziehung der Zusammenarbeit erforderlich, vor allem mit den Zulieferern.

Jeder Mitarbeiter weiß, daß es seine Aufgabe ist, jedes Teil zu überprüfen, um die Einhaltung des Qualitätsanspruches voll zu gewährleisten. Jeder Mitarbeiter kann ein Bauteil zurückgehen lassen. Es gibt eine Abteilung für Qualitätssicherung mit einer Mitarbeitergruppe, die sich wegen jedes schlechten Teils an den Zulieferer wendet. Jeder Händler ist einem Mitarbeiter zugeteilt, und dieser Mitarbeiter weiß genau, wen er anrufen muß, und besitzt die private Telefonnummer des Händlers.

Umgangston:

Alle oben beschriebenen Vorgehensweisen werden von Menschen mit Sinn für Humor zusammengehalten, die auch einen hohen Grad an Geschicklichkeit im Umgang mit anderen besitzen.

Jeden Morgen treffen sich die zehn oder zwölf japanischen und amerikanischen Manager des Motorradwerks, um die Leistung zu überprüfen, Schwierigkeiten zu beseitigen und Pläne für den Tag zu machen. Als ich dort zu Besuch war, saß der japanische Vice-President, der für den Motorradbetrieb verantwortlich ist, am Ende des Tisches. Die Sitzung wurde von einem Manager geleitet, der zwei Ebenen darunter angesiedelt war. Es gab eine lebhafte Auseinandersetzung über die Behandlung einer »Fast-rechtzeitig«-Situation, die am Vortag beinahe die gesamte Produktion zum Stillstand gebracht hätte. Einer der japanischen Manager äußerte sich ziemlich lautstark, wie durcheinander die Lage sei und wie man besser mit ihr hätte umgehen sollen. Ein paar andere sprachen darüber, was geschehen war und wie es zu lösen sei. Der Vice-President saß eine halbe Stunde ruhig dabei und sagte nichts, bis die Sitzung zu einem Abschluß kam. Erst dann sprach er. Er brachte zwei Dinge vor. Zunächst wollte er jedem für seine Bemühungen am Vortag danken. Als nächstes wollte er herausheben, wie wichtig es sei, eine weitere Herausforderung, die im Laufe der nächsten Woche auftreten würde, zu bewältigen. Sein Tonfall war ruhig und beruhigend. Als ich mit Angestellten sprach, fragte ich mehrfach danach, wie es sei, für japanische Manager beziehungsweise mit ihnen zu arbeiten. Ich fand nicht die geringsten Vorbehalte, nur wirklich ernst gemeinte Achtung und Freundschaft. Das Gefühl »›Wir Amerikaner‹ arbeiten für ›die‹« gab es nicht.

Sinnbilder:
Bei meiner Ankunft hatte man mir eine Uniform gegeben, die ich in der Fabrikhalle tragen sollte. Man sagte mir, diese Uniform erhielte nicht jeder, nur »verehrte Gäste«. Ich fühlte mich dadurch geehrt. Zu einer Gruppe von stolzen Leuten zu gehören, das Sinnbild ihres Gemeinschaftsgefühls mit ihnen zu teilen, ließ mich ihnen zugehörig fühlen, mit einbezogen in ihre gemeinsamen Ziele.
Alle Angestellten, vom Präsident bis zum gerade frisch eingestellten Mitarbeiter, essen in der gleichen Kantine; parken auf dem gleichen Parkplatz, der keine besonders reservierten Plätze ausweist. Die Manager sitzen alle an den gleichen Metallschreibtischen in offenen Bürobereichen. Die meisten Schreibtische sind zu Sechserblocks zusammengestellt, und oft sitzen sich japanische und amerikanische Manager gegenüber. Das Fehlen von Schranken, im räumlichen und im psychologischen Sinn, verleiht dem Begriff »Gruppenarbeit« eine ganz neue Bedeutung.

Als ich durch die Werkshalle ging – im übrigen die sauberste Fabrikhalle im Nicht-Lebensmittel-Bereich von Hunderten, in denen ich schon gewesen bin – , sah ich, wie ein Vice-President halt machte und etwas vom Boden aufhob. Auf dem Boden liegt nichts herum. Kaum zu glauben: Es gibt *kein* Reinigungspersonal zum Putzen. Jeder macht in seinem eigenen Bereich sauber, jeder Angestellte und jeder Manager.
Vielen mögen diese Sinnbilder oberflächlich erscheinen. Sie wären es, stünden sie allein da, als Gegensatz zum Verhalten und zur Einstellung der Angestellten. Sinnbilder jedoch verstärken Ideen und dienen der Entstehung eines Gemeinschaftsgefühls.
Management bei Honda ist anders als Management bei anderen japanischen Firmen, und darin liegt vielleicht der Schlüssel zu ihrem Erfolg in der Fabrikation in den Vereinigten Staaten. Ein japanisches Unternehmen alten Stils mißt dem Lebensalter wie auch dem Dienstalter großen Wert bei. Das tut Honda nicht. Mr. Honda ging in den Ruhestand, weil er der Ansicht ist, die Firma sollte von jungen Leuten geleitet werden. Mr. Irimajiri ist ein junger Mann, den es begeistert, Hochleistungsmotoren zu bauen und Rennen zu gewinnen. Der erste Grundsatz der Politik des Managements bei Honda lautet: »Gehe immer mit Ehrgeiz und Jugendlichkeit voran.« Der zweite heißt: »Achte gesundes theoretisches Wissen, entwickle neue Ideen, und nutze die Zeit so gut aus wie nur möglich.« Der dritte lautet: »Habe an der Arbeit Freude, und gestalte deine Arbeitsumgebung immer freundlich.«
Als ich Marysville verließ, hatte ich nicht das Gefühl, einen »ausländischen« Hersteller besucht zu haben. Eher packte mich das Gefühl, etwas Neues gesehen zu haben. Ich hatte ein Unternehmen erlebt, das Ausgewogenheit auf seine Fahnen geschrieben hat, das weltumfassend arbeitet, ebenso japanische wie amerikanische Traditionen vereint. Mir kam nichts in den Sinn, was andere Unternehmen nicht auch übernehmen könnten. Verständige Topmanager mit Hingabe bei der Sache, und »immer mit Jugendlichkeit vorangehend«, das wäre so schlecht doch nicht.
Viele Lenker erfolgreicher Großunternehmen sind Synergisten. Ein deutscher Prototyp des Synergisten ist der Vorstandsvorsitzende der Siemens AG, Karl-Heinz Kaske. Kaske gelang es in den letzten

Jahren mit einer klugen Mischung aus Vision und Tatkraft, die ehedem behäbige Selbstgefälligkeit des Münchner Elektrokonzerns abzuschütteln. Eine flexible Unternehmens- und Führungsstruktur, innovative Produkte und ein gesundes Machertum katapulierte den deutschen Elektroriesen an die Weltspitze. Aufkäufe wurden vorsichtig unter Synergieaspekten getätigt: Die gemeinsam mit GEC vollzogene Plessey-Übernahme brachte Siemens auf den Britischen Inseln den Durchbruch. Durch den Kauf der schlingernden Nixdorf AG hievten sich die Münchner nach IBM auf den zweiten Platz des europäischen Computermarktes. Die Weit- und Umsicht von Siemens-Vorstand Kaske wurde auch ideell belohnt. Europas Wirtschaftsjournalisten wählten ihn 1990 zum »Europäischen Manager des Jahres«.

Alle erfolgreichen Firmen befinden sich im Gleichgewicht, sind ausgewogen, das gilt sowohl für ihr Innenleben als auch für den Wettbewerb mit konkurrierenden Unternehmen. Gesunde Unternehmen bleiben beweglich. Das erlaubt ihnen, sich zu verändern. Unbeweglichkeit macht Änderungen unmöglich und führt unvermeidlich zum Abstieg.

Die neun Regeln der Ausgewogenheit

Es gibt neun Grundsätze, denen erfolgreiche Zivilisationen – und Unternehmen – zu folgen scheinen, um dem Abstieg zu entrinnen.

Grundsatz # 1: Geist

Unternehmen sind ihrer Natur nach sowohl geistig als auch materiell. In ihrer Jugend verfügen sie über mehr geistige und weniger materielle Werte. Im Niedergang ist das umgekehrt.

Folgerung 1. Es ist die Aufgabe der Führung, den Geist der Einheit, der Herausforderung und des Lohnenden zu wecken.
Folgerung 2. Synergie wird geschaffen, indem man die geistigen und materiellen Werte zu einer Einheit formt.
Folgerung 3. Der Niedergang des Geistes in einer Kultur geht dem Niedergang materiellen Reichtums voran und führt ihn herbei.

Honda verfügt nicht über besondere materielle Werte. In der Technik gibt es wenig, was einzigartig ist. Honda ist sogar weniger automatisiert als einige andere, weniger produktive Automobilwerke. Sein Wettbewerbsvorteil ist der gleiche, den Edison, Alexander und Magellan besaßen. Es ist der Vorteil des menschlichen Geistes.
Im letzten Viertel des 20. Jahrhunderts hat unsere Gesellschaft materiellen Überfluß und ein verhältnismäßig bequemes Stadium erreicht. Diese Bedingungen nähren, wie wir gesehen haben, den Verlust des Gemeinschaftssinns und fördern innere Aufspaltungen. Manager, die sich selbst für hart halten, gehen auf Zahlen ein und rechnen und rechnen. Anstatt dem menschlichen Geist die Sporen zu geben, sind sie schnell bei der Hand, wenn es darum geht, ihm Einhalt zu gebieten. Wirklich hart sein bedeutet, seine Untergebenen zum Kampf anzuspornen, die Schlacht gegen eine ungünstige Ausgangslage anzuführen. Es heißt nicht, über ungerechten Wettbewerb und Mitarbeiter, die sich nicht genügend ins Zeug legen, zu jammern. Wirklich hart zu sein heißt den Geist besitzen, der andere dazu beflügelt, den Maßstab für sich selbst höher anzusetzen und Schwierigkeiten zu überwinden. All das fertigzubringen erfordert eine Führungspersönlichkeit, die an erster Stelle die Macht des menschlichen Geistes erkennt.

Grundsatz # 2: Ziel

Sinn und Zweck allen Wirtschaftens ist, wirklichen und dauerhaften Wohlstand zu erzeugen, indem es im Dienst derer steht, die unmittelbar daran beteiligt sind – Kunden, Aktionäre, Angestellte und Öffentlichkeit.

Folgerung 1. Die Leistung einer Gruppe ist das Ergebnis eines gemeinsamen, gesellschaftlichen Ziels. Es ist die Aufgabe der Führung, das gemeinschaftliche Ziel bewußtzumachen und es zu stärken.
Folgerung 2. Aufsteigende Kulturen besitzen ein klares und Einheit stiftendes Gemeinschaftsziel. Im Verfall geht dieses Ziel verloren.
Folgerung 3. Das vorrangige Gemeinschaftsziel eines Unternehmens ist, dem Kunden zu dienen. Alle Mitarbeiter auf allen Ebenen sollten ihre Kunden und deren Wünsche kennen.

Führungspersönlichkeiten erzeugen Tatendrang und Kraft, wenn sie das Bewußtsein vom Ziel und Zweck des Ganzen wecken können. Ein Manager ist wie der Fahrer eines Wagens, er lenkt nach rechts und nach links, gibt der Fahrt ihre Richtung und hält den Wagen unter Kontrolle. Aber der Manager kann auch den ganzen Tag lang am Lenkrad drehen und nirgendwohin gelangen, wenn der Motor ausgeschaltet bleibt oder kein Benzin im Tank ist.

Der Synergist erkennt, daß seine eigenen Bedürfnisse und Belohnungen sich nicht aus der direkten Verfolgung seines Eigeninteresses ergeben, sondern als Folge davon, den Bedürfnissen anderer mit Erfolg gedient zu haben. Er wird auch erkennen, daß sein wirksamstes Werkzeug zur Begeisterung anderer das Schaffen einer gemeinsamen Einheit mit Hilfe eines gemeinsamen Ziels ist. Es gibt keine wichtigere Führungsaufgabe als die Motivierung der Mitarbeiter, und es gibt keine Aufgabe, für die Manager schlechter ausgerüstet und ausgebildet wären als diese.

Der Synergist weiß, daß Freude an der Arbeit sich aus einer hohen Einschätzung des eigenen Wertes herleitet. Diese Einschätzung folgt ganz unausweichlich, wenn jemand versteht, welchem Ziel und welchem Zweck er dient. Dieses Verständnis weckt auch die Bereitschaft, für die Gruppe Opfer zu bringen. Wir haben von uns selbst eine höhere Meinung, wir fühlen uns geadelt, wenn wir wissen, daß wir für das, was uns als wertvoll gilt, Opfer gebracht haben. Und weil wir auf der Suche nach unserem eigenen Ideal und unserem Selbstwertgefühl sind, hoffen wir auf eine Führung, die eine Sache von Wert erkennt.

Der Schöpfung Liebestrunkener mag für einen Kuß sterben,
aber doch nicht für dreißigtausend Dollar im Jahr.
Jack London, »Martin Eden«

Dieses Ziel darf nicht an finanziellen Größen festgemacht werden, sondern man sollte davon reden, daß man »das Beste« erreichen will, der Anbieter des besten Produkts oder der besten Dienstleistung werden will. Es ist mir klar, daß sich dies banal anhört, es ist aber trotzdem richtig. Wenn Sie eine Footballmannschaft als Trainer betreuen, werfen Sie zu Beginn jeder neuen Saison ein Auge auf die Meisterschaft und nicht darauf, eine durchschnittliche Leistung zu erbringen. Den Durchschnitt zu erreichen bringt wenig Befriedigung, sei es im Sport oder in der Wirtschaft. Nur das Streben nach dem Besten erzeugt Begeisterung und Opferbereitschaft, nichts darunter.

Das Ziel des Unternehmens muß auf eine Art und Weise ausgedrückt werden, daß ein Angestellter der untersten Ebene es versteht. Weil Manager in einer bürokratischen Organisation sich so wenig in die Lage ihrer Angestellten versetzen, drücken sie es oft in Begriffen wie Rendite, Prozentsatz des Jahreswachstums oder Deckungsbeitrag aus. Schall und Rauch. Heiße Luft, vielleicht. Das sind nicht die Begriffe, die der Visionär gebraucht. Er benutzt Begriffe, die sie verstehen. »Das beste Auto der Welt bauen« – »Eine Gesundheitsfürsorge, die die beste in der Welt ist, zu einem Preis möglich zu machen, den der Durchschnittsverdiener sich leisten kann.« Sicher, diese Beispiele sind einfach. Aber was kann man gegen eine einfache Sprache einwenden?

Grundsatz # 3: Kreativität

Die wichtigste Aufgabe in der Wirtschaft ist, neue und bessere Produkte und Dienstleistungen zu erzeugen.

Folgerung 1. Führung muß schöpferisch sein, um schöpferische Fähigkeiten anzuregen.
Folgerung 2. Wandlungsfähigkeit, Jugendlichkeit und Kraft sind bis zum Tod erforderlich.
Folgerung 3. Beweglichkeit, Herausforderung, der frank und freie Fluß von Einfällen und Informationen sind nötig, um das Schöpferische zu unterstützen.

Aus unserer Betrachtung des unternehmerischen Lebenszyklus wissen wir, daß es zu den Voraussetzungen des Wachstums gehört, Herausforderungen anzunehmen und einfallsreich auf sie einzugehen. Organisationen bleiben gesund, wenn Führung schöpferisch ist. Fangen die führenden Köpfe einmal damit an, sich auf Antworten von gestern zu verlassen, wird angesichts einer neuen Herausforderung ein Scheitern nicht vermieden werden können. Weiterhin haben wir gesehen, daß große und spezialisierte Organisationen immer mehr Verwaltung brauchen, daß aber Verwaltungen zur Behinderung des Schöpferischen neigen.

Um die Ausgewogenheit erhalten zu können, muß Führung sich darüber im klaren sein, wie empfindlich das Gleichgewicht zwischen dem Erhalt des Schöpferischen und der Notwendigkeit geordneter Zustände ist. Denen, die dem Schöpferischen zuneigen, wird ein Opfer abverlangt werden, um die Verwaltungsangelegenheiten in gesundem Zustand zu belassen. Die am anderen Ende werden auch etwas preisgeben müssen, nämlich den Perfektionsdrang einer vollständigen Buchführung und Berichterstattung. Man wird einsehen müssen, daß Unordnung in gewissem Umfang ein Zeichen von Wachstum und Lebendigkeit ist. Man wird auch das Gegenteil einsehen müssen, daß völlige Unordnung zum Chaos führt. Das perfekte Gleichgewicht wird man niemals finden, und ein synergistisches Unternehmen muß es jeden Tag neu definieren.

Wie erhält Führung ihre schöpferischen Eigenschaften? Indem sie die Beziehung zu ihren Kunden und Angestellten nicht einschlafen läßt. Warum? Weil wir uns in der Arena der geschäftlichen Herausforderungen befinden. Hier ist fortwährend Wachstum und Lernen angesagt, um wettbewerbsfähig zu bleiben. Und nur der, der wächst und lernt, kann schöpferisch bleiben. Führung verliert ihren Einfallsreichtum, wenn sie von Verwaltung, Finanzen und äußeren Störungen aufgesogen wird. Das kann sie von der eigentlichen Arbeit abhalten. Ich schlage vor, daß es in jeder Firma eine Regel geben soll, wonach jeder Manager, einschließlich des Chief Executive Officer, mindestens die Hälfte seiner Zeit auf Fragen verwenden sollte, die unmittelbar mit der Herstellung und dem Verkauf zu tun haben.

Viele Führungskräfte sind dem Aufruf des Buches »Auf der Suche nach Spitzenleistungen« gefolgt. Hier wurde zu »MBWA«, Management by walking around (Management durch Herumlaufen), aufgefordert. Großartig, nur haben leider einige Manager den springenden Punkt an der Sache mißverstanden. Sie denken, der Zweck dieses Herumgehens sei bloß, gesehen zu werden und sich unter das einfache Volk zu mischen. Aber so funktionierte das Ganze nicht, als MBWA bei Hewlett-Packard ins Leben gerufen wurde. John Young ging umher, um Rat geben zu können und auch, weil er sich wirklich für das interessierte, was da vor sich ging. Er konnte sich an das erinnern, was er bei seinen »Spaziergängen« gelernt hatte, als es darum ging, Entscheidungen zu treffen.

Grundsatz # 4: Herausforderung und Antwort

Es ist die Aufgabe von Führungspersonen, Herausforderungen zu erkennen, schöpferisch zu antworten und ein einschläferndes Sattsein zu vermeiden.

Folgerung 1. Anstrengung ist die Folge einer wahrgenommenen Herausforderung und vorweggenommener, erfolgreicher Erwiderung.
Folgerung 2. Sich angesichts neuer Herausforderungen auf die erfolgreichen Antworten von gestern zu verlassen führt ins Abseits.
Folgerung 3. Das Erkennen von Herausforderungen und die Erwiderungen darauf erfordern eine bewegliche, niemals eine starre Kultur.

Ironischerweise sind Zufriedenheit und Sicherheit die Feinde ausgezeichneter Leistung. Nie habe ich einen vorzüglichen Manager getroffen, der zufrieden gewesen wäre. Jeder ausgezeichnete Manager – oder Künstler, Schriftsteller, Ingenieur oder Wissenschaftler – , den ich getroffen habe, hatte immer noch ein anderes, weitergehendes Ziel im Kopf, wenn er sich dem früher gesteckten Ziel näherte. Sie sorgten fortwährend für neue Herausforderungen.
Der Synergist besitzt ein feines Ohr für den Pulsschlag der Motiviertheit seiner Angestellten. Nie erlaubt er der Zufriedenheit oder Sicherheit, seine Mannschaft in den Schlaf zu wiegen.
Der Synergist weiß auch, daß er in jedem Angestellten den Glauben wecken muß, selbst sein Schicksal in die Hand zu nehmen. Hat ein Angestellter diesen Glauben nicht, so wird er stundenlang über Dinge reden, die nicht in seiner Macht stehen: Wirtschaft, Gewerkschaft, ausländische Konkurrenten, die Regierung, die Presse und das schlechte Benehmen von Kunden und Zulieferern. Jeder würde scheitern, der alle diese Dinge gegen sich hätte!

In einer ausgewogenen Organisation glaubt jedes Mitglied daran, seinen Willen in die Tat umsetzen zu können und bei der Gestaltung der Zukunft helfen zu können. Er besitzt diesen Glauben, weil die Führung des Unternehmens ihn auch hat. In ihren Entscheidungen und im alltäglichen Umgang gibt die Führungsperson ihre zuversichtliche Haltung weiter. Mit dem falschen Bemühen, eine Meinung unter die Leute zu bringen, die man selbst nicht wirklich teilt, wird man keinen Erfolg haben. Lippenbekenntnisse sind heute in Firmen zwar üblich, führen aber nie zum gewünschten Erfolg. Die meisten Angestellten verfügen über eine zuverlässige angeborene Antenne zur Entlarvung von Geschwätz.

Grundsatz # 5: Planung und Tatkraft

Umsichtige Planung und zupackende Tatkraft führen zu Wachstum und Fortschritt. Schnelles Handeln muß durch sorgfältiges Planen vorbereitet werden.

Folgerung 1. Planen, das zu spätem Handeln führt, ist nutzlos.
Folgerung 2. Handlungen, die nicht den langfristigen Interessen dienen, sind nutzlos.
Folgerung 3. Zwischen Schnelligkeit und Planung werden sich immer Widersprüche auftun.

Auf den frühen Entwicklungsstufen eines Unternehmens kommen schnelle Entscheidungen häufig vor, sorgfältiges Planen ist dagegen selten. In den Zeiten des Abstiegs gilt das Gegenteil. Junge Unternehmer haben deshalb Erfolg, weil sie schneller handeln als behäbige, große Organisationen, die auf den Erhalt des Bestehenden bedacht sind. Die Entscheidungsgeschwindigkeit hat das Gleichgewicht von Risiko und günstiger Gelegenheit zur Grundlage. Unnötige Risiken müssen vermieden werden, aber vergebene Chancen ebenso. Ständig versucht der Synergist, seine Organisation im Gleichgewicht zwischen den beiden zu halten. Er versucht ununterbrochen sicherzustellen, daß Entscheidungen gut durchdacht sind und daß Entscheidungen von größerer finanzieller Tragweite und größerer strategischer Auswirkung auch einer eingehenderen Überprüfung unterzogen werden. Der Synergist ist aber auch vom

Schlage des »Erledigen-wir-das-jetzt-gleich!«-Managers. Ist eine Entscheidung einmal gefallen, verlangt er schnelles Handeln, um aus dem Vorteil einer Entscheidung auch wirklich direkten Nutzen zu ziehen.

Das Spannungsfeld zwischen Tatkraft und Planung stellt in solchen Unternehmen wie IBM eine ständige Belastung dar, da der Markt sich schnell ändert. Allein die Größe von IBM macht es schwer, sich in Bewegung zu setzen. Das hat zur Folge, daß IBM des öfteren von anderen ausgestochen wird, sei es im Bereich der Personalcomputer durch Apple und Compaq oder bei den Supercomputern durch Cray Research. Viele Jahre lang konnte sich IBM trotz seiner Masse mit Erfolg schnell bewegen. In den letzten Jahren jedoch, als der Markt sich immer schneller zu verändern begann, scheint der Riese langsam geworden zu sein und verliert das Geschäft an die Heerscharen der beweglichen jungen Wilden.

Man bezichtigt Jungunternehmer selten der übertriebenen Planung. Und wahrscheinlich ist das gut so. Würden sie sorgfältig planen, wären viele sicher erst gar nicht auf die Reise gegangen, ein neues Unternehmen aufzuziehen. Ein neues Geschäft ans Laufen zu bringen ist einschüchternd genug, auch ohne einen Computerausdruck, der einem sagt, warum es nicht möglich ist.

Alles Planen fußt auf Vorhersagen über das äußere Umfeld. Gibt es Krieg am Persischen Golf, dann lösen sich auch die sorgfältigsten Planungen der Ölgesellschaften in Luft auf. Selbst für die größten multinationalen Firmen ist es für den Erfolg ausschlaggebend, sich in Erwiderung äußerer Ereignisse beweglich zu zeigen, als sorgfältig zu planen. Hier sehen wir das gespannte Verhältnis, das zwischen Plan und Tat besteht.

Grundsatz # 6: Einheit und Vielfalt

Sich entwickelnde Kulturen fächern sich in ihren Eigenschaften auf. Die Führung muß darauf zielen, unterschiedliche Wesenszüge und Begabungen zu einen.

Folgerung 1. Die führenden Persönlichkeiten müssen der Neigung nachdrücklich widerstehen, ähnliche Persönlichkeiten und Fähigkeiten anzuziehen und zu fördern.

Folgerung 2. Entscheidungen von höchster Güte werden durch Übereinstimmung erzielt.
Folgerung 3. Am wertvollsten ist die Übereinstimmung dann, wenn sie das praktizierte Wissen von Beteiligten mit unterschiedlichen Sichtweisen und Erfahrungen darstellt.

Wie wir überall sehen können, verstehen erfolgreiche Unternehmen, daß sie für ihren Erfolg verschiedenartige Persönlichkeiten brauchen. Der Synergist hebt diese Einsicht auf eine neue Stufe. Er duldet Vielfalt nicht nur, er weiß sie aus vollem Herzen zu schätzen. Er rückt seinen eigenen Managementstil in den Hintergrund und ermutigt und unterstützt fähige Leute mit sehr unterschiedlichen Standpunkten.
Es besteht kaum ein Zweifel, daß der Hamburgerkönig Ray Kroc, ein junger Wilder und Erweiterer, auch synergistische Züge besaß. Er wußte die vielfältigen Talente seiner Untergebenen zu nutzen. »Hat ein Unternehmen zwei Führungskräfte mit gleichen Ansichten, so ist einer von ihnen überflüssig«, soll Kroc gesagt haben.
Bis zum heutigen Tag ist McDonald's wahrscheinlich das einzige größere Unternehmen, das sich einen Vice-President für das Sachgebiet »Individualität« leistet. Jim Kuhn, der diese Stellung erhielt, bekam den Auftrag, Belohnungsreize und Programme zu entwikkeln, die Einfälle und Unternehmungsgeist des einzelnen fördern. Stolz betont Chairman Fred Turner, daß der größte Teil der Marketinganstöße und Produktentwicklungen nicht aus den Planungsabteilungen des Unternehmens stammt, sondern von den einzelnen Lizenznehmern. McDonald's erscheint, von außen betrachtet, strengen Regeln unterworfen. Dazu meint Turner in Loves Buch:

> Der Unabhängigkeitsdrang unserer Lizenznehmer verhindert eine straffe Regelung. Sie halten sich zwar an die Grundlagen unserer Ordnung, aber sie fahren auch auf Zickzackkurs. Denn sie verfeinern und verändern dieses und jenes, und jeder hat einen Nutzen davon, wenn sie zickzack fahren wollen. Einheitliche Standards? Ja! Aber straffe Regelung? Überhaupt nicht.

Ray Krocs Begabung galt nicht in erster Linie der Vervollkommnung von Hamburgern, der Unternehmensstrategie, dem Finanzmanagement, nicht einmal der Mitarbeitermotivation. Sie galt der Errichtung einer Kultur, die ständig Kreativität fördert, sowie einer angriffslustigen Einsatzbereitschaft auf dem Markt. Starke und unterschiedliche Persönlichkeiten, die sich einer einzigen Aufgabe verschreiben, sind der Schlüssel zum Erfolg von McDonald's. Verschiedenartige Persönlichkeiten leiten das Unternehmen auf den verschiedenen Entwicklungsstufen. McDonald's ist ein klassisches Beispiel für Ausgewogenheit, für Zusammenarbeit, die sich ergänzt.

Wie bringt der Synergist Einheitsgefühl unter Leute mit unterschiedlichen Stilen, Begabungen, Hintergründen, Erfahrungen und unterschiedlicher Bildung? Da gibt es nur einen Weg: Er entwickelt eine Kultur, die die verschiedenen Talente zusammenfaßt.

Der Synergist agiert wie der Dirigent eines Orchesters. Er verfügt über Schlagzeuger, die gern wild auf ihre Trommeln hauen, und Geiger, die zärtlich ihre Instrumente streicheln. Er weiß, daß, wenn sie alle gleich spielten, eine schlimme Kakophonie das Ergebnis wäre. Die Unterschiede sind es, die Gegensätze von Klängen beispielsweise, die Schönheit ausmachen.

Aber es ist nicht leicht, diese Verschiedenheit zu ertragen. Die Gruppe, die sich am leichtesten managen läßt, setzt sich aus Geklonten zusammen; alle denken gleich, alle verhalten sich gleich, haben denselben Hintergrund und dieselbe Erfahrung. Es ist einer unserer weniger glücklichen Wesenszüge, daß wir das Einfache suchen. Indem wir so handeln, berauben wir uns der Unterschiede und Erfahrungen, die uns bereichern. Wir rauben auch dem Unternehmen die Kreativität. Talentvielfalt ist ein äußerst wichtiger, unternehmerischer Wert.

Kann man die Gleichförmigkeit der Ansichten erreichen? Millionen unschuldiger Männer, Frauen und Kinder sind seit der Einführung des Christentums verbrannt, gefoltert, bestraft, inhaftiert worden; und doch haben wir uns nicht einen Zentimeter der Gleichförmigkeit genähert. Was ist die Folge dieser Zwangsgewalt? Die halbe Welt zu Narren zu machen und die andere Hälfte zu Heuchlern.

Thomas Jefferson

Grundsatz # 7: Spezialisierter Sachverstand

Fachwissen und Spezialistentum sollten angestrebt werden. Besitzt man sie einmal, müssen alle Fähigkeiten zur Einheit gebracht werden.

Folgerung 1. Aus verfeinertem Fachwissen leitet sich eine leistungsfähige Methodik ab; verfeinertes Fachwissen kann jedoch auch zu leistungsschwacher Methodik führen.
Folgerung 2. Bestes technisches Fachwissen führt dann zu Wettbewerbsvorteilen, wenn es sich knallhart an den Bedürfnissen der Kunden orientiert.
Folgerung 3. Die Angestellten aller Ebenen sollten in kleinen Arbeitseinheiten oder Gruppen auf ein gemeinsames Ziel hinarbeiten, ein Vorgehen, das Einheit fördert.

Wenn Firmen geboren werden, gibt es zumeist wenig verfeinertes Fachwissen. Im Verlauf ihres Wachstums wird eine Spezialisierung unvermeidlich. Die Aufgabe des Synergisten ist, aus diesen Spezialisten eine leistungsstarke Einheit zu formen. Das wird nicht einfach sein. Einer der Hauptgründe für mangelnde Qualität von Waren und Dienstleistungen liegt im Kompetenzgerangel unter den Mitarbeitern.
Neulich schloß ich meine Arbeiten bei Moody's Investor Services ab, die Literatur für Wertpapierbesitzer herausgeben. Meine Geschäftspartner und ich erstellten einen neuen Entwurf für den Aufbau der gesamten Organisation, der sich nach den Grundsätzen von einheitlicher Zusammenfügung und Beteiligung richtet.
Nach der alten Ordnung stellte ein Manager neue Mitarbeiter ein, die dann an einem Computerterminal saßen und spezialisierte Daten aus einem engen Teilgebiet eingaben. Sie waren nur für ihre eigene Arbeit verantwortlich.
Nach der neuen Ordnung werden die Mitarbeiter von Mitgliedern der Arbeitsgruppe der untersten Ebene eingestellt, denen sie zuarbeiten werden. Die Arbeitsgruppe ist dafür verantwortlich, dem Kunden das Produkt abzuliefern, Entscheidungen über die Produktionsweise zu treffen, Probleme genau zu untersuchen und Mittel und Wege zu finden, Qualität und Leistung ständig zu verbessern.

Alle Mitglieder der Gruppe haben die Gelegenheit, alle Teilbereiche des gesamten Arbeitsgebiets zu erlernen. Das sorgt für Beweglichkeit und Vielseitigkeit. Die Gruppenmitglieder können sich gegenseitig helfen, ihre Arbeiten gegenseitig überprüfen und sich beim Lösen von Problemen zur Seite stehen. Die Arbeit ist einheitlich zusammengefaßt. Die Auswirkung: Die Produktion ist erheblich gestiegen, und Neuerungen sowohl in der Gestalt von neuen Produkten als auch in Form von Produktverbesserungen konnten erreicht werden. Auch macht es jetzt mehr Spaß, dort zu arbeiten!
Der Synergist zielt auf die einheitliche Zusammenfassung auf der senkrechten wie auf der waagerechten Ebene.

Grundsatz # 8: Wirksame Verwaltung

Mit zunehmender Unterschiedlichkeit der Aufgaben wird eine leistungsfähige Verwaltung gebraucht, die Einheitlichkeit und Leistung stiftet.

Folgerung 1. Je unterschiedlicher die Aufgabengebiete in einem Unternehmen sind, um so größer ist der Bedarf nach Verwaltung.
Folgerung 2. Verwaltung läuft wie Grießbrei aus.
Folgerung 3. Eine nicht kontrollierte Verwaltung führt unweigerlich zur Bürokratie und zum Niedergang von Kreativität.

Der ursprüngliche Sinn der Verwaltung war, zum einen für Einheitlichkeit und Abstimmung der verschiedenen Teile einer Firma zu sorgen und zum anderen den Abteilungen durch Verfahren behilflich zu sein, die es ermöglichen, Überblick zu halten.
Der Synergist strebt permanent nach Übersicht und Abstimmung. Er weiß, daß Verfahren und Ordnung zu dem Zweck entworfen werden, dem Kunden zu dienen. Er sorgt dafür, daß dies keine leeren Worte bleiben. Verwaltung bietet uns Sinn, wenn sie dem Nutzen des Kunden dient. Die Kundenzufriedenheit ist der Pegel, an dem sich eine leistungsfähige Verwaltung messen lassen muß.

Grundsatz # 9: Entscheidungen vor Ort

Entscheidungen sollten von denen getroffen werden, die am Ort des Geschehens sind, nahe am Kunden, an der Ware oder der Dienstleistung. Je weiter Entscheidungen vom Ort des Geschehens entfernt werden, um so schlechter ist ihre Qualität, und um so höher sind die Kosten.

Folgerung 1. In einem jungen Unternehmen befinden sich die, die Entscheidungen fällen, vor Ort und in unmittelbarer Nähe zu Kunden, Produkten oder Dienstleistungen. In den Zeiten des Abstiegs haben sich unternehmerische Entscheidungen vom Kunden entfernt.
Folgerung 2. Kommandowirtschaft und Befehlston herrschen auf den Entwicklungsstufen von Unreife und stärkstem Verfall, Übereinstimmung hingegen ist ein untrügerisches Zeichen von Reife und Gesundheit.
Folgerung 3. Innere Streitigkeiten führen zu verstärkter Kontrolle, Kontrolle erzeugt Angst, Angst lähmt Kreativität.

Das Führen per Befehl mag in den ersten Tagen eines Unternehmens angebracht sein. Aber das ist Schnee von gestern. Jeder Betrieb entwickelt sich weiter. Der Synergist besitzt hohe Achtung vor seinen Untergebenen und Gleichgestellten. Er sieht ein, daß er nur dann Erfolg haben wird, wenn auch seine Mitarbeiter erfolgreich arbeiten. Er erkennt den Bedarf an unterschiedlichen Stilen des Entscheidens. Er weiß, daß weniger wichtige, dringende Entscheidungen kurz und knapp entschieden werden müssen. Er verschwendet die Zeit der Mitarbeiter nicht mit Nebensächlichkeiten, die nur für ein paar Leute von Bedeutung sind. Aber er weiß auch, daß wichtige Ziele und Entscheidungen nur von dem Konsens aller getragen werden können. Ein Synergist entscheidet sowohl personen- als auch sachbezogen.

Gruppenarbeit

In ausgewogenen Organisationen sehen sich die Manager einer jeden Ebene als Leister von Arbeitsgruppen. Sie müssen über Geschick bei der Leitung von Problemlösungssitzungen verfügen. Die Sitzungen sollen eine größtmögliche Zusammenarbeit aller Organi-

sationseinheiten zur Folge haben. Diese Treffen bieten Gelegenheit, die Führungskräfte über Schwierigkeiten und Belange anderer Abteilungen zu unterrichten.
Die neun dienstältesten Manager von Delta Airlines bilden gemeinsam das, was ich als »synergetische Arbeitsgruppe« bezeichnen würde. Sie treffen sich jeden Montagmorgen, um bevorstehende wichtige Angelegenheiten der Gesellschaft zu besprechen, um von allen bedeutenderen Vorkommnissen in ihren eigenen Bereichen zu berichten und um von den anderen Mitgliedern der Arbeitsgruppe Rat zu erfragen. Dieser letzte Punkt scheint mir der wichtigste. Es ist die Bereitschaft, sich Rat einzuholen, die Delta wirklich zu einer synergetischen Gesellschaft formt.
Die Kultur bei Delta Airlines ist weder ein Ergebnis irgendeiner kurzfristigen Anstrengung noch das Resultat eines besonderen Programms. Sie ist das Ergebnis von Gepflogenheiten der Geschäftsleitung, von Überzeugungen und Verhalten im mitmenschlichen Umgang. Das »Delta-Familiengefühl« fängt beim Familiengefühl der neun ranghohen Führungskräfte an, die die Reife besitzen, voneinander lernen zu wollen.
In seinem Manuskript »Seven Habits of Highly Successful People« beschreibt Stephen R. Covey drei verschiedene Reifestufen:

Abhängigkeit: Die völlige Abhängigkeit des Kindes von den Eltern.
Unabhängigkeit: Der Jugendliche, der ausbricht, um seine eigene Persönlichkeit getrennt und entfernt von den Eltern auszubilden.
Wechselseitige Abhängigkeit: Der Zustand, in dem man stark genug ist, um für jemand anderen etwas zu opfern, sei es in Familie oder Ehe, wo ein Gleichgewicht von Geben und Nehmen besteht.

Firmen durchlaufen ähnliche Entwicklungsstufen. Der Synergist hat den Reifegrad der wechselseitigen Abhängigkeit erreicht, er ist in der Lage, sich auf andere zu verlassen und mit ihnen zusammenzuarbeiten. Er ist willens, Entscheidungen an diejenigen weiterzugeben, die die wahren Fachleute sind: die Mitarbeiter, die Umgang mit Kunden, Produkten und Dienstleistungen pflegen.

Die Globalsynergie von morgen

Wenn mächtige Zivilisationen und Unternehmen sich geographisch ausbreiten und ihr Aufbau verwickelt und vielschichtig wird, können sie zwischen zwei Wegen wählen, um ihre Weltreiche im Griff zu behalten. Sie entwickeln entweder eine starre und bürokratische Ordnung, oder sie treten in eine Zeit innerer Ausgewogenheit und Zusammenarbeit ein. Der erste Weg führt unvermeidlich zur Rebellion und Kriegführung im Inneren.

Der zweite Weg erlaubt ihnen, eine höhere Integration zu erreichen, ihre Vormachtstellung zu behalten und sich weiterzuentwickeln. Das kann man anhand der Entwicklung der Vereinigten Staaten sehen sowie an der gegenwärtigen Herausforderung der Weltwirtschaft.

Die Gründerväter erkannten die einzigartige Herausforderung, der sie gegenüberstanden, und antworteten auf derartig schöpferische Art und Weise, wie sie in der Geschichte einmalig ist. Die da vor zweihundert Jahren in Philadelphia zusammenkamen, verfügten sowohl über einen Zukunftsentwurf als auch über den Mut, entschlossen zur Tat zu schreiten. Sie entwickelten zwischen den einzelnen Staaten eine harmonische Zusammenarbeit, die zur Entstehung einer Nation führen sollte. Sie wiesen die konservative Antwort zurück – diese hätte in einem kleingeistigen Gegeneinander unabhängiger Staaten bestanden. Sie erkannten, daß Größe, Vielschichtigkeit und wechselweise Abhängigkeit nach höherem Grad von Integration verlangte. An deren Ende standen die Vereinigten Staaten.

Das Wachsen des weltweiten Wirtschaftsgefüges mit seiner zunehmenden Größe, Vielschichtigkeit und wechselseitigen Abhängigkeiten macht starke Integration und ausgewogene Zusammenarbeit erforderlich. Wir stehen am Beginn eines neuen Zeitalters der einen, weltumfassenden Zivilisation. All das, was einst die Grenzen der Zivilisationen ausmachte, bestimmt nun die weltweite Kultur. Sofortige, weltumfassende Kommunikation hat räumliche Entfernungen schrumpfen lassen. Gemeinsame kulturelle Sinnbilder und Erlebnisse – von Michael-Jackson-T-Shirts in tibetanischen Dörfern bis zu Paul Simons Album »Graceland« mit seinen Rhythmen afri-

kanischer Stämme – führen vor Augen, daß der Puls der Welt allmählich im gleichen Takt zu schlagen beginnt.
Wenn unsere heutigen Staatslenker über schöpferische Lebenskraft verfügen, werden sie erkennen, daß die Weltlage dem ähnlich ist, was vor zweihundert Jahren Amerikas Gründerväter vorfanden. Wir können nur hoffen, daß die heutige Antwort ebenso schöpferisch sein wird wie damals.

Wettbewerbsstrategien im Unternehmen

Die Führungskraft eines Unternehmens muß wie der Lenker einer Nation über eine innere (Innen-) und eine äußere (Außen-)Politik verfügen. Beide politischen Linien sollten stark sein, was aber in Unternehmen selten der Fall ist. Im allgemeinen widmen Führungskräfte den größten Teil ihrer Bemühungen der Außenpolitik; sie erobern neue Märkte und befassen sich mit neuen Produkten, Wachstumsraten und dem Wettbewerb. Sie neigen dazu, sich weniger mit der Innenpolitik zu beschäftigen, wo sie die Frage »Welche Kultur wollen wir in unserer Firma pflegen?« beantworten müssen. Sie sollten mehr Aufmerksamkeit auf die innere Strategie verwenden, auf ihren Entwurf ihrer Zukunft.

Im letzten Kapitel habe ich diese beinahe utopische Organisation, die der Ausgewogenheit, beschrieben, wie sie auf dem Höhepunkt des unternehmerischen Lebenszyklus anzutreffen ist. In diesem Kapitel werde ich den geistigen Rahmen beschreiben, mit dessen Hilfe man ausgewogene Zusammenarbeit bestimmen und sich auf sie zubewegen kann.

Den größeren Teil meines Berufslebens habe ich damit zugebracht, innerhalb von Unternehmen zu arbeiten und ihnen dabei zu helfen, sich zu verändern. Dies ist Kärrnerarbeit. Immer führt sie zu Streitereien, weil eine Änderung der Unternehmenskultur bedeutet, alte Gewohnheiten über Bord zu werfen. Genau deshalb stellt die Kultur einer Firma einen Wettbewerbsvor- oder Wettbewerbsnachteil dar. In vergangenen Tagen waren Besitz, Kapital oder Know-how wesentliche Bestandteile des Wettbewerbs. Diese sind jedoch heute für alle Firmen zur Selbstverständlichkeit geworden. Unternehmenskultur jedoch läßt sich nicht im Laden um die Ecke einkaufen. Die Kultur von Honda, IBM oder Delta gibt es nicht im Sonderangebot. Dieser Wettbewerbsvorteil kann nur sehr langsam und mühevoll erarbeitet werden.

Planmäßiges Denken – die Grundlage gezielten Handelns

Vielleicht ist es zu selbstverständlich, wenn man sagt, daß Fortschritt ohne einen begrifflichen Rahmen unmöglich ist. Allerdings gehen die meisten Manager, trotz allen Redens in den letzten Jahren, das Thema Unternehmenskultur ohne einen solchen Begriffsrahmen an. Das hat zu Handlungen geführt, die aus dem Zusammenhang gerissen und ungestüm erscheinen.

Die Kultur eines Unternehmens ist die Summe der Gewohnheiten seiner Mitglieder. Einfach ausgedrückt, ist sie »die Art, wie wir hier normalerweise die Sachen erledigen«. Ausführlicher umschrieben, besteht sie aus Aufbau, Arbeitsweise, Fähigkeiten, Umgangston und Sinnbildern, die alle die Kernwerte und Zukunftsvorstellungen ihrer Mitglieder widerspiegeln und die durch die äußeren Kräfte des Umfeldes beeinflußt werden (gesellschaftlich, politisch, wirtschaftlich und technologisch). Die Kultur ändert sich laufend. Diese Veränderungen erfolgen nach einem vorhersagbaren Grundmuster, und das ist die Kurve des Lebenszyklus.

Es gibt nicht die eine, richtige Art und Weise, eine Kultur zu bewerten. Das folgende Modell hat sich jedoch als hilfreich erwiesen, wenn Manager die Kultur ihrer Organisation auswerten und planen. Wir fangen mit einer Frage an: Welche Art von Kultur, welche Art Minigesellschaft wünschen wir uns für unser Unternehmen? Das ist die wichtigste Frage, die die Führer einer jeden Organisation beantworten können müssen.

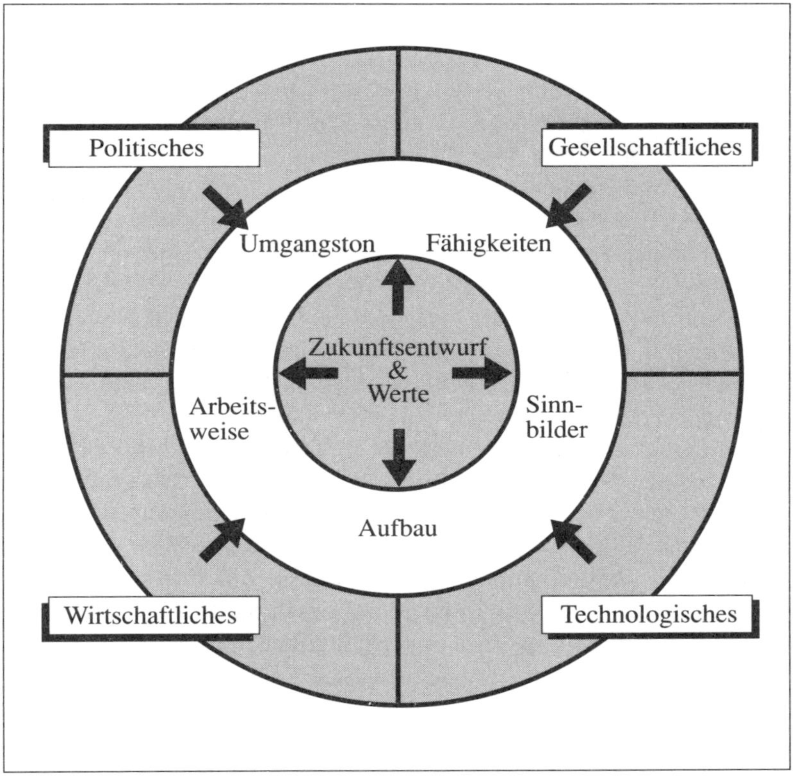

Werte und Visionen: Herz und Kopf

Die Führungspersönlichkeit muß, um die Kultur einer Organisation geschickt lenken oder sie ändern zu können, zunächst ihre Visionen und Wertvorstellungen bestimmen. Gefühlsmäßig haben alle großen Führer verstanden, daß ihre Macht auf der Vorstellung einer Zukunft beruhte, die bei ihnen und ihren Anhängern gleich war. Als Präsident John F. Kennedy die Menschen aufrief: »Fragt nicht, was euer Land für euch tun kann, sondern wars ihr für euer Land tun könnt«, rief er zu Opfern im Dienst des gemeinsamen Bildes der Zukunft auf.

Der Zukunftsentwurf und die Werte eines Unternehmens werden oft in einfachen Worten ausgedrückt. Bei Delta Airlines ist es das »Delta-Familiengefühl«. Bei BMW ist es, ein »technisch perfektes Auto zu bauen«. Bei Honda Manufacturing »die Honda Art« und »der Geist des Rennens«. Alles schlichte Aussagen. Aber hinter diesen Worten stehen Legenden, Gefühle und Feinheiten, die die Entscheidungen der Angestellten tagtäglich beeinflussen. Schlagworte sind verkürzte Zukunftsvorstellungen.

Denken Sie einmal an die Fluggesellschaften Eastern und Delta. Während der letzten Jahre habe ich bei Seminaren und Vorträgen die Zuhörer gefragt, ob sie den Namen des früheren oder jetzigen Chief Executive von Eastern Airlines kennen würden. Alle kannten entweder Frank Borman oder Frank Lorenzo. Dann fragte ich, ob sie den Chief Executive Officer von Delta kannten. Praktisch keiner wußte seinen Namen. Dann fragte ich, mit welcher Gesellschaft sie lieber flögen. Fast jeder antwortete: »Delta.« Dann wollte ich wissen, von welcher Gesellschaft sie Aktien besäßen. Wiederum war es Delta. Es ist von Bedeutung, daß nur wenige Leute wissen, wer David Garrett ist. Bei Delta ist eben nicht der Chairman wichtig. Jeder Mitarbeiter ist es. Dies ist die Grundlage des »Delta-Familiengefühls«. Die Ford Motor Company beriet ich in den späten siebziger Jahren, bevor sie mit ihrer Neubelebung, die jetzt so augenscheinlich ist, begann. Als ich mit den Managern sprach, fragte ich sie nach ihren Vorbildern. Ein leitender Angestellter erzählte mir von seinem früheren »Boß«, der, anders als die augenblicklichen Schlappis, gewußt habe, wie man »auf den Verein aufpaßt«. Der entschlossene Ausdruck in seinen Augen sagte mir, daß seine Sehnsucht nach »den guten, alten Zeiten« durchaus ernst gemeint war. Ich fragte einige Manager, die ähnliche Wertvorstellungen äußerten, ob sie irgendwelche Vorbilder oder Helden hätten, die jetzt noch bei Ford beschäftigt seien. Ihnen fielen keine ein. Ihre Wertvorstellungen und Entwürfe zum Management lagen in der Asche einer fernen Vergangenheit begraben.

Menschen in untergehenden Kulturen verehren Helden der Vergangenheit – ihre toten Vorfahren. Kulturen, die wachsen und Lebenskraft besitzen, holen ihre Helden aus der Gegenwart. Bei Ford residieren die Leute, die die Vergangenheit verehren, jetzt nicht mehr in den Führungsetagen. Die heutigen Führungskräfte lieben ihr Produkt. Es sind ehemalige Ingenieure und Männer, die gerne in Rennwagen sitzen. An erster Stelle wissen sie, wie ein Qualitätswagen auszusehen hat. Sie sind die Helden des Hier und Heute. Der Werbespruch »Bei Ford ist Qualität die Aufgabe Nr. 1« wurde entworfen, um das Augenmerk aller Angehörigen dieses Unternehmens – Manager ebenso wie Angestellte – auf Qualität zu richten. Die führenden Köpfe bei Ford haben gekämpft, um die Wertvorstellung »Qualität« und die Vision von Ford als dem Hersteller von Autos höchster Güte zu wecken. Das ist eine Vision, die jedem einleuchtet. Die Führung von Ford hat ein Gemeinschaftsgefühl geschaffen, und zwar mit Hilfe eines gemeinschaftlichen Ziels.

Als Lee Iacocca bei Chrysler als Chief Executive das Ruder übernahm, begann er seinen Rettungsversuch nicht mit der Einrichtung neuer Ablaufverfahren. Er begann damit, den Leuten ins Gewissen zu reden. Er wußte, er hatte eine Leiche geerbt, die neu zum Leben erweckt werden mußte, nicht nur körperlich, auch geistig. Die Manager und Angestellten von Chrysler brauchten einen neuen Glauben, die Überzeugung, daß die Zukunft noch Möglichkeiten bereithielt. Keine Firma kann die Zukunft meistern, wenn ihre Mitarbeiter kein gutes Bild von der Zukunft besitzen. Iacocca zeigte sich nicht nur deshalb im Fernsehen, um Autos anzupreisen, sondern auch um seinen Angestellten den Glauben an die Zukunft wiederzugeben.

Wie kann ein Manager in seinem Unternehmen ein Einheit stiftendes Bild der Zukunft zum Leben erwecken? Es gibt vier Kernpunkte, die er beachten muß:

1. Entwickeln Sie eine Vision

Die Führung muß sich darüber einig sein, was aus dem Unternehmen werden soll. Diese gemeinsame Vorstellung gibt die gemeinsame Religion, Ethik und den Zukunftswegweiser ab. Die Aussage sollte das nach außen weisende Zukunftsbild (zukünftige Märkte, Erzeugnisse oder Dienstleistungen) ebenso umfassen wie die Kultur im Inneren.

2. Verkaufen Sie Ihre Vision

Eine schriftliche Aussage, in der Firmenzeitschrift gedruckt, bei der Jahressitzung vorgelesen, an die Wand angeschlagen, verkauft sich nicht. Der Zukunftsentwurf muß vermarktet werden. Er muß immer wieder dargestellt werden wie ein Anzeigenfeldzug, der ein neues Produkt vorstellt.

3. Machen Sie den Zukunftsentwurf zu einem wichtigen Bezugspunkt

Wenn Manager wichtige Entscheidungen treffen, sollten sie sich auf die Aussage über das Zukunftsbild beziehen und fragen, ob ihre Entscheidung dem Zukunftsentwurf förderlich ist oder von ihm ablenkt. Die Frage, die Sie jedesmal stellen sollten, ist: »Ist diese Entscheidung mit dem Zukunftsbild der Gesellschaft vereinbar?« Ist sie es nicht, dann entscheiden Sie sich dagegen.

4. Loben Sie vorbildliches Verhalten, und machen Sie es bekannt

Wertvorstellungen werden klar und verständlich, wenn Verhalten, das mit diesen Werten in Einklang steht, bekanntgemacht und gelobt wird. Schreiben sie die zwei, drei oder vier Schlüsselwerte auf, die in Ihrem Unternehmen wichtig sind. Haben Sie in Ihrer letzten Unterhaltung mit Managern oder Angestellten über Mitarbeiter gesprochen, die diese Werte hochgehalten haben? Wenn Sie die Leute nicht dafür loben, daß sie sich im Sinne der Wertvorstellungen der Gesellschaft verhalten, dann wird man annehmen, daß diese Werte nicht besonders wichtig sind.

Fünf Punkte: Der Kern der Unternehmenskultur

Manager müssen Überzeugungen in Handlungen umsetzen. Schließlich ist es Handeln, das Ergebnisse zeitigt. Überall im Unternehmen kommen die Werte zum Ausdruck, wenn die Geschäftsführung Organisation, Arbeitsweise, Fähigkeiten, Umgangston und Sinnbilder erschafft. Wenn Werte und Visionen Herz und Kopf der Kultur sind, so sind diese fünf Punkte ihr Körper.

Organisation

Meine berufliche Laufbahn begann als Berater der Strafvollzugsbehörde von North Carolina. Die Macht, die allein der Aufbau einer Organisation ausübt, ist vielleicht nirgendwo deutlicher als in einem Gefängnis.

In den frühen siebziger Jahren führte eine Universität eine Untersuchung zu den Auswirkungen des Aufbaus von Gefängnissen auf das menschliche Verhalten durch. Ein nachgeahmtes Gefängnis wurde entworfen, und zwanzig fortgeschrittene Studenten der Psychologie, Schüler einer humanistischen, freiheitlich denkenden Ausbildung, wurden nach dem Zufallsprinzip in zwei Gruppen eingeteilt: Insassen und Wächter. Zehn Tage lang, 24 Stunden am Tag, lebten die Studenten das Leben von Gefangenen und Wärtern. Leider mußte das Experiment früh abgebrochen werden. Warum? Weil die Insassen von den Wärtern körperlich mißhandelt wurden. Die Gefangenen hatten bereits nach wenigen Tagen Zuflucht darin gesucht, sich gegen die Wärter zu verschwören und sie zu verspotten. Die Wärter setzten aus Wut und Enttäuschung ihr Verhalten dagegen. Nachdem das Experiment abgebrochen worden war, setzten sich Studenten und Professoren zu einem Gespräch über ihre Erlebnisse zusammen. Keiner von ihnen konnte sein eigenes Verhalten verstehen. Die Umgebung, Rolle und der Aufbau dieses nachgeahmten Gefängnisses hatte zu Auswirkungen geführt, die stärker waren als die Ausbildung und all die humanistischen Werte dieser Studenten. Rollen und Aufbau in Unternehmen bewirken dasselbe.

So wie die Festlegung auf die Rolle, die durch den Aufbau des Gefängnisses vorgegeben war, das Verhalten dieser Psychologiestudenten beeinflußte, so beeinflußt auch die Anordnung Geschäftsleitung–Gewerkschaft, Vorarbeiter–Arbeiter, Angestellter– freier Mitarbeiter ständig das Denken und Verhalten ihrer Mitarbeiter. Der herkömmliche Unternehmensaufbau geht von der Annahme aus, daß es Aufgabe des Managers ist, die Arbeit der Angestellten festzusetzen, sie zu messen und zu überwachen. Weiterhin geht man davon aus, daß die Angestellten keine wichtigen Entscheidungen über ihre eigene Arbeit treffen könnten. Kontrolle ist angesagt, nicht Interesse an der Arbeit oder Kreativität.

Angestellte sind nicht die Ursache für die Unwirtschaftlichkeit eines

Unternehmens. Es sind die Manager, die annehmen, sie müßten die Mitarbeiter »kontrollieren«. Sie prüfen jede Handlung nach und kontrollieren die Prüfer mit noch mehr Prüfern. Bis vor kurzem gab es bei Ford sechzehn Schichtungen im Aufbau im Vergleich zu sechs bei Toyota, und trotzdem waren Qualität und Arbeitsleistung der Mitarbeiter bei Ford schlechter.

Organisationsverbesserung

Entwerfen Sie die Organisation neu. Richten Sie ein Planungsverfahren ein, mit dessen Hilfe Manager und Angestellte die Organisation neu entwerfen können. Arbeitsgruppen befassen sich mit dem effektivsten Arbeitsablauf, an dem sich die gesamte Organisation ausrichten sollte.

Diese Vorgehensweise setzt auf die Klugheit und das Interesse von Angestellten und Managern und nicht auf »Experten« von außen.

Spüren Sie den Kontrollreichweiten nach. Mich erstaunt immer wieder, wie wenige Manager sich über die Anzahl der Managementhierarchien und Kontrollreichweiten im klaren sind, die von ihnen geschaffen wurden. Einfache Regeln für die Zahl der Schichten oder die Reichweite der Kontrolle kann es nicht geben. Sie werden, nach der Art der jeweiligen Arbeit, verschieden sein. Es liegt auf der Hand, daß eine Fabrik mit gleicher, wiederholter Arbeit größere Arbeitseinheiten haben kann als eine High-Tech-Konstruktionsabteilung, in der Manager der ersten Ebene sich stark an den Problemlösungen beteiligen. Wie auch immer, eine Untersuchung über die Konkurrenten kann die Richtung weisen und Grundlage errechenbarer Ziele sein.

Teilen Sie die bestehende Organisation in Arbeitsgruppen ein. Vielleicht sind Sie nicht darauf eingerichtet, Ihre Organisation von Kopf bis Fuß neu zu entwerfen. Dann können Sie aber immer noch die Hierarchien im Management abbauen und den Mitarbeitern mehr Selbstbestimmung bei ihrer Arbeit einräumen.

Arbeitsweisen

Steter Informationsfluß, Leistungsbewertungen sowie Verfahren zur Beförderung und Bezahlung gehören zu den Verfahren und Arbeitsweisen, die es dem Unternehmen gestatten, Arbeitsfähigkeit

und wirtschaftliche Prosperität zu erhalten. Ohne diese vorgegebenen Standards müßte jeder Fall als einzigartig behandelt werden. Chaos wäre das Ergebnis.
Die Verfahren für Bezahlung und Sondervergütungen fußen in den meisten Organisationen auf der Vorstellung, es gebe übereinander angeordnete Klassen, die Unterscheidungen erforderlich machen. Aktienoptionen werden ranghohen Managern in Aussicht gestellt, aber nicht den Angestellten der unteren Ebene. Warum? Offensichtlich räumen wir den Managern der oberen Ebenen einen höheren Wert ein als den Angestellten, und wir wollen, daß die Leute sich bemühen, nach »oben« zu kommen. Aber warum sollten wir Aktienoptionen nicht den Angestellten anbieten, die »seitlich« Fortschritte machen, Leuten, die ihre Fähigkeiten ausbauen oder ihre Leistung erhöhen, und zwar innerhalb ein und derselben Schichtung der Organisation?
In ähnlicher Weise war die Gewinnbeteiligung bisher gedacht für die oberen Klassen unserer Firma. Dabei ging man von der Annahme aus, daß die Gewinne aus den von Topmanagern getroffenen Entscheidungen stammten und nicht von den Angestellten, die bloße Anweisungen befolgten. Stimmt diese Annahme immer noch? Ein solches Verfahren lehrt die Angestellten, daß sie für Umsatz und Gewinn nicht verantwortlich sind. Warum sollten sie deshalb versuchen, die Gewinnspannen zu vergrößern? Ist das die Botschaft, die wir weitergeben wollen?

Verbesserung der Arbeitsweisen

Es gibt Dutzende von Strategien zur Verbesserung der Arbeitsweisen. Ich habe allerdings herausgefunden, daß die folgenden die größte Wirkung erzielen, wenn man die Verringerung von Bürokratie und Untätigkeit sowie die größtmögliche Beteiligung der Angestellten zum Maßstab nimmt.
Legen Sie die Schlüsselleitung für jede Arbeitsgruppe fest, und spüren Sie dieser Leistung nach. Jede Arbeitsgruppe sollte regelmäßig Treffen abhalten, um noch einmal Rückschau zu halten und zu besprechen, wie die Leistung verbessert werden könnte.
Führen Sie eine statistische Qualitätskontrolle durch. Der japanische Erfolg wurde auf vielerlei Art erklärt. Einem Verfahren allerdings

kann man, vielleicht mehr als jedem anderen, die überlegene japanische Qualität zuschreiben. Die statistische Überwachung des Herstellungsprozesses wurde bei den Japanern durch den Amerikaner W. Edwards Deming eingeführt. Diese statistische Fertigungskontrolle, oder kurz SPC (Statistical Process Control), bietet die ständige Überwachung des statistischen Schwankungsbereichs der Qualität sowie eine zeichnerische Darstellung der Veränderlichkeit von Produkten und Dienstleistungen auf »Kontrolldiagrammen«.

Führen Sie Verfahren des Leistungsmanagements ein. Leistungsmanagement bringt Managern bei, wie sie bei ihren Bemühungen zur Verbesserung von Leistung geordneter und planmäßiger vorgehen können. Dieses Verfahren beruht auf der Anwendung der Verhaltenspsychologie, insbesondere auf den Grundsätzen der positiven Verstärkung, der Beeinflussung des Verhaltens sowie der Rückmeldung. Jeder Manager sollte Handlungspläne zur Verbesserung der Leistung entwickeln und diese Verbesserungen gezielt und planmäßig belohnen.

Ordnen Sie das ganze Unternehmen neu. Die umfassendste Art, die Frage anzugehen, ob bestimmte Arbeitsweisen bei der Schaffung von Ausgewogenheit hilfreich sind, ist, die gesamte Organisation neu zu ordnen. Die Neuordnung macht es erforderlich, daß alle bestehenden Verfahren beiseite geschoben werden und neue nach Maßgabe des Neuentwurfs geschaffen werden. Eine Neuordnung nach Prinzip »Stunde Null« sozusagen. Es hat den Vorteil, auch alle die Arbeitsweisen auszuschalten, die als heilige Kühe gelten.

Fähigkeiten

Im Laufe der Reifung von Unternehmen werden die Fähigkeiten spezialisierter. Zu Beginn des Lebenszyklus produzieren alle Soldaten ihre Schwerter und Schilde selbst. Bald gibt es spezielle Handwerker für Schwert- und Schildbau, und es dauert nicht lange, da hat jeder Handwerker eigene Abteilungen für Ingenieurwesen, Produktion und Forschung. Geht die Spezialisierung dann weiter, so ist vorhersagbar, daß die Abstimmung dieser Abteilungen bald zusammenbrechen wird. Viele unserer modernen Organisationen haben unter übermäßiger Spezialisierung zu leiden. Diese Krankheit kommt an der Spitze ebenso wie unten vor. Die Führungskräfte verstehen vielleicht nur von Finanzen etwas und nicht von Vertrieb oder Herstellung. Ganz unten ist die Arbeit derart aufgesplittert, daß die Arbeiter keinerlei Stolz mehr über das fertige Produkt empfinden können. Hier gilt es, auf einen Ausgleich zu achten.

Verbesserung Ihrer Organisationsfähigkeiten

Entwickeln Sie eine Ethik der ständigen Verbesserung. Die besten Unternehmen halten sich an den Grundsatz der ständigen Verbesserung. Die Angestellten streben diszipliniert nach einer Verbesserung ihrer persönlichen und fachlichen Fähigkeiten. Sie nehmen eine ständige Weiterbildung in Anspruch, die nie endet bis zum Tag ihres Rückzugs aus dem Berufsleben. Unternehmen und Kulturen, die gesund sind, zeichnen sich durch lebenslanges Lernen und Entdeckergeist aus. Die, die untergehen, wissen eh schon alles.
Bilden Sie auf jeder Ebene fachübergreifend aus. Die Ethik ständiger Verbesserung zeigt sich nicht nur durch die bestmögliche Ausbildung für eine bestimmte Aufgabe, sondern auch darin, daß alle Angestellten fachübergreifend in ergänzenden Fähigkeiten und Aufgaben ausgebildet werden. Diese übergreifende Ausbildung erhöht die Vielseitigkeit der Organisation, verbessert die Fähigkeiten für das Lösen von Problemen und stärkt die Selbstachtung aller Angestellten.
Feiern Sie technische Errungenschaften und die Leute, die das ermöglicht haben. Wir belohnen das, was wichtig ist. Wir hängen Kriegshelden und Sportlern Medaillen um. Wir haben Emmys, Oscars und Tonys. Wahrscheinlich können Sie die Namen einiger Leute nennen, die letztes Jahr diese Preise erhalten haben. Aber kennen Sie den Gewinner des Ingenieurpreises Ihrer Firma? Den des Preises für die beste Neuerung?

Umgangston

Die Art, in der die Mitglieder eines Unternehmens tagtäglich miteinander umgehen, stärkt oder schwächt die Unternehmenskultur. Der Ton macht auch hier die Musik. Obwohl der Umgangston von Managern unvermeidlich an ihre Fähigkeiten gekoppelt ist, ist er doch auch an den Aufbau und die Arbeitsweise des Unternehmens gebunden, ja sogar an die räumliche Umgebung, in der die Arbeit getan wird. Der Umgangston ist von ausschlaggebender Bedeutung für die Fähigkeit einer Organisation, wirkungsvolle Entscheidungen zu treffen, Angestellte zu interessieren und geeintes Handeln zuwege zu bringen.

Verbesserung des Umgangstons im Management

Den Umgangston im Management verbessert man nicht, indem man Manager in eine »Knigge-Schule« schickt. Er verbessert sich nur, wenn ein neuer Stil im Management zu Beförderungen führt, die an Leistungsverbesserungen geknüpft sind. Die Merkmale des Umgangstons, die ein auf Ausgewogenheit bauender Manager besitzt, lassen sich nicht einzeln und getrennt erlernen. Sie müssen als Bestandteil einer »neuen Art des Managens« gelehrt werden.

1. *Schulung im Leiten von Gruppen.* Managern muß beigebracht werden, wie man in Zukunft Entscheidungen trifft und wie man Gruppen auf ihrem Weg zur gemeinsamen Entscheidung leitet. Das Zuhören und die Fähigkeiten für das Lösen von Konflikten sind wichtige Bestandteile einer solchen Schulung. Der ideale Manager einer Firma ist derjenige, der die Selbstachtung seiner Angestellten stärkt.
2. *Unablässige Bewertung und Rückmeldung.* Manager sollten ihren Untergebenen häufig Rückmeldung geben, ohne daß dies durch ein bestimmtes Verfahren erforderlich geworden wäre. Wenn das Unternehmen die Kurve seines Lebenszyklus emporklettert, wird die Disziplin eines Verfahrens gebraucht, das die Rückmeldung zwingend erforderlich macht.
3. *Ständiges Vorbild durch Führungskräfte.* Warum frühstückt Charley Moritz, Chairman der Dun & Bradstreet Corporation, jeden Monat in zwangloser Atmosphäre mit den Angestellten der untersten Ebene? Warum besucht er persönlich Kunden seiner 28 Geschäftseinheiten, nur um sie zu fragen, ob die Dienstleistungen von Dun & Bradstreet in irgendeiner Weise verbessert werden könnten? Nicht etwa, weil er diese Angestellten oder Kunden unmittelbar beeinflussen möchte. Natürlich kann das vorkommen. Aber der eigentliche Zweck ist, den Tausenden anderen Managern von Dun & Bradstreet vor Augen zu führen, wie wichtig es ist, Angestellten und Kunden zuzuhören. Dieses Ver-

halten sähe er gerne bei allen seinen Untergebenen. Und er beschloß, es sei besser, ihnen dieses Verhalten vorzumachen, als es ihnen nur vorzuschreiben. Führer führen durch ihr Vorbild.

Sinnbilder

Als Unternehmensmanager halten wir die Urteilskraft unseres Verstandes und unser vernunftgemäßes Verhalten in hohen Ehren. Wir sehen auf andere Kulturen mit ihren Ritualen und sinnbildlichen Gesten herab. Doch sähen wir uns selbst mit den Augen eines Archäologen, der uns in tausend Jahren betrachtet, würden wir zu einer ganz anderen Sichtweise gelangen.

Beim Herumstochern in den Ruinen eines einst hohen Bürogebäudes könnte unser Zukunftsarchäologe finden, daß um die Hälse vieler männlicher Vertreter unserer Gattung ein sonderbares Stück Stoff gebunden ist. Bei all diesen Männern finden sich weiterhin noch andere Kennzeichen der Zugehörigkeit zur Kaste der Entscheidungsträger. (Wer zu dieser Klasse gehörte, erkennt unser Archäologe an der Größe und Einrichtung des Büros.) Weil diejenigen, die Entscheidungen trafen, diesen Stofflappen trugen, könnte unser Archäologe versuchen, darüber eine Theorie zu entwickeln. Der zufolge wäre dieses Stück Stoff dazu benutzt worden, Zustimmung oder Ablehnung in bezug auf eine Entscheidung zu signalisieren. Vielleicht entwickelt er seine Theorie so weiter: Über die eine Schulter geschlungen, signalisierte das Stoffstück Zustimmung, über die andere Schulter Ablehnung. Daß dieses Stück Stoff eine Aufgabe zu erfüllen hatte, würde er deshalb vermuten, weil er bestimmt weiß, welch hohe Intelligenz und Sachlichkeit wir entwickelt hatten. Würde er glauben, daß die Mitglieder dieser oberen Klasse jeden Morgen aufwachten und sich dieses Schmuckstück um den Hals legten, ohne eine Erklärung für ihr sonderbares Verhalten zu haben, ja, ohne sich dessen auch nur bewußt zu sein?

Wir machen von allen möglichen Sinnbildern und Symbolen auf rituelle Art und Weise Gebrauch und, wie Angehörige anderer Kulturen auch, denken wenig über deren Ursprung oder ihren Einfluß auf das Verhalten nach. Wir haben getrennte Parkplätze und Eingänge für Topmanager und einfache Angestellte. Warum?

Sinnbilder sind ganz allgemein für sich selbst gesehen nicht wichtig.

Ob der Präsident von Honda für sich persönlich ein Büro hat oder nicht, ob es für Angestellte und Manager getrennte Parkplätze gibt, ist, im Grunde betrachtet, von geringer Bedeutung. Die Botschaft aber, die von diesen Symbolen ausgeht, ist wichtig. Im Süden der Vereinigten Staaten gab es vor nicht allzu vielen Jahren getrennte Wasserspender mit der hirnrissigen Aufschrift »Weiß« und »Farbig«. In beiden floß das gleiche Wasser. Manche fragten: »Was soll an dem Wasser so anders sein?« Die symbolische Mitteilung hatte eine andere Bedeutung: Die beiden Rassen dürfen sich nicht vermischen.

Schaffen von synergetischen Sinnbildern

Wenn Unternehmen reifen und immer vielschichtiger werden, vermehren sich die Ebenen des Managements. Auch die Schranken zwischen denen, die wichtige Entscheidungen treffen, und denen, die die Arbeiten ausführen, nehmen zu. Der Grund für das Niederreißen dieser Schranken hat nichts damit zu tun, den Angestellten neuen Auftrieb zu geben oder sie zu beschwichtigen. Die Mauern müssen fallen, um den Umgang der Führungskräfte mit der Wirklichkeit nicht abreißen zu lassen.

Auch Führungskräfte müssen mit Arbeitern und Kunden Umgang pflegen. Das direkte Gespräch zwischen Arbeitern und Managern ist nicht nur wegen der ausgetauschten Informationen wichtig, sondern auch als Zeichen dafür, daß Führungskräfte den Wert von Angestellten zu schätzen wissen und ihnen vertrauen.

Belohnungen auf der Grundlage von Leistung sind wünschenswert; Belohnungen aufgrund einer bestimmten Kastenzugehörigkeit nähren Verachtung. Kulturen, die Wert auf Leistung legen, belohnen Leistung. Der erste Herzog kam zu seinem Grundbesitz, weil er in der Schlacht einen Reitertrupp anführte und der Prinz seine Tapferkeit mit diesem Landbesitz belohnte. Die Erben dieses Herzogs, mittlerweile in der zehnten Generation und Herzöge wie er, nennen denselben Grundbesitz ihr eigen, führen jetzt aber nur noch die Fuchsjagd an. Unternehmen entwickeln die schlechte Angewohnheit, denen hohe Gehälter, Zusatzleistungen und Gewinnbeteiligungen anzubieten, die sich in den Sesseln der Macht breitmachen, und nicht etwa denen, die wirklich zupacken.

Offene Umgebung, offenes Gespräch, offener Geist. Die offenen Büroräume, die bereits bei Honda beschrieben wurden, sind ein Sinnbild offener Gesprächsbereitschaft. Der Manager, der eine Politik der »offenen Tür« praktiziert, sagt hierdurch seinen Angestellten, daß er sie für wichtig hält, daß er ihnen zuhören will.
Verkaufen Sie den Firmen-Picasso. Ein maßvolles Erscheinungsbild, nicht karg, aber auch nicht luxuriös, vermittelt heute einen wesentlich besseren Eindruck von unternehmerischem Erfolg und unternehmerischer Verantwortlichkeit als Protz mit Kunst und Kultur. Verkaufen Sie die Kunstwerke, und verwenden Sie das Geld für neue Technologien im Produktionsbereich!

Auf die Außenwelt eingehen

Eine Kultur ist keine Insel. Ein Unternehmen ist dem dauernden Aufprall der Wogen technischer Neuerungen, politischer und wirtschaftlicher Umschwünge und sich verschiebender gesellschaftlicher Normen ausgesetzt. Es hat keinen Zweck, die Manager eines Unternehmens als die einzigen anzusehen, die Einfluß auf die Unternehmenskultur ausüben, wenn Kräfte, die jenseits ihres Einflußbereiches liegen, ihre besten Pläne und Absichten zunichte machen können. Technische Neuerungen erzwingen in der Kultur praktisch jeden Unternehmens Veränderungen.
Die politische Lage ruft für das Unternehmen dauernd neue Schocks hervor. Gesetze zur Chancengleichheit bei Einstellungen, eine neue Haftpflicht, Steueränderungen, der Verteidigungshaushalt sowie Abschaffungen von Vorschriften für die Industrie sind allesamt politische Entscheidungen, die das Verhalten und die Ansichten der Mitarbeiter beeinflussen.
Das gesellschaftliche Umfeld übt auf zweierlei Weise Macht aus. Zum einen geschieht das durch die Kräfte des Marktes, zum anderen durch den Fundus, aus dem die Angestellten geschöpft werden. Alle Konsumentenorganisationen halten ständig die Augen auf, um nicht die leiseste Veränderung im gesellschaftlichen Umfeld zu versäumen, die sich auf das Verbraucherverhalten auswirken könnte. Werden die Leute gesundheitsbewußter, oder ist das Gegenteil der Fall? Was halten sie heute vom Rauchen? Alkohol? Ihre Ansichten wirken sich nicht nur auf die Verkaufszahlen aus, sie berühren auch

das Selbstwertgefühl der Angestellten, die diese Erzeugnisse herstellen.
Die Orte, an denen Geschäfte sich niederlassen, werden weitgehend von gesellschaftlichen Kräften bestimmt. American Express verlegte ein größeres Informationszentrum für Finanzverwaltung mitten aus Manhattan nach Utah, und zwar hauptsächlich deshalb, weil dort die Arbeitsmoral stärker ausgeprägt ist. Die Beziehungen zwischen Gewerkschaft und Management sind an einigen Orten derart schlecht, daß Firmen ungern dorthin ziehen.
Zwar ist die Kultur eines Unternehmens zum großen Teil durch das Management geprägt, sie kann aber nicht von äußeren Einflüssen wie der technischen Entwicklung, der Wirtschaft, Politik und dem gesellschaftlichen Umfeld abgetrennt werden. Die Geschäftsleitung kann diese Kräfte nicht ändern, sie muß auf sie eingehen. In der Vergangenheit betrachtete man die Kultur eines Unternehmens als etwas Unbewegliches. Heute ändert sich die Kultur jeden Unternehmens ständig, von einem Abschnitt seines Lebenszyklus zum nächsten. Hierbei richtet sich das Unternehmen nach den Herausforderungen, die durch ausländische Konkurrenz und neue Marktbedingungen stets aufs neue gegeben sind.
Unsere Zeit ist für Manager in Unternehmen die aufregendste und, wie ich glaube, auch die wünschenswerteste, die es je gab. Dies ist eine Zeit, in der Sie die Kultur und Richtung Ihres Unternehmens beeinflussen können.
Einen anderen Grund gibt es, warum dies eine herrliche Zeit ist, Unternehmer zu sein. Wenn Historiker auf das letzte Viertel des 20. Jahrhunderts zurückblicken werden, wird man unsere Zeit als Wirtschaftsrevolution begreifen. Nicht mehr das »Ratte frißt Ratte, Hund frißt Hund« stand im Vordergrund. Eine Zeit ausgewogener Zusammenarbeit und wechselseitiger Abhängigkeit war angesagt. Die Aufgabe, die sich jedem Unternehmer stellt, ist die Schaffung einer Kultur, in der mit Erfolg nach Wohlstand gestrebt werden kann, das aber auf eine Art und Weise, die dem geistigen Fortschritt aller ihrer Mitglieder gerecht wird. Das ist unsere Herausforderung.

Literaturverzeichnis

Ken Auletta, The Art of Corporate Success, New York 1985

Jérôme Carcopino, Rom – Leben und Kultur in der Kaiserzeit, Ditzingen 1986

Robert Conot, Thomas A. Edison: A Streak of Luck, New York 1979

Steven R. Covey, Seven Habits of Highly Successful People, unpublished manuscript

Peter F. Drucker, Innovations-Management für Wirtschaft und Politik, Düsseldorf, Wien, New York 1985

Peter F. Drucker, Die Chance des Unternehmers, Düsseldorf, Wien, New York 1987

Edward Gibbon, Verfall und Untergang des Römischen Reiches, Nördlingen 1987

Robert H. Hayes, Strategic Planning – Forward in Reverse?, Harvard Business Review, Boston Nov./Dez. 1985

David K. Hurst, Why Strategic Management Is Bankrupt, Organizational Dynamics, New York, Autumn 1986

Lee Iacocca/William Novak, Iacocca – Eine amerikanische Karriere, Düsseldorf, Wien, New York 1985

Gary Jacobson/John Hillkirk, Xerox: The American Samurai, New York 1986

John Keegan, The Mask of Command, New York 1987

Paul Kennedy, Aufstieg und Fall der großen Mächte, Hamburg 1989

J. M. Ketteringham/P. R. Nayak, Senkrechtstarter – Große Produktideen und ihre Durchsetzung, Düsseldorf, Wien, New York 1987

Victor Kiam, Unternehmergeist – Die Quelle dauerhaften Erfolges, Landsberg 1987

Fides Krause-Brewer/Hans D. Barbier (Hrsg.), Die Person hinter dem Produkt – 40 Portraits erfolgreicher Unternehmer, Bonn 1988

Paul R. Lawrence/Jay W. Lorsch, Organization and Environment, Boston 1969

John F. Love, McDonald's – Anatomie eines Welterfolges, München 1987

Samuel Eliot Morison, The Great Explorers, New York 1978

Michael Moritz, The Little Kingdom, New York 1984

Isaac Newton, Mathematische Prinzipien der Naturlehre, Darmstadt 1963

Wess Roberts, Attila-Management – Die Führungsmethoden des Hunnenkönigs und was wir davon lernen können, Hamburg 1990

Arthur Schlesinger, The Cycles of American History, Boston 1986

Robert J. Schoenberg, Geneen, New York 1985

Hedrick Smith, The Russians, New York 1976

Oswald Spengler, Der Untergang des Abendlandes – Umrisse einer Morphologie der Weltgeschichte, München 1980

Arnold Toynbee, Aufstieg und Verfall der Kulturen, Zürich 1979

H. G. Wells, The Outline of History, New York 1971